Stuart Pigotts kleiner genialer Weinführer 2010

Ihre Meinung ist gefragt

Neben den in diesem kleinen genialen Weinführer gedruckten Bewertungen von Stuart Pigott sind die persönlichen Bewertungen von

____

handschriftlich eingetragen. Sie sind gleichwertig und gleichberechtigt mit den Bewertungen von Stuart Pigott. Falls dieses Buch gefunden wird, bitte die Telefonnummer

____

anrufen, um diese Bewertungen an ihren Besitzer zurückzuleiten.

Stuart Pigotts
kleiner genialer Weinführer
2010

Scherz

www.fischerverlage.de

Erschienen im Scherz Verlag, einem Unternehmen
der S. Fischer Verlag GmbH, Frankfurt am Main

Satz: CPI – Ebner & Spiegel, Ulm
Druck und Bindung: CPI – Ebner & Spiegel, Ulm
Printed in Germany

ISBN 978-3-502-15100-5

Inhalt

Der kleine geniale Weinführer gegen die Krise!

»Sie können froh sein, Sie sind Teil der realen Wirtschaft!«, sagte mir neulich ein führender Berliner Banker, der von einer ganz neuen Art der Weinbegeisterung ergriffen war. Und es stimmt, dass die Weinwirtschaft plötzlich eine neue Aura der Solidität umgibt, die »altmodische« Erdverbundenheit des Weinbaus verleiht ihm eine enorme Stabilität. Ein konkretes Produkt wird erzeugt und verkauft und dieser Vorgang durch ein gesundes Marktgeschehen gesteuert. Wein läuft noch ziemlich gut; nur in den oberen Preisklassen sind deutliche Einbußen erkennbar, die man wohl als Korrektur vergangener Exzesse deuten kann.
Alles schön und gut, aber worum es schließlich beim Wein geht, ist der *Genuss,* und der ist immaterieller Art und somit schwer in Worte zu fassen. Noch nie ist ein einziges Teilchen Weingenuss in einem Hochleistungslabor aufgespürt worden oder konnte gar isoliert werden. Trotz der Wirtschaftskrise ist dieser extrem flüchtige Stoff aber überall unterwegs, was mich schwer begeistert, denn er ist schließlich das Subjekt dieses kleinen genialen Weinführers. *Die Genialität dieses Weinführers bezieht sich auf die Steigerung Ihres Weingenusses,* und der wird in keiner Weise von der Wirtschaftskrise beeinträchtigt.
Um dies zu ermöglichen, habe ich mich dieses Jahr besonders bemüht, neue aufregende Weine für weniger als fünf Euro die Flasche zu finden. Obwohl meine Recherche in Supermarkt und Discounter leider nur mäßige Früchte trug, habe ich zahlreiche Winzer gefunden, die eine erstaunliche Qualität in diesem Preisbereich bieten. Der Günstigste dieser neuen Empfehlungen liegt bei nur 2,20 Euro die Literflasche; wohl ein Discounter-Preis! Das bedeutet aber überhaupt keine »Verbilligung« dieses Weinführers, wie man an den zahlreichen Empfehlungen in allen Preisklassen feststellen kann.
Wie letztes Jahr habe ich eine Reihe Weine und Winzer auf den nächsten Seiten herausgestellt und Preise für ganz besondere Leistungen im Sinne dieses Führers verliehen. Neu im Führer sind die Preise für den **Jungwinzer des Jahres** (letztes Jahr nur auf www.stuartpigott.de an Christian und Simone Stahl von Winzerhof Stahl in Auernhofen/Franken verliehen) und für den **Obstweinerzeuger des Jahres** (letztes Jahr auch nur auf meiner Website an Andreas Schneiders Obsthof am Steinberg in Niedererlenbach bei Frankfurt vergeben). Obstwein kann auch genial sein und kostet selten so viel wie gute Traubenweine, was leider immer noch nicht bekannt genug ist.
Was alle Preisträger vereint, ist die Erzeugung von Weinen, die einen genialen Genuss zu freundlichen Preisen bieten. Diese Weine sind keine Wunder und gehören nicht zu einer heilen Welt des Weins, sondern sind real existierende Produkte einer gleichermaßen gnadenlosen wie liebevollen Arbeit.

Stuart Pigotts kleiner genialer Weinpreis 2010 geht an:
Südpfalz ConneXion (Volker Gies von Weingut Gies-Düppel, Boris Kranz von Weingut Kranz, Sven Leiner von Weingut Jürgen Leiner, Klaus Scheu von Weingut Scheu und Peter Siener von Weingut Siener)
www.suedpfalzconnexion.de
Diese Jungwinzergruppe ist inzwischen zehn Jahre alt, aber ihre jugendliche Energie ist keinesfalls verpufft. Im Gegenteil: Die fünf Mitstreiter in Sachen Weininnovation tun mehr für den Aufschwung der Südpfalz als je zuvor. Eine ganz besondere Erwähnung verdient ihr Gemeinschaftswerk, der Gräfenhäuser Spätburgunder. Hinter diesem Rotwein, einem der originellsten der ganzen Republik, steckt die Rettung einer historischen Weinbergslage.

Jungwinzerin des Jahres ist **Carolin Hofmann**
von **Weingut Willems Willems**, in Oberemmel/Mosel
Preise ab 7 € ab Hof, Tel.: +49 (0)65 01/1 58 16
E-Mail: info@weingut-willems.de
Die Rieslinge von Carolin Hofmanns Familiengut in Oberemmel an der Saar fielen mir zuerst mit dem Jahrgang 2005 sehr positiv auf. Seitdem sind sie immer besser geworden, und trotz des eher schwierigen Jahrgangs 2008 sind ihre neuen Weine die Besten, die sie bisher gemacht hat. Hier glänzen nicht nur die feinherben Rieslinge, sondern auch der trockene Weißburgunder und der Spätburgunder Rotwein.

Party-Rotwein des Jahres:
Dornfelder trocken
von **Weingut Muffang (Thorsten Muffang)** in Venningen/Pfalz
3 € ab Hof, Tel.: +49 (0)63 23/98 01 06
E-Mail: weingut-muffangf@t-online.de
Mit seinem herrlichen schwarzen Johannisbeeraroma, seiner reifen Säure und den sanftwarmen Gerbstoffen zeigt der Dornfelder von Thorsten Muffang, was mit dieser – auch von Stuart Pigott – oft verschmähten Traubensorte möglich ist!

Party-Weißwein des Jahres:
»Fusion« trocken
von **Weingut Jürgen Leiner (Sven Leiner)** in Ilbesheim/Pfalz
4,70 € ab Hof, Tel.: +49 (0)63 41/3 06 21
E-Mail: info@weingut-leiner.de
Sven Leiners verrückt-lustiges Cuvée aus Scheurebe, Kerner, Silvaner und Müller-Thurgau verströmt Kräuter-, Muskat- und süßliche Gemüsenoten, ist saftig und hat eine elektrisierende Frische.

Traumrosé des Jahres:
»Capitelles des Mourgues«
von **Château Mourgues de Grès** in Costières de Nîmes/Frankreich
8,80 € von Vinalia, Tel.: +49 (0)30/34 70 90 90
E-Mail: info@vinalia-berlin.de

Rotwein braucht man nicht, wenn man diesen Rosé-Giganten im Glas hat. Nach Butter, Kaffee und Gewürzen duftet diese üppige Schönheit aus dem Süden Frankreichs.

Überraschungswein des Jahres:
»Moxie – Sparkling Shiraz«
von **Moxie** (Dowie Doole)
17,95 € von Apell Weine, Tel.: +49 (0)5 61/3 16 07 17
E-Mail: mail@apell.de
Enorme Beerenfrucht- und Backgewürzaromen verbinden sich mit feiner Kohlensäure, zarten Gerbstoffen und saftiger Süße. Ist das schwarze Magie? Ja!

Edelsaufwein des Jahres:
Riesling Spätlese »Late Night«
von **Weingut Hedesheimer Hof** in Stadecken-Elsheim/Rheinhessen
5,90 € ab Hof, Tel.: +49 (0)61 36/24 87
E-Mail: weingut@hedesheimer-Hof.de
Der geilste Cocktail der Welt wurde von der Natur gemixt und von Michael Beck gelesen und auf die Flasche gebracht. Sein »Late Night« ist ein supersaftiger Riesling, der gar keine Spur sättigend ist, sondern ein superklares Finale hat, das einen zurück zum Glas zieht.

Rotwein-Innovation des Jahres:
»black berry« Rotweincuvée
von **Weingut Bruker** in Großbottwar/Württemberg
14,50 € ab Hof, Tel.: +49 (0)71 48/92 10 50
E-Mail: info@weingut-bruker.de
Der Name stimmt einfach: Hier sind Massen von schwarzen Beerenaromen, die die Gerbstoffe des Cabernet Sauvignon weitgehend übertönen. Auch ohne Essen fließt er gefährlich leicht herunter …

Weißwein-Innovation des Jahres:
Cabernet blanc Spätlese trocken
von **Schlossgut Hohenbeilstein** (Hartmann Dippon)
in Beilstein/Württemberg
7,90 € ab Hof, Tel.: +49 (0)70 62/93 71 10
E-Mail: info@schlossgut-hohenbeilstein.de
Mit seinem Duft nach Holunder und Maracuja könnte man ihn für einen Sauvignon blanc halten, aber dafür ist er eigentlich zu geschliffen; ein Kultwein der Zukunft?

Obstweinerzeuger des Jahres:
Schaumweine
Jörg Geiger
von **Manufaktur Jörg Geiger** in Schlat bei Göppingen/Württemberg
Preise ab 13 € ab Hof, Tel.: +49 (0)71 61/9 99 02 24
Für seine beeindruckenden Weine, die aus Äpfeln und Birnen erzeugt werden, aber vor allem für seine genialen Schaumweine aus der Champagne Bratbirnen wurde Jörg Geiger schon recht bekannt, aber immer noch nicht bekannt genug!

Stuart Pigotts fünf Gesetze des Weins und die zehn größten dümmsten und schlimmsten Wein-Irrtümer

Wichtige grundlegende Wahrheiten müssen immer wiederholt werden, um ihre volle Wirkungskraft zu entfalten, deswegen entschuldige ich mich für die »Wiederholung«. Über diese Sachen denke ich selber häufig nach und werde nicht weniger häufig darauf angesprochen. So wichtig konkrete Empfehlungen sind, sie sind erst richtig nützlich, wenn man offen dafür im Kopf ist. Erst dann ist der Weg für den Weingenuss frei geräumt!

Gesetz 1
Der Wein ist genauso gut oder schlecht, wie er für Sie jetzt riecht und schmeckt.

Gesetz 2
Beim Wein gibt es keine Relation zwischen Preis und Qualität.

Gesetz 3
Wein ist nicht annähernd so kompliziert oder empfindlich, wie allgemein angenommen wird.

Gesetz 4
Es gibt keine falschen Worte, um Weine zu beschreiben.

Gesetz 5
Es gibt nur einen Fehler, den man beim Wein machen kann – den anderen den Spaß zu verderben.

Irrtum 1
Nur Männer können Wein verstehen oder richtige Weinkenner sein.

Irrtum 2
Rotwein ist grundsätzlich besser und wichtiger als Weißwein.

Irrtum 3
Süße Weine sind grundsätzlich minderwertiger als trockene Weine.

Irrtum 4
Französische oder italienische Weine sind grundsätzlich die besten.

Irrtum 5
Auf den richtigen Jahrgang kommt es unbedingt an.

Irrtum 6
Junge Weißweine sind besser und bekömmlicher als ältere Weißweine.

Irrtum 7
Nur alte Rotweine können richtig groß sein.

Irrtum 8
Junge Weine, die unharmonisch schmecken, werden mit zunehmendem Alter harmonischer.

Irrtum 9
Gepanschte Weine schmecken schlecht, und schlecht schmeckende Weine sind gepanscht.

Irrtum 10
Der Korken tut dem Wein gut.

Was auf dem Etikett steht und was es bedeutet

Kaum eine Sehnsucht des normalen Weinkonsumenten ist größer als der Wunsch nach *einer einzigen Angabe auf dem Etikett, die 100 % treffsicher die guten und richtigen Weinflaschen im Regal kennzeichnet.* Leider ist die Welt des Weins nicht so einfach, wie die immense Vielzahl an Gebieten, Traubensorten, Erzeugern usw., die in jedem Supermarktregal vorzufinden ist, beweist. Und so kann auch ich diese Aufgabe leider nicht bewerkstelligen.

Aber es hilft weiter, wenn die ganzen Angaben auf dem Etikett etwas erläutert und sie dadurch klarer werden. Alle können wir nicht hier zusammen durchgehen, aber es lohnt sich, zumindest die deutschsprachigen Bezeichnungen, die auf die Betriebsstruktur des Erzeugers hindeuten, einmal kennenzulernen:

Markenbezeichnungen

Weinetiketten sind kompliziert, weil alle gedruckten Angaben quasi als Markenbezeichnungen fungieren können, egal, ob sie das streng genommen sind oder nicht. Das betrifft geographische Herkunftsbezeichnungen – »Pfalz« und »Würzburger« sind definitiv positive Beispiele davon – genauso wie die Namen von Traubensorten – ich mag sie nicht, oft aber funktionieren »Merlot« und »Dornfelder« als Marken – oder auch bekannte Erzeugernamen, die markenähnlichen Charakter haben wie »Robert Weil« und »Dr. Loosen«. Auch wenn alle diese Angaben eine Aussagekraft haben, ist die letzte Gruppe die Wichtigste, weil hinter einem bestimmten Erzeugernamen eine bestimmte Produktions- und Geschäftsphilosophie steckt, die wohl einen starken Einfluss auf Qualität und Art des Weins haben. *Wenn man mehr Spaß mit Wein haben will, sollte man sich unbedingt den Erzeugernamen von Weinen, die einem positiv auffallen, merken oder notieren.* Das ist der Weg zum gesteigerten Genuss!

Weingut/Winzerhof

In der Alltagssprache bezeichnen diese Begriffe einen Bauernhof, in dessen Felder Reben stehen. Überwiegend oder gänzlich werden die Weine solcher Erzeuger aus den Trauben ihrer eigenen Reben erzeugt. Wenn ein deutsches Weingut einen Wein jedoch aus zugekauften Trauben abfüllt, muss auf dem Etikett die Bezeichnung »**Abfüller**« stehen. Wenn jedoch »**Gutsabfüllung**« auf dem Etikett steht, handelt es sich um einen Wein aus ausschließlich eigenen Trauben.

Ein Weingut ist nicht automatisch ein winziger Betrieb – einige deutsche Weingüter haben mehr als 100 Hektar Rebfläche! Die meisten deutschen Weine in diesem kleinen genialen Weinführer stammen aus Weingütern, weil in relativ kleinem Rahmen die Produktion viel übersichtlicher ist und sich leichter in Richtung Qualität steuern lässt. *Der Name eines guten Erzeugers dieser Art auf dem Etikett kommt einer Qualitätsgarantie ziemlich nahe.*

Winzergenossenschaft/Weingärtnergenossenschaft/Winzerverein/ Winzerkeller

Kooperativen bzw. Zusammenschlüsse von mehreren Winzern zwecks gemeinsamer Traubenverarbeitung, Kellerwirtschaft und Marketing sind typischerweise deutlich größer als Weingüter. Es handelt sich meist um Gebilde mit dreistelliger oder vierstelliger Hektar-Rebfläche. Die Erzeugung guter Weine in solchen Gebilden erfordert nicht nur ein klares Konzept, sondern auch eine hervorragende Organisation, weil die Qualität von der Arbeit vieler Menschen abhängt. *Wenn das gelingt, entstehen Weine, die fast immer ein sehr gutes Preis-Leistungs-Verhältnis bieten.*

Großkellerei/Kellerei

Während des inzwischen vergangenen goldenen Oktobers der Liebfraumilch war diese Bezeichnung ein Synonym für riesige Weinfabriken, in denen meist schwache »Grundweine« saubergemacht, verschnitten und billig auf den Markt geworfen wurden. Heutzutage gibt es auch dort viel mehr gesteuerte Produktion mit klaren Qualitätszielen. Oft werden Trauben statt Jungweine verarbeitet, was zu deutlich besseren Ergebnissen führt. *Leider wird immer noch zu sehr auf den Cent geschaut, weil der Kunde im Supermarkt/Discounter das auch tut, und damit wird das Qualitätsstreben wieder gebremst.* Trotzdem stehen einige gute Weine von Kellereien im kleinen genialen Weinführer.

Bei Weinen aus anderen Ländern ist es auch für Stuart Pigott nicht immer leicht zu erkennen, was für eine Betriebsstruktur hinter einem bestimmten Weinnamen steckt. Zum Beispiel abhängig, welchen Wein man in der Hand hält, handelt es sich bei »Gallo« entweder um einen Wein aus einer Großkellerei oder einen Wein aus dem gleichnamigen eigenen Weingut (erst über 10 € die Flasche). Manche Betriebe, die klein und fein erscheinen, z.B. Cloudy Bay in Neuseeland, haben jedoch ein Produktionsvolumen, das in Millionen Flaschen gezählt wird.

Was ist im Glas bzw. woraus besteht Wein?

Der verbreitete Wunsch des Konsumenten zu wissen, was in dem gekauften Wein steckt, wird von der Weinindustrie gar nicht ernst genommen, sogar oft als bedrohlich betrachtet. Viele große und kleine Erzeuger würden am liebsten verschleiern, was sie im Keller treiben, obwohl sie davon überzeugt sind, das Richtige zu tun, statt sich mit den Konsumenten auseinanderzusetzen. Das stellt den Weinboom mehr in Frage als die Weltwirtschaftskrise. **Hiermit fordert der Kleine geniale Weinführer die Einführung von Ingredienz-Aufstellungen auf dem Etikett, wie es auf Verpackungen von Joghurt, Dosenbohnen und allen anderen Lebensmitteln üblich ist.** Lassen Sie uns die Hauptinhaltsstoffe des Weins jetzt einmal anschauen. Dabei kann man eine Menge über den Wein lernen.

Wasser

Wein besteht mehrheitlich aus Wasser – genau wie wir Menschen. Alle anderen Inhaltsstoffe des Weins sind in diesem Wasser gelöst oder fallen als harmlose Kristalle – Stichwort »Weinstein« – oder Partikel – Stichwort »Depot« – aus und setzen sich unten in der Flasche ab. Trotzdem führt Weinkonsum zu einer Entwässerung des Körpers, weshalb es gut ist, zusätzlich zum Weingenuss Wasser zu trinken.
Ein Wein, der zu viel Wasser im Vergleich zu den anderen Inhaltsstoffen enthält, schmeckt dünn; ein *altes* Weinproblem. Durch die Klimaerwärmung kommt es eher zum umgekehrten Effekt; ein *neues* Weinproblem. Aus diesem Grund wird in manchen Weingebieten in warmen Klimazonen dem Wein etwas Wasser zugesetzt, was z. B. durchaus legal in Kalifornien ist, aber illegal in der EU.
Wasser verdünnt die Aromen und andere Inhaltsstoffe, was sich manchmal nachteilig auf den Geschmack auswirkt, aber der Gewinn in puncto *Harmonie* kann noch bedeutender ausfallen – nämlich durch Reduzierung des Alkoholgehalts. (Hier sieht man, wie die Inhaltsstoffe des Weins immer zusammenhängen.)
Schrecklich? Die High-Tech-Alternative ist die Schleuderkegelkolonne – Stichwort »Spinning Cone Column« –, die schon in vielen Überseeländern im Einsatz ist und bald in der EU zugelassen wird. Persönlich ziehe ich einfache, pragmatische Lösungen teueren und übertechnisierten vor.

Alkohol

Lange bevor Sie so viel Wein trinken können, dass andere Inhaltsstoffe Ihre Gesundheit bedrohen könnten, wird der im Wein enthaltene Alkohol Sie töten! Bitte vergessen Sie nicht, dass Alkohol eine Droge ist, die physisch und psychisch abhängig machen kann. Anderseits gibt es viele medizinische Studien, die andeuten, dass ein regelmäßiger und moderater Weinkonsum gesundheitliche Vorteile bringt.
Durch die Klimaerwärmung sind die Alkoholwerte im Wein deutlich gestiegen, weil der natürliche Zuckergehalt der Trauben generell zuge-

nommen hat. In der Vergangenheit mussten die Winzer hier im Norden (auch in Frankreich!) sehr häufig den Alkoholgehalt ihrer Weine durch die Zugabe von Zucker während der Gärung – Stichworte: »Anreicherung« und »Chaptalisation« – erhöhen, was keine Süßung des Weins darstellt. Eine andere Seite des *alten* Weinproblems.
Inzwischen sind 13 % natürlicher Alkoholgehalt bei uns auch normal und 14 % keine Seltenheit mehr. Das ist nachteilig für den Geschmack, weil je mehr Alkohol der Wein enthält, desto weniger nehmen wir die Aromen wahr. Das *neue* Weinproblem. Deswegen ist »Alkoholmanagement« ein neues Zauberwort in der Weinindustrie, was schließlich nur weniger Alkohol und mehr Wasser im Wein bedeutet (siehe oben).
Anderseits verleiht ein höherer Alkoholgehalt dem Wein eine runde Beschaffenheit – Stichwort »Mundgefühl« –, und bei Konzentrationen deutlich jenseits von 13 % bringt es einen angenehmen Eindruck der Süßlichkeit mit sich – Stichwort »Extraktsüße« – , auch wenn der Wein analytisch betrachtet knochentrocken ist.

Säure

Schon beim Lesen dieses Wortes läuten die Alarmglocken der gesamten Republik. Manchmal kommt es mir vor, als ob man in Deutschland lieber einen neuen Weinskandal erleben würde als einen Wein mit geschmacklich spürbarer Säure. Man kann Wein chemisch entsäuern und damit einen säurefreien Wein erhalten, aber das Ergebnis schmeckt flach und fad, ja schrecklich. Natürlich schmeckt ein Wein mit überhöhtem Säuregehalt unangenehm; wieder das *alte* Weinproblem!
Reife Trauben enthalten *immer* eine gewisse Menge von Weinsäure (wie viel, hängt weitgehend von der Traubensorte ab), von der ein Teil im Keller des Winzers ausfällt – eine natürliche Regulierung, die durch Kälte unterstützt werden kann. Alle Trauben enthalten auch die etwas weniger intensive Äpfelsäure (deren Gehalt vom Reifegrad abhängig ist, umso reifer, desto weniger). Man kann die Äpfelsäure biologisch im Keller abbauen – Stichwort »malolaktische Gärung« –, was beim Rotwein standardmäßig geschieht. Bei vielen Weißweinen will der Winzer aber mindestens einen Teil der Äpfelsäure erhalten, um den geschmacklichen Eindruck von *Frische* zu betonen.
Ich selbst mag auch keine saueren Weine, stelle aber fest, dass ich im entspannten Zustand durchaus mehr davon verkraften kann, als ich denke. Wichtig ist, sich nicht am ersten Geschmackseindruck zu orientieren, sondern zu schauen, wie der Wein sich tatsächlich trinken lässt. Wenn Sie mit diesem Gedanken im Kopf handeln, werden Sie mehr Spaß mit dem Wein haben. Nicht vergessen: durch die Klimaerwärmung ist der Säuregehalt des Weins allgemein gesunken.
Auch beim Essen kann zu wenig Säure genauso problematisch sein wie zu viel. Aus meiner Sicht hilft es, ein leicht säuerliches Essen, wie z. B. Salat, in Essig eingelegtes Gemüse oder Kaviar, mit einem Wein mit einer spürbaren Säure zu kombinieren. Genauso machen mir recht fetthaltige Gerichte wie z. B. Lachs, Ente oder Pasta in Sahnesoße mehr Spaß mit einem leicht säurebetonten Wein, der das Fett »schneidet«.

Süße

Süße ist für viele ältere Weintrinker auch ein Reizthema, weil sie als unnatürlich und dadurch auch als moralisch suspekt betrachtet wird. Dagegen ist Süße im Wein für junge Menschen eher eine Frage des Anlasses und des persönlichen Geschmacks.

Welcher Weininhaltsstoff ist aber »natürlicher«? Süße, die *direkt aus der Traube* stammt und im Keller erhalten wurde, oder Eichengerbstoffe und Eichenaromen (siehe unten), die traubenfremd sind und durch Lagerung in neuen Holzfässern dem Wein zugesetzt wurden?

Echte vollreife Weintrauben sind ganz anders als »Weintrauben«, die auf zahlreichen Märkten verkauft werden, denn sie *schmecken sehr süß*. Solange die Trauben gesund sind, ist ihre Süße ein wichtiger und zuverlässiger Indikator für ihre Reife. Diese Süße wird während der Gärung entweder weitgehend oder komplett in Alkohol (auch in Kohlensäure und geringe Mengen anderer Substanzen) umgewandelt. Ein guter süßer Wein entsteht, wenn die Gärung eines Mosts aus reifen Trauben unterbrochen wird, um einen angemessenen Teil der natürlichen Traubensüße zu erhalten. Das muss Ihnen nicht schmecken, aber die Herstellung dieser Süße ist definitiv kein Teufelswerk, sondern erfordert viel Fingerspitzengefühl.

Süße wird zu einem Problem im Wein, wenn es sie entweder zu viel oder zu wenig gibt. Wie bei allen anderen Inhaltsstoffen geht es nicht nur um die reine Menge, sondern um die Harmonie bzw. die Wechselwirkung mit anderen Inhaltsstoffen. Was »richtig« für Sie ist, müssen Sie ausprobieren. Wer nichts Neues versuchen will, handelt defensiv – aus Angst, oder er ist von festsitzenden Vorurteilen belastet. Beide schmälern den Genuss erheblich.

Eine selten zutreffende Wein-und-Essen-Regel ist die, dass der Wein säuerlicher schmeckt, wenn er mit süß schmeckenden Speisen kombiniert wird. Deswegen ist es so schwierig, den optimalen Wein zum Dessert zu finden.

Aromen

Allen Gerüchten zum Trotz ist die Zugabe von künstlichen Aromastoffen in keinem bedeutenden Weinbauland der Welt zugelassen. Die Aromen des Weins kann der Winzer aber durch den Einsatz von speziellen Hefen – Stichwort »Aromahefen« – und Enzymen durchaus verstärken. Das schadet dem Wein nicht, sondern mobilisiert das ganze vorhandene Aromapotential während der Gärung. Danach nimmt die Aromatik solcher Weine ständig (und oft auch schnell) ab. Solche Weine können nicht gut halten; ein Grund, warum viele Weißweine aus dem Supermarktregal nicht lagerfähig sind; schöne neue Weinwelt!

Vergärt dagegen eine konventionelle oder kellereigene Hefe – Stichwort »Spontangärung« – den Wein, kann sich die Aromatik des Weins im besten Fall über einen sehr langen Zeitraum positiv verändern bzw. das Aromapotential des Weins wird nach und nach in Geschmack umgesetzt, und der Wein entwickelt sich positiv auf der Flasche.

Das Aromapotential wird in dem Moment festgelegt, wenn die Trauben gelesen werden, und sie/es zu optimieren ist eine der wichtigsten Aufgaben der Arbeit des Winzers. Der Duft des Weins wird stark durch die Traubensorte (siehe Seiten 18–24), die Witterung – Stichwort »Jahrgang« – und die Pflege der Reben während der Reifezeit geprägt. Diese Vielfalt – ein guter Wein enthält Hunderte von Aromastoffen! – macht einen großen Teil des Reizes des Weins aus. Wunderbare Aromen plus eine perfekte Harmonie ergeben einen genialen Wein, deswegen sollte man den Wein auch riechen!

Gerbstoffe

Für Rotwein sind die Gerbstoffe – Stichwort »Phenole« – besonders prägende Inhaltsstoffe, auch wenn viele davon geschmacksneutral sind. In diesen Fällen verleihen sie dem Wein Wärme und einen pelzigen Eindruck, der entweder sanft oder ausgeprägt wirkt. Ein Rotwein ohne Gerbstoffe oder mit ganz wenigen Gerbstoffen kann kalt und leicht oder sogar leer schmecken. Dagegen machen zu viele Gerbstoffe den Wein übermäßig schwer. Die geschmackliche Schwere des Rotweins rührt kaum vom Alkohol her, sondern vorwiegend von den Gerbstoffen.
Was die Bewertung der Gerbstoffe betrifft, so gibt es einen großen Unterschied zwischen Profis und normalen Konsumenten. Profis – aber nicht Stuart Pigott – neigen zu einer Umso-mehr-desto-besser-Mentalität beim Gerbstoff im Rotwein. Die von Weinpäpsten am höchsten bewerteten Rotweine – Stichwort: »100 Parker-Punkte« – sind meistens extrem gerbstoffhaltig und dadurch immens schwer, sogar für mich sind sie oft untrinkbar.
Dieser Gerbstofffetischismus ist natürlich Unsinn und schädlich für die Konsumenten, die unter einer Unverträglichkeit gegenüber bestimmten Gerbstoffen leiden. Ein hoher Gerbstoffanteil ist aber nur ein Grund, warum Rotwein zu Kopfschmerzen führen kann. Diese können auch von den Histaminen herrühren oder ganz einfach durch die Kombination von Alkohol und Stress und/oder Rauchen und/oder schlechten Essensgewohnheiten entstehen.
In vielen modernen trockenen Weißweinen (vor allem in Deutschland) spielen Gerbstoffe aber auch eine Rolle. Sie stützen den oft vollen Körper und sorgen für eine stärkere und/oder faszinierende Beschaffenheit im Mund – wieder Stichwort »Mundgefühl«.

Mineralstoffe

»Mineralisch« ist das Schlagwort der modernen deutschsprachigen Weinfachleute schlechthin, aber was es genau bedeutet, können die Wenigsten von ihnen erklären. Der Grund dafür ist eine geschmackliche und sprachliche Konfusion. Oftmals wird das M-Wort als Sammelbegriff eingesetzt für alle sinnlich erfassbaren Aspekte des Weins – inklusive Aromastoffen oder Körper und Säure –, die von Herkunft bzw. Standort des Weinbergs geprägt sind. Damit wird der Begriff mit dem Zauberwort »Terroir« – französisch für den Geschmack eines bestimmten Ortes – gleichgesetzt.
Wenn der Winzer gut im Weinberg und Keller arbeitet, wird tatsächlich

die Aromatik des Weins, wie füllig oder schlank er schmeckt und wie stark oder verhalten die Säure wirkt, entscheidend von der Herkunft der Trauben geprägt. Die echte mineralische Geschmackskomponente ist aber nur ein Teil von diesem komplexen dreidimensionalen Bild, etwa vergleichbar mit einer räumlichen Dimension.
Irgendwie salzig schmecken die Mineralien im Wein, weil es sich zu einem guten Teil wirklich um Salze handelt. Zum Beispiel Kaliumverbindungen – das Kalium stammt tatsächlich aus dem Boden – prägen den Weingeschmack stark. Umso mehr Kalium im Wein, desto mehr ist die Säure »gepuffert« und geschmacklich weniger spürbar. Ihr erhöhter Kaliumgehalt ist ein wichtiger Grund, warum die Säure in vielen modernen deutschen Weißweinen weniger betont wirkt als in vergleichbaren Weinen von vor einem Jahrzehnt oder mehr.
Hinter dem »Terroir-Geschmack« bzw. der Herkunftsprägung des Weins stecken die kleinklimatischen Verhältnisse des Weinbergs – Stichwort »Geländeklima« – und die Besonderheiten seines Bodens – Stichworte »Bodenart« und »Bodentyp« –, also Dinge, die weitgehend wissenschaftlich messbar sind. Dass der Faktor Mensch immer mit im Spiel ist, macht es aber schwierig, »Terroir-Weine« rational zu betrachten. Es gibt doch das Mysterium Wein!

Sulfite

Spätestens seit auf dem Etikett von fast jedem Wein »Enthält Sulfite« steht, ist unser Umgang mit Schwefel im Wein entspannter geworden. Es ist der wichtigste Konservierungsstoff im Wein, aber er kommt nicht nur da vor. Wer Angst davor hat, sollte auf keinen Fall helles Gemüse (Extremfall Blumenkohl) essen und definitiv auf Fertiggerichte mit hellfarbigen Bestandteilen wie Kartoffelpürée verzichten. Da ist nämlich viel mehr Schwefel drin als im Wein!
Lange Zeit war Schwefel ein Sündenbock für fast alle negativen Folgen des Weinkonsums. Die Wahrheit ist, dass ohne Schwefel die allermeisten Weine leblos und oxidiert schmecken würden bzw. nicht als Wein zu identifizieren wären!
So ausführlich, wie das Ihnen vielleicht vorkommt, war das eine schnelle und bewusst einfach gehaltene Einführung in die Geschmackswelt des Weins. Viele dieser Erkenntnisse habe ich während meines Studiums auf der Fachhochschule für Weinbau und Önologie in Geisenheim/Rheingau 2008/9 gewonnen und bedanke mich hiermit bei allen Professoren und vor allem dem neuen Direktor Hans R. Schultz.

Meine Lieblings-Rotwein-Rebsorten

Barbera
Wunderbar finde ich es, wie auch kräftigere Barberas trotz intensivem Schwarzkirscharoma, Vanille- oder Toastnoten aus dem Eichenfass und ordentlich viel Alkohol dank ihrer typischen Säure nie breit oder fett wirken. Leichte Barberas sind recht einfach an einem Preis unter zehn Euro zu erkennen, kräftige kosten über zehn Euro.

Blauburgunder siehe Pinot Noir

Blaufränkisch siehe Lemberger

Cabernet Cubin
Fassungslos war ich 2000 bei meiner ersten Begegnung mit dieser genialen neudeutschen Kreuzung aus der französischen Cabernet-Sauvignon-Traube (siehe unten) und dem einheimischen Lemberger (siehe unten). In unserer Klimazone liefert sie wesentlich überzeugendere Weine als Cabernet Sauvignon. Mächtige Gerbstoffe und viel Power vereinen sich mit intensiven Beerennoten – wenn alles klappt. Oftmals steht ein Cuvéename statt des Rebsortennamens auf dem Etikett; selten teuer. Der Rotweingeschmack des neuen Jahrtausends!

Cabernet Sauvignon
Wenn diese Traube voll ausreift – was auch keine Selbstverständlichkeit in ihrer Heimat Bordeaux/Frankreich ist –, dann können tieffarbige Rotweine mit Kraft und Eleganz gewonnen werden, aber dann muss auch Stuart Pigott ziemlich tief in die Tasche greifen! Die typischen Traubenaromen sind schwarze Johannisbeeren und Paprika. Nur mit viel Geschick (so z. B. in Chile) lassen sich richtig weiche oder leichte Weine aus der Traube gewinnen. Normalerweise fallen sie mehr oder minder herb aus, in Kalifornien und Australien dazu oft üppig.

Dolcetto
Rote »Sommerweine« kommen mir oft wie ein dummer Marketing-Gag vor, aber wenn ich eine geniale Erfrischung in Rot möchte, dann greife ich zu dieser unterschätzten piemontesischen Traube. Herb, aber nicht mundtrocknend oder schwer hat sie das Zeug zum wahren »Sommerwein«. Zur tollen Multi-Kulti-Kombination wird sie mit Bratwurst.

Lemberger
Diese aus Ungarn stammende Sorte (wo sie Kékfrankos heißt), die überwiegend in Württemberg und im Burgenland/Österreich (wo sie Blaufränkisch heißt) angebaut wird, ist eine dunkle Schönheit, die die letzten Jahre einen Platz in meinem Herzen eroberte. Meistens mittelgewichtige Weine von angenehmer Frische, im besten Fall gleichzeitig aus-

drucksstark und lebendig. Sehr erfreulich ist es, wie die guten Weine oft in einem sehr interessanten Preis-Leistungs-Verhältnis stehen; ein aufsteigender Stern unter den Rebsorten!

Merlot
»Wenn jemand Merlot bestellt, dann verlasse ich sofort das Restaurant!«, sagte der launische Weinfreak Miles einmal im Film »Sideways«, und manchmal bin ich ein ähnlich militanter Gegner dieser weit verbreiteten Rebsorte aus Bordeaux, die um den ganzen Erdball hinter runden bis weichen Alltagsweinen und jeder Menge überteuerter Schein-Spitzenweine steckt. Die typischen Traubenaromen sind Brombeeren und Blaubeeren (auch Konfitüre aus diesen Früchten). Doch endlich gibt es in vielen Weingebieten auf *Planet Wein* überzeugende neue Weine aus dieser Rebsorte, die Frische und Harmonie zeigen.

Monastrell
Entweder bin ich hellauf begeistert von den Weinen dieser urspanischen Rebsorte, die in Frankreich Mourvèdre heißt und zum Reifen mediterranes Klima benötigt, oder sie sind mir einfach zu animalisch im Duft und adstringent im Geschmack. Bestenfalls sind es ausdrucksstarke Weine mit üppigen Kurven, aber auch mit viel Rückgrat. In Südspanien ist sie oft Grundlage von Weinen mit einem exzellenten Preis-Leistungs-Verhältnis.

Mourvèdre siehe Monastrell

Nebbiolo
Mein Interesse für diese zweifellos edle piemontesische Rebsorte wäre viel stärker, wenn es mehr als ein paar gute Nebbiolo-Weine für unter 20 Euro geben würde. Die wahren Nebbiolo-Spitzenweine sind herbe, großgewachsene Gestalten, aber ihre Preise sind auch großgewachsen (oft dreistellig!) Zum Solotrinken sind sie wegen der ausgeprägten Gerbstoffe kaum geeignet; wo ist der Braten?

Nero d'Avola
Mit ihrer üppigen Fülle und ausgeprägten Würze findet Stuart Pigott, genauso wie unzählige Tausende von Konsumenten, diese sizilianische Traube ziemlich ansprechend. Und dazu gibt es häufig ein sehr gutes Preis-Leistungs-Verhältnis.

Pinotage
Aus meiner Sicht eine regelrecht schizophrene südafrikanische Rebsorte. Die billigen Weine fallen oft ruppig aus, aber für ein paar Euro mehr bekommt man einen würzig kraftvollen Rotwein, der auch ganz jung und solo getrunken toll schmeckt.

Pinot Noir

Ich bin seit Jahren dieser edlen roten »Sideways«-Rebsorte, deren Heimat Burgund ist (in Deutschland heißt sie Spätburgunder, in der Schweiz und Österreich Blauburgunder), verfallen. Wegen ihres mäßigen Gerbstoffgehalts werden aus ihr häufig feine seidige Weine gewonnen, wobei die Säure manchmal recht ausgeprägt sein kann. Die typischen Traubenaromen sind alle Arten von Waldbeeren. Günstige und gute Weine gibt es von manchen deutschen Jungwinzern, sonst würden die Weine dieser Sorte mich ruinieren!

Portugieser

Mein erster Schluck Portugieser 1974 fiel dünn, sauer und süß aus; grausam! Glücklicherweise gab es in den letzten Jahren eine richtige Revolution bei dieser urdeutschen Rebsorte. Jetzt gibt es auch tieffarbige Weine aus ihr, die voll und samtig schmecken, und wegen des schlechten Rufes der Sorte (viele Menschen hatten anscheinend ähnliche Erlebnisse wie ich) sind sie meist freundlich im Preis.

Sangiovese

Ich mag die Qualitätssorte der Toskana (wo sie fast nie auf dem Etikett steht) und die meistgepflanzte Rebsorte in Italien. Es sind meistens mittelgewichtige herbe Weine mit recht ausgeprägter Säure (außer Brunello di Montalcino, der oft rund und schwer ausfällt), aber sie verlangen definitiv tierisches Fett (mindestens etwas Salami) auf dem Tisch, um zu glänzen. Die typischen Traubenaromen sind rote Sauerkirschen und Mandeln.

Saperavi

Warum hatte auch ich bis vor kurzem so wenig von dieser genialen georgischen Rebsorte, die in den Ländern der Ex-Sowjetunion ziemlich verbreitet ist, gehört? Sicherlich, weil noch nicht so viele Winzer es schaffen, regelmäßig kraftvolle und sanftherbe Weine mit vielschichtigem Beerenduft aus ihr zu erzeugen. Bestenfalls sind es aber ganz eigenständige Weine mit großartiger Würze, die nicht teuer sind.

Shiraz/Syrah

(Blauer) Spätburgunder **siehe** *Pinot Noir*

St. Laurent

Ich finde immer mehr interessante Weine aus dieser lange in Vergessenheit geratenen deutschsprachigen Traditionssorte, die jetzt von deutschen und österreichischen Winzern wieder entdeckt wird. Die tieffarbigen Weine haben oft viel Ausdruck, wirken aber nie schwer oder plump und lassen sich auch gut solo trinken.

Syrah

Langsam habe ich es mit den überdrehten und manchmal fettleibigen Weinen dieser modischen Sorte satt. In ihrer Heimat Frankreich an der Rhône fällt sie herber aus und in Australien und Südafrika (wo sie Shiraz genannt wird) tendenziell süßlicher. Die typischen Traubenaromen sind Brombeere, Pflaume und Pfeffer.

Tempranillo

Die Weine aus Spaniens edelster Rebsorte, die auch in Portugal verbreitet ist, wo sie Roriz und Aragonêz heißt, gefallen mir oft sehr gut, aber sie fallen nie leicht aus. Allgemein fleischige, schwere Weine mit ausgeprägtem Duft nach schwarzen Oliven und oft mächtigen Gerbstoffen. Ein steigender Stern mit dementsprechend steigenden Preisen.

Zinfandel

»Life is hell without Zinfandel« – das Leben ist die Hölle ohne Zinfandel –, heißt es im Hauptanbaugebiet dieser Rebsorte, in Kalifornien, und ich stimme dem voll und ganz zu. Aber die Rebsorte ist auch in Apulien/Italien (wo sie Primitivo genannt wird) stark im Kommen. Die besten Weine sind wunderbar üppig, sehr würzig und rund. Obwohl einfache Exemplare oft etwas rustikal wirken, stellt die Sorte im Allgemeinen ein interessantes Preis-Leistungs-Verhältnis dar.

(Blauer) Zweigelt

Ich bin sehr froh, dass diese österreichische Sorte auch langsam in Deutschland Fuß fasst, weil – wenn der Winzer nur eine moderate Menge erntet und tüchtig im Weinberg ist – die Weine herrliche Duftnoten nach Kirschen und Pfeffer entwickeln und von einer sanften Herbe und ansprechenden Fruchtigkeit geprägt sind. Bei hoher Qualität ist der Wein würzig und stoffig.

Meine Lieblings-Weißwein-Rebsorten

Chardonnay
Mein einziges Problem mit der weltweit am meisten verbreiteten Qualitätssorte für trockene Weißweine ist, dass günstige Chardonnays allzu oft austauschbar sind. Die typischen Traubenaromen sind Apfel und Birne, in warmen Gebieten (Übersee) eher Grapefruit und Ananas, aber sie wirken leicht klischeehaft. Solide Alltagsqualität beim Chardonnay ist recht einfach zu finden. Die wahren Spitzenweine sind unglaublich fein und geschmeidig, aber diese Art der Gaumen-Erotik hat einen schmerzlichen Preis!

Chasselas
Lange hatte ich nichts übrig für die Urschweizer Weintraube, die im Wallis als Fendant bekannt ist und im Markgräflerland/Baden Gutedel heißt. Einige Winzer in beiden Ländern schaffen es aber heute, strahlende Weine mit Leichtigkeit und Charakter zu erzeugen.

Fendant siehe *Chasselas*

Gewürztraminer siehe *Traminer*

Grauburgunder
Auch ich schwanke zwischen einer positiven und einer negativen Bewertung dieser engsten Verwandten des Weißburgunders, die in Mitteleuropa weit verbreitet ist – in Italien ist sie als Pinot Grigio bekannt und im Elsass heißt sie Pinot Gris. Die schwachen Weine aus dieser Sorte sind dünn und fad, aber die besten fallen kräftig und füllig aus (im Elsass oft sogar sehr üppig und mit ausgeprägter Süße). Die typischen Traubenaromen sind Melone, Honig und Rosinen, und wenn sie mit Harmonie und Frische vereint sind, ist auch Stuart Pigott begeistert.

Grüner Veltliner
Wiener Schnitzel oder Backhendl und ein guter Grüner Veltliner? Lass uns gleich nach Wien fahren! Diese niederösterreichische Rebsorte, aus der eine breite Palette leichter bis mächtiger trockener Weine produziert wird, macht mir häufig viel Spaß. Die typischen Traubenaromen sind weißer Pfeffer und Apfel, die Spitzenweine dieser Sorte brillieren mit den Aromen von exotischem Obst, Tabak und Gewürznoten. Gute Qualität ist oft recht günstig zu bekommen.

Gutedel siehe *Chasselas*

Morillon siehe *Chardonnay*

Müller-Thurgau
Diese in Verruf geratene Sorte (die deswegen auch unter dem Synonym Rivaner verkauft wird) hat mir in den letzten Jahren viele tolle Überraschungen beschert. Das typische Traubenaroma ist Apfel und Muskat, meistens fällt die Säure angenehm weich aus, in den besten Weinen ist sie aber wunderbar animierend. Und mein Lieblings-Müller-Thurgau kostet ganze sieben Euro (siehe Seite 120)!

Muscat (à petits grains) siehe *Muskateller*

Muskateller
Diese Überlebende aus der Antike begeistert mich häufig. Ihre Weine fallen immer sehr duftig aus – Muskat, rosa Grapefruit oder einfach irre traubig – und haben oft eine elektrisierende Säure. Alkohol und Säure machen ihn zu einer starken trockenen Weißwein-Persönlichkeit, die fast immer leicht wirkt, oder zu einem süßen Weißwein, der kaum süß, aber unglaublich erfrischend wirkt. Sein enger Verwandter Muskat-Ottonel kann eine ähnliche Duftigkeit zeigen, ist aber meistens eher rund und einfach.

Pinot Bianco/Pinot Blanc siehe *Weißburgunder*

Pinot Grigio/Pinot Gris siehe *Grauburgunder*

Rieslaner
Diese seltene deutsche Sorte gleicht die fehlende Menge mit enormer Ausstrahlung aus und ergibt tatsächlich oft geile Weine. Egal, ob als trockener oder edelsüßer Wein, ist er aber nichts für Weicheier. Hier ist einfach viel Säure und viel Power, auch oft eine tolle Aprikosennote oder betörende exotische Fruchtaromen.

Riesling
Meine gefährliche Liebschaft mit der Königin der Rebsorten will einfach nicht enden. Keine andere Rebsorte kann so feinduftige, filigrane trockene sowie geniale, ausdrucksstarke süße Weißweine in so vielen verschiedenen Anbaugebieten hervorbringen wie die vom deutschen Rhein stammende Rebsorte Riesling. Durch die Klimaerwärmung hat sich die Säure der Sorte gemildert, aber der oft hohe Alkoholgehalt entwickelt sich allmählich zu einer neuen Herausforderung für die Winzer. Die stilistische, qualitative sowie preisliche Bandbreite beim Riesling ist enorm.

Rivaner siehe *Müller-Thurgau*

Sauvignon Blanc
Wenn Weine dieser modischen Sorte penetrant nach Dosenspargel duften, dann sind sie nichts für mich, egal, ob sie aus der Heimat der Sorte an der Loire/Frankreich, aus Neuseeland, aus Deutschland oder sonst

woher stammen. Meistens handelt es sich aber um mittelgewichtige, frische bis knackig trockene Weine mit einem ausgeprägten Aroma, das von Gras und Spargel bis zu schwarzen Johannisbeeren und Maracuja reicht. Kleine Weine aus dieser Sorte können sauer ausfallen, dagegen können sehr reife Weine süßlich wie Melone duften und schmecken.

Scheurebe

Die neuen trockenen Weine aus dieser »Neuzüchtung« sind mir meistens lieber als Sauvignon Blancs in der gleichen (günstigen) Preiskategorie. Gute Scheurebe duftet nach schwarzen Johannisbeeren oder gelber Grapefruit und hat, neben viel Ausdruck, einen tollen Schwung. Schlechte Scheurebe stinkt einfach nach Katzenpisse.

Silvaner

Ich freue mich sehr, dass seit einigen Jahren der deutsche Klassiker eine wahre Renaissance erlebt und stetig beliebter wird. Wer mag nicht diese runden, sanftherben Weißweine mit tendenziell dezenten Aromen? Richtig guter Silvaner ist nicht weniger eigenständig als Riesling, vor allem in Franken und Rheinhessen, und kann wesentlich jünger als ein erstklassiger Riesling richtig Spaß machen.

Traminer

Lange haben mich meine Freunde schief angeschaut, als ich von den Weinen dieser Rebsorte schwärmte. Diese schamlosen Verführer sind mittelgewichtige bis üppig trockene und süße Weine mit ausgeprägtem Rosenduft, oft auch rauchigen, speckigen und Litschinoten und wunderbar schmeichelnder weicher Art, die immer mehr Weinfreunde überzeugen!

Weißburgunder

Wenn es nicht so viele stinklangweilige Weine aus dieser Sorte (die in Italien Pinot bianco heißt und im Elsass Pinot Blanc genannt wird) geben würde, dann wäre ich mir sicher, dass die guten Weine und Spitzenweine extrem begehrt wären! Die vorwiegend mittelgewichtigen trockenen Weine bestechen durch Rundheit, zarte Fruchtnoten und Eleganz. Eine nussige Note zeichnet die meist recht günstigen Spitzenweine aus, die oft reichlich Alkohol besitzen.

Welschriesling

Die schlichten bis rustikalen Sommerweine aus dieser Sorte brauche ich nicht, aber als edelsüßer Wein ist diese Sorte zu wahrer Größe fähig. Dann ist der Wein nicht nur honigsüß, sondern besitzt auch eine tolle Frische und Feinheit, oft bei freundlichem Preis im Kontext dieser teuren Kategorie.

Wie mein kleiner genialer Weinführer funktioniert

Mein Bewertungssystem ist sehr einfach und übersichtlich. Es drückt in bis zu fünf Pigott-Punkten aus, wie gut ein Wein mir schmeckt. Genauso leichtverständlich ist es bei der preislichen Einstufung jedes Weines, die in Euro-Zeichen (nichts gegen den Schweizer Franken!) dargestellt wird. Diese zwei Angaben werden immer nebeneinander in der Zeile unterhalb des Weinnamens fett gedruckt, so dass man auf den ersten Blick erkennen kann, wie ich einen bestimmten Wein qualitativ sowie in puncto Preis-Leistungs-Verhältnis einstufe. Ein Wein mit genauso vielen Pigott-Punkten wie Euro-Zeichen stellt nach meiner persönlichen Meinung ein gutes Preis-Leistungs-Verhältnis dar, und ein Wein mit mehr Pigott-Punkten als Euro-Zeichen bietet nach Pigottscher Auffassung ein sehr gutes Preis-Leistungs-Verhältnis.

Die Pigott-Punkte

	Vorsicht! Ein gefährlich schlechter Wein!
P	Solider Alltagswein, recht harmonisch, für weniger als 2 Euro eine prima Sache
PP	Harmonische Weine, die viel Spaß bereiten können
PPP	Weine, die durch Charakter sowie Qualität herausragen. Das ist schon was!
PPPP	Erstklassige Weine mit ausgeprägtem Charakter
PPPPP	Weltklasse-Weine, die Jahr für Jahr beeindrucken
PPPPP!	Nicht zu übertreffen

Die Preisstufen

€!	bis zu 5 Euro (10 sFr)
€	5,01 bis 10 Euro (10,01 sFr bis 20 sFr)
€€	10,01 bis 15 Euro (20,01 sFr bis 30 sFr)
€€€	15,01 bis 20 Euro (30,01 sFr bis 40 sFr)
€€€€	20,01 bis 30 Euro (40,01 sFr bis 50 sFr)
€€€€€	30,01 bis 50 Euro (50,01 sFr bis 85 sFr)
	Lagerfähige Weine, die (bei korrekter Lagerung) locker mindestens 5 Jahre halten können
	Weine aus biologischer Erzeugung, auch von Winzern, die nicht einem Bio-Verband angehören

Um Ihnen den Weg zum großartigen Weingenuss zu erleichtern, gibt es für alle empfohlenen Weine Bezugsquellen. Bei den deutschsprachigen Weinen sind es, so weit wie nur möglich, die Erzeuger selbst, wobei es oft Weinhändler gibt, die die jeweiligen Weine zu gleichen oder ähnlichen Preisen verkaufen. Immer häufiger sind die guten Weine, vor allem die, die ein geniales Preis-Leistungs-Verhältnis haben, beim Winzer vergriffen, und man – auch Stuart Pigott – hat keine Alternative, als sie bei einem Händler zu kaufen. Eine Liste meiner Lieblingshändler finden

Sie ab Seite 172. Bei österreichischen Weinen gebe ich neben dem Erzeuger auch einen deutschen Händler meines Vertrauens an, der auch versendet. Bei importierten Weinen nenne ich nur den Namen und die Koordinaten des jeweiligen Händlers.

Bei allen empfohlenen Weinen besteht die gleiche Grundsituation: Weine, die ein großartiges Genusspotential besitzen und ein gutes Preis-Leistungs-Verhältnis aufweisen, sind begehrt, und es gibt sie nur in begrenzten Mengen. Aus diesem Grund kann keine Garantie gegeben werden, dass an dem Tag, an dem Sie bei dem Produzenten X oder dem Weinhändler Y anfragen, Wein Z tatsächlich erhältlich ist. Ein guter Weinerzeuger oder Weinhändler gibt aber darüber Auskunft, wann der nächste Jahrgang erhältlich sein wird, und nimmt gegebenenfalls Reservierungen an.

Trockene Rotweine

CAMPO **ARDOSA** (Quinta da Carvalhosa) – Douro/P
Weinladen Schmidt Tel.: +49 (0)30/7 89 07 30,
E-Mail: info@weinladen.com
»Ardosino«
Preis: €€ Pigott-Punkte: PPP Meine Punkte: ___
»Campo Ardosa«
Preis: €€€ Pigott-Punkte: PPPP Meine Punkte: ___
Warme, großzügige Rote aus deutscher Hand (Besitzer sind die deutschen Weingüter Breuer, Koehler-Ruprecht und Meyer-Näkel), die bereits als junge Weine sehr viel Trinkspaß bereiten.

ARTADI – Rioja/E
Wein & Glas Tel.: +49 (0)30/2 35 15 20,
E-Mail: info@weinundglas.com
Rioja Joven Tempranillo u. a.
Preis: € Pigott-Punkte: PP Meine Punkte: ___
Ein fruchtiger Wein zum Zechen, der überhaupt keine Ecken oder Kanten besitzt.

ARTAZURI (Artadi) – Navarra/E
Wein & Glas Tel.: +49 (0)30/2 35 15 20,
E-Mail: info@weinundglas.com
Artazuri
Preis: € Pigott-Punkte: PP Meine Punkte: ___
Ein richtig seidiger Gaumenschmeichler, leckerer als viele Weine, die doppelt so teuer sind; kostet nicht viel mehr als 5 €!

ARZUAGA – Ribeira del Duero/E
Enoteca Blanck & Weber Tel.: +49 (0)30/88 67 99 60,
E-Mail: mail@enoteca-blanck.de
»La Planta« Tempranillo
Preis: € Pigott-Punkte: PPP Meine Punkte: ___
Strahlende Beerenfrucht springt einem aus dem Glas entgegen. Ein »einfacher« Wein, für diesen Preis ein fast absurd geschliffener eleganter Geschmack.
Crianza Tempranillo
Preis: €€€ Pigott-Punkte: PPPP Meine Punkte: ___
Gegen den Rumtopf habe ich nichts, wenn wie hier die Süße so verhalten und eine sanfte Herbe als Kontrapunkt vorhanden ist.

DOMAINE CHARLES **AUDOIN** – Bourgogne/F
Wein & Glas Tel.: +49 (0)30/2 35 15 20,
E-Mail: info@weinundglas.com
Marsannay Pinot Noir
Preis: €€ Pigott-Punkte: PPP Meine Punkte: ___

Marsannay Clos du Roy Pinot Noir
Preis: €€€ Pigott-Punkte: PPPP Meine Punkte: ___
Rote Burgunder von bestechender Eleganz, zugleich herb und heiter; der »Clos du Roy« ist deutlich satter und runder als der schlanke, grazile »Marsannay«.

DOMAINE **D'AUPILHAC** – Montpeyroux/Languedoc/F
Enoteca Blanck & Weber Tel.: +49 (0)30/88 67 99 60,
E-Mail: mail@enoteca-blanck.de
Montpeyroux Grenache/Syrah/Mourvèdre
Preis: €€€ Pigott-Punkte: PPPP Meine Punkte: ___
Nichts für Weicheier! Hier kommt die Glut des Südens voll durch, aber das macht ihn nicht satt. Hier ist genauso viel wilde Würze wie Wucht.

SCHLOSS **BACHTOBEL** (Johannes Meier) – Ottoberg/Thurgau/CH
Hermann Bär Tel.: +49 (0)75 42/5 39 30,
E-Mail: info@weinbaer.de
Blauburgunder »No. 1«
Preis: €€€ Pigott-Punkte: PPP Meine Punkte: ___
Blauburgunder »No. 2 – Auslese«
Preis: €€€€ Pigott-Punkte: PPPP Meine Punkte: ___
Pinot Noir »No. 3 – Der Andere«
Preis: €€€€ Pigott-Punkte: PPPPP Meine Punkte: ___
Rotweine mit einer unglaublichen innerlichen Ruhe und äußeren Ausgeglichenheit, die von wunderbar leicht (»No. 1«) bis genial üppig (»No. 3«) über herrlich sanft (»No. 2«) reichen; Pinot Noir ganz anders, aber ohne jeglichen Hauch von Trotz oder einem Deut Gewolltem.

TORRE DEI **BEATI** – Abruzze/I
Enoteca Blanck & Weber Tel.: +49 (0)30/88 67 99 60,
E-Mail: mail@enoteca-blanck.de
Montepulciano d'Abruzzo
Preis: € Pigott-Punkte: PPP Meine Punkte: ___
Viele Pflaumen- und Kirscharomen sowie eine geschmeidige Beschaffenheit helfen ihm, den Rahmen dieser Kategorie zu sprengen.

DOMAINE DE **BEAUSÉJOUR** – Loire/F
Rindchens Weinkontor Tel.: +49 (0)40/5 56 20 20,
E-Mail: info@rindchen.de
Gamay »Cuvée Vincent«
Preis: € Pigott-Punkte: PP Meine Punkte: ___
Voll saftiger Beerenfruchtaromen, leicht und lebendig, aber weich und warm präsentiert er sich genau so, wie ein idealer Beaujolais sein sollte.

JUDITH **BECK** – Gols/Neusiedlersee/A
Weingut Tel.: +43 (0)21 73/27 55, E-Mail: judith@weingut-beck.at
D: Wein & Glas Tel.: +49 (0)30/2351520,
E-Mail: info@weinundglas.com

Zweigelt
Preis: € Pigott-Punkte: PPP Meine Punkte: ___

»Heideboden« Blaufränkisch/Zweigelt/St. Laurent
Preis: €€€ Pigott-Punkte: PPPP Meine Punkte: ___

»Judith« Blaufränkisch/St. Laurent/Merlot
Preis: €€€€ Pigott-Punkte: PPPP Meine Punkte: ___

Judith Becks Weine sind auf *radikale Weise* vom Traubengeschmack geprägt – was ihre »Zweigelts« wunderbar eingängig und süffig macht und auch den kräftigeren Gerbstoffen ihrer Spitzenweine viel Charme verleiht.

J.B. **BECKER** – Walluf/Rheingau/D
Weingut Tel.: +49 (0)61 23/7 25 23, E-Mail: h.j.becker@justmail.de

Spätburgunder trocken
Preis: €€ Pigott-Punkte: PPP Meine Punkte: ___

Eine gewagt helle Farbe – aber doch ein richtig filigraner und eleganter Pinot Noir, wie man ihn allzu selten findet. Die spürbare Säure im Nachgeschmack ist keine Schwäche, sondern Teil seines Wesens; die Ruhe in sich.

BECKER-LANDGRAF – Gau-Odernheim/Rheinhessen
Weingut Tel.: +49 (0)67 33/74 49,
E-Mail: weingut@beckerlandgraf.de

Spätburgunder »unfiltriert«
Preis: € Pigott-Punkte: PPP Meine Punkte: ___

Rosenberg Spätburgunder
Preis: €€€ Pigott-Punkte: PPPP Meine Punkte: ___

Ein neues Weingut zeigt, wie Rheinhessen auch erstklassige Weine aus der edelsten Rotwein-Traube keltern kann. Der »unfiltriert« besticht durch Zartheit und Eleganz, der »Rosenberg« glänzt durch große Reife und Schmelz.

BERTRAND-BERGÉ – Fitou/Languedoc/F
Paasburg's Tel.: +49 (0)30/61 10 18 38, E-Mail: info@paasburg.de

Fitou Carignan/Grenache
Preis: € Pigott-Punkte: PPP Meine Punkte: ___

»Les Mégaliths« Fitou Grenache/Carignan
Preis: €€ Pigott-Punkte: PPPP Meine Punkte: ___

Dieser Wein besitzt feine Fruchtaromen, wie sie ganz selten in mediterranen Rotweinen vorkommen, und die nachhaltigen geschliffenen Gerbstoffe beeindrucken nicht weniger. Hier wurde der traditionelle französische Wein mit viel Feingefühl modernisiert!

MARQUÊS DE **BORBA** (Joao Portugal Ramos) – Alentejo/P
Die Weinquelle Tel.: +49 (0)65 07/70 14 20,
E-Mail: info@die-weinquelle.de
»Marquês de Borba Tinto« Trincadeira/Aragonêz u. a.
Preis: € Pigott-Punkte: PP Meine Punkte: ___
Oma backt einen Blechkuchen, aber das Ergebnis ist keinen Deut altbacken, sondern frisch und warm und schmeckt nach richtig gutem Obst.

BRIGALDARA – Veneto/I
Enoteca Blanck & Weber Tel.: +49 (0)30/88 67 99 60,
E-Mail: mail@enoteca-blanck.de
Valpolicella Classico Corvina
Preis: € Pigott-Punkte: PPP Meine Punkte: ___
Ich liebe den Duft nach schwarzem Pfeffer und reifen Kirschen dieses ungewöhnlich starken Valpolicella, der einen wunderbaren Schmelz mit herber Frische verbindet. Wo ist die Pasta! Der »Amarone« vom gleichen Haus ist der Hammer (PPPPP), aber auch sehr alkoholreich!

BRUKER – Großbottwar/Württemberg/D
Weingut Tel.: +49 (0)71 48/92 10 50,
E-Mail: info@weingut-bruker.de
Lemberger »im Holzfass gereift«
Preis: € Pigott-Punkte: PPP Meine Punkte: ___
Im säuerlichen Lemberger-Kontext ist Markus Brukers Wein ein echter Gaumenschmeichler mit überraschendem Rosenduft.
Zweigelt »Illusion«
Preis: € Pigott-Punkte: PPP Meine Punkte: ___
Ein echter Big Boy, der vor herber Kraft strotzt und trotzdem fein wirkt.
»Black Berry« Cabernet Sauvignon, Merlot & Lemberger
Preis: €€ Pigott-Punkte: PPPP Meine Punkte: ___
Die Name stimmt: Hier sind Massen von schwarzen Beerenaromen, die die Gerbstoffe des Cabernet Sauvignon weitgehend übertönen. **Die Rotwein-Innovation des Jahres.**

BRÜNDLMAYER – Langenlois/Kamptal/A
Weingut Tel.: +43 (0)27 34/21 72,
E-Mail: weingut@bruendlmayer.at
Blauburgunder »Cecile«
Preis: €€€€ Pigott-Punkte: PPPP Meine Punkte: ___
So duftig und lebendig kann ein kräftiger Rotwein sein, wenn diese Traubensorte (Pinot Noir) von einem Winzer mit dem Feingefühl von Willi Bründlmayer gepflegt wird.

DOMAINE DE LA **BUTTE** (Jacky Blot) – Bourgueil/Loire/F
Handy Tel.: +49 (0)30/8 31 25 98,
E-Mail: feinwein@hardy-weine.de

Bourgueil »Pied de la Butte« ***Cabernet Franc***
Preis: € Pigott-Punkte: PP Meine Punkte: ___
Bourgueil »Les Perrières« ***Cabernet Franc***
Preis: €€ Pigott-Punkte: PPP Meine Punkte: ___
Wie beim Weißwein setzt Jacky Blot auch beim Rotwein an der Loire mit seinen strahlenden, geschliffenen Weinen neue Maßstäbe: viel Charakter verbunden mit einer wunderbaren Leichtigkeit.
Bourgueil »Mi-Pente« ***Cabernet Franc***
Preis: €€€ Pigott-Punkte: PPPP Meine Punkte: ___
Blots Spitzenwein ist der edle Bitterschokoladenkönig des gesamten Loiretals!

CAVES DE **CAIRANNE** – Rhône/F
Rindchens Weinkontor Tel.: +49 (0)40/5 56 20 20,
E-Mail: info@rindchen.de
Côtes du Rhône »Grande Réserve« ***Grenache/Syrah u. a.***
Preis: € Pigott-Punkte: PP Meine Punkte: ___
Côtes du Rhône »Cuvée Antique« ***Grenache/Syrah u. a.***
Preis: €€ Pigott-Punkte: PPP Meine Punkte: ___
Côtes du Rhône mit der üblichen Würze, aber viel mehr Beerigkeit als normal. Glücklicherweise hat die »Cuvée Antique« gar nichts Antiquiertes!

RAFAEL **CAMBRA** – Valencia/E
Enoteca Blanck & Weber Tel.: +49 (0)30/88 67 99 60,
E-Mail: mail@enoteca-blanck.de
»DOS« ***Cabernet Franc/Cabernet Sauvignon***
Preis: € Pigott-Punkte: PPP Meine Punkte: ___
»UNO« ***Monastrell***
Preis: €€€ Pigott-Punkte: PPPP Meine Punkte: ___
Zugleich üppig und kühl ist »DOS« mit Schoko-Aromen und Kräuterfrische förmlich gestopft. Gigantisch in seinen Ausmaßen, aber keinesfalls übermächtig ist der »UNO« – Südspanischer Rotwein-Wahnsinn!

DOMAINE **CANET-VALETTE** – Languedoc/F
Bernd Kreis Tel.: +49 (0)7 11/76 28 39,
E-Mail: b.kreis@wein-kreis.de
St. Chinian »Une et Mille Nuits« ***Grenache/Syrah/Mourvèdre u. a.***
Preis: €€ Pigott-Punkte: PPP Meine Punkte: ___
St. Chinian »Le Vin Maghani« ***Grenache/Syrah/Mourvèdre u. a.***
Preis: €€€€ Pigott-Punkte: PPPP Meine Punkte: ___
Schon der »Une et Mille Nuits« ist ein richtiges Kräuterpaket mit herber Tiefe, aber der »Vin Maghani« hat dazu noch eine fast überwältigende Sauerkirschnote und nicht enden wollenden Schmelz.

CELLER DE **CAPÇANES** – Tarragona/E
Enoteca Blanck & Weber Tel.: +49 (0)30/88 67 99 60,
E-Mail: mail@enoteca-blanck.de

***Mas Collet** Garnacha u. a.*
Preis: € Pigott-Punkte: PPP Meine Punkte: ___
Mediterrane Wärme und Würze in großzügigem Format für erstaunlich wenig Geld.
»Costers del Gravel«
Cabernet Sauvignon/Garnacha/Carignan
Preis: €€ Pigott-Punkte: PPPP Meine Punkte: ___
Für einen spanischen Rotwein ganz erstaunlich elegant mit frischer Würze von der Zungenspitze bis zum Nachgeschmack.

PAGO DE LOS **CAPELLANES** – Pedrosa de Duero/E
Enoteca Blanck & Weber Tel.: +49 (0)30/88 67 99 60,
E-Mail: mail@enoteca-blanck.de
***Joven Roble** Tempranillo*
Preis: €€ Pigott-Punkte: PPP Meine Punkte: ___
Wer Rotweine mit üppigen Ausmaßen und samtigem Geschmack vorzieht, aber auch nicht erschlagen werden will, wird viel Vergnügen an dieser Üppigkeit und Breitleinwand-Geschmeidigkeit haben.

QUINTA DA **CARVALHOSA** – siehe CAMPO **ARDOSA**

FRANCISO **CASSAS** – Toro/Spanien/E
Rindchens Weinkontor Tel.: +49 (0)40/5 56 20 20,
E-Mail: info@rindchen.de
»Ó – Compagnón Seleción«
Preis: €! Pigott-Punkte: PPP Meine Punkte: ___
Kräftige Erdwärme vereint sich mit satter Beerenfrucht und erstaunlich viel Charakter für diesen Preis.

NATALIE & FRANÇOIS **CAUMETTE** – Faugères/Languedoc/F
Selezione Vini Tel.: +49 (0)89/65 11 59 73,
E-Mail: info@selezionevini.de
Faugères »L'Ancienne Mercerie« Grenache/Syrah/Mourvèdre
Preis: € Pigott-Punkte: PPP Meine Punkte: ___
Voll und samtig, aber ganz ohne die für den tiefen Weinsüden übliche Schwere und Wucht. Elegant und belebend endet er auf der Zunge.

DOMAINE **CAZES** – Rivesaltes/Roussillon/F
VIV BioFrischeMarkt, Berlin
»Le Canon du Maréchal« Syrah/Merlot
Preis: € Pigott-Punkte: PP Meine Punkte: ___
Ein sanfter und moderner Rotwein mit Pflaumenton, aber ohne einen Hauch von Kitsch; unkompliziert im besten Sinne des Wortes.

CHATEAU LE **CÈDRE** – Cahors/Frankreich/F
Vinalia Tel.: +49 (0)30/34 70 90 90, E-Mail: info@vinalia-berlin.de
»Cedrus« Malbec, Merlot
Preis: € Pigott-Punkte: PPP Meine Punkte: ___

Einem fast übernatürlich wirkenden Kirschduft folgt ein sehr saftiger Rotwein, in dem ein kleiner Schuss Merlot die Gerbstoffe des Malbecs wunderbar zähmt.

CHAT SAUVAGE – Johannisberg/Rheingau
Weingut Tel.: +49 (0)67 22/6 45 37,
E-Mail: pinot@chat-sauvage.de
Pinot Noir
Preis: €€€ Pigott-Punkte: PPPP Meine Punkte: ___
Lorcher Kappelenberg »Erstes Gewächs« Pinot Noir
Preis: €€€€€ Pigott-Punkte: PPPPP Meine Punkte: ___
Für 16 € ist der »Standard-Wein« dieses auf Rotwein fixierten Start-Up sehr erstaunlich. Vergiss überteuerte Vosne-Romanée! Hier ist ein feiner, samtig-eleganter Rotwein, der den Namen »Pinot Noir« verdient! Mit seinem strahlenden schwarzen Johannisbeerduft, seiner schlanken Art und seiner großartigen Konzentration ist der »Kappelenberg« einer der besten Rotweine des Rheingaus.

ALTA **CIMA** – Lontué Valley/Chile
Wein-Mohr Tel.: +49 (0)2 61/1 46 26,
E-Mail: weinmohr@rz-online.de
»6.330« Cabernet Sauvignon
Preis: €€€ Pigott-Punkte: PPPP Meine Punkte: ___
Unter gewaltigen Berggipfeln (6330 Meter hoch ist der höchste!) reift dieser stoffige, aber ungewöhnlich elegante Chilene.

COLLEGIUM WIRTTEMBERG – Stuttgart/Württemberg/D
Genossenschaft Tel.: +49 (0)7 11/33 76 10,
Internet: www.wg-rotenberg.de
Lemberger »Rotenberg Edition Wirttemberg«
Preis: € Pigott-Punkte: PPP Meine Punkte: ___
Herrliche Schwarzkirscharomen, viel Saft und Gerbstoff und nicht weniger Leben machen einen ziemlich genialen Lemberger für nicht ganz 7 €.

COMENDA – Alentejo/Portugal/P
Rosário & Prange Tel.: +49 (0)2 21/96 43 49 88,
E-Mail: rosario-prange@web.de
»Comenda Grande« Trincadeira, Aragones, Alicanté Bouschet
Preis: € Pigott-Punkte: PPPP Meine Punkte: ___
Trotz seiner reichhaltigen Gerbstoffe ist der »Grande« ein groß gewachsener Gentleman mit vornehm gezügelter Kraft und distinguierter Würze.

CELLIER DES **COMTES** – Languedoc/F
Vinalia Tel.: +49 (0)30/34 70 90 90, E-Mail: info@vinalia-berlin.de
Cabernet Sauvignon Vin du Pays d'Oc (Litre)
Preis: €! Pigott-Punkte: PP Meine Punkte: ___

Das ist das, was ich für einen optimalen Party-Rotwein halte, weil man durch seine schlanke, herzhaft-frische Art richtig ziehen kann, ohne Angst zu haben, dass man gleich umkippt.

CONTADO (DI MAJO NORANTE) – Molise/Abruzzen/I
Selezione Vini Tel.: +49 (0)89/65 11 59 73,
E-Mail: info@selezionevini.de
»Contado« Aglianico
Preis: € Pigott-Punkte: PPP Meine Punkte: ___
Nach Rauch und Olivenöl duftet dieser feste und nachhaltige Urwein. Wer viel Charakter und einen betont herben, aber harmonischen Geschmack liebt, wird damit sehr glücklich!

QUINTA DO **CRASTO** – Douro/P
Selezione Vini Tel.: +49 (0)89/65 11 59 73,
E-Mail: info@selezionevini.de
»Flor de Crasto«
Preis: € Pigott-Punkte: PP Meine Punkte: ___
»Quinta do Crasto«
Preis: €€ Pigott-Punkte: PPP Meine Punkte: ___
Mit seinem ausgeprägten Waldbeerenduft und seinen sanften Gerbstoffen ist der »Flor« ein sehr gelungener moderner Portugiese; mit Vanillenote, viel Würze und Rauch ist der »Quinta« deutlich vielschichtiger.

BERNHARD **ELLWANGER** – Weinstadt-Großheppach/Württemberg/D
Weingut Tel.: +49 (0)71 51/6 21 31,
E-Mail: info@weingut-ellwanger.com
»Kreation Nero« Lemberger/Spätburgunder/Dornfelder/Merlot
Preis: € Pigott-Punkte: PPP Meine Punkte: ___
Der Name täuscht, weil es sich gar nicht um einen Pseudo-Italiener handelt. Hier ist das neue selbstbewusste Württemberg im Glas; rauchig, beerig, schlank und herb.
Lemberger »im Barrique gereift«
Preis: €€ Pigott-Punkte: PPP Meine Punkte: ___
Spricht sehr direkt vom Eichenfass, in dem er gereift ist, hat aber auch viele heitere Aromen und ist gar nicht dick oder schwer.

ERRAZURIZ – Aconcagua Valle/Chile
Mövenpick Weinland Tel.: +49 (0)2 31/9 65 15 60,
E-Mail: weinland.dortmund@moevenpick.com
Carmenère & Cabernet Sauvignon »Estate«
Preis: € Pigott-Punkte: PP Meine Punkte: ___
Carmenère »Estate«
Preis: € Pigott-Punkte: PP Meine Punkte: ___
Zart süßlich duftende Chilenen (Milchschokolade, Vanille, schwarze Johannisbeeren, beim »Carmenère« auch rote Paprika), die sich leicht trinken lassen und trotzdem ein gewisses Rückgrat besitzen.

ESPENHOF – Flonheim-Uffhofen/Rheinhessen/D
Weingut Tel.: +49 (0)67 34/96 27 30, E-Mail: info@espenhof.de
»SL« Cabernet Sauvignon
Preis: €€€ Pigott-Punkte: PPPP Meine Punkte: ___
Reiner Cabernet Sauvignon aus Deutschland schmeckt mir selten gut, aber dieser Wein ist ein wahrer Knüller. Der Duft ist eine einhüllende Cassis-Wolke, der Eichenton ist fein statt plump, und er schmeckt superweich wie ein sauteurer kalifornischer Spitzenwein!

FALESCO – Montefiascone/Lazio/I
Hawesko Tel.: +49 (0)41 22/50 44 33, E-Mail: bestellung@hawesko.de
Vitiano Sangiovese/Cabernet Sauvignon/Merlot
Preis: € Pigott-Punkte: PP Meine Punkte: ___
Eine richtige Fruchtbombe, die sich gar nicht um die schwierige Seite des Lebens kümmert.

CASTELLO DI **FARNETELLA** – Chianti/Colli Sinesi/Toscana/I
Garibaldi Tel.: +49 (0)89/35 63 61 16,
E-Mail: bestellung@garibaldi.de
Chianti Colli Senesi Sangiovese
Preis: € Pigott-Punkte: PPP Meine Punkte: ___
Strahlende Frische, schlanker Körper und harmonische Säure machen dies zum optimalen Sommer-Rotwein.

FATALONE – Gioia del Colle/Puglia/I
Garibaldi Tel.: +49 (0)89/35 63 61 16, E-Mail: bestellung@garibaldi.de
Primitivo
Preis: €€ Pigott-Punkte: PPP Meine Punkte: ___
Primitivo Riserva
Preis: €€€ Pigott-Punkte: PPPP Meine Punkte: ___
Vorsicht bei der Einfahrt des Zuges! Mit fast überwältigendem Rauchton und wuchtiger Balsamico-Herbe sind diese Süditaliener sehr gewöhnungsbedürftig. Aber wer das mag, findet diese Weine abgefahren!

FELLINE – Puglia/I
Enoteca Blanck & Weber Tel.: +49 (0)30/88 67 99 60,
E-Mail: mail@enoteca-blanck.de
Primitivo di Manduria
Preis: € Pigott-Punkte: PP Meine Punkte: ___
Sehr opulent, cremig-weich und mit nicht weniger offensichtlichen Reizen ausgestattet als die junge Sophia Loren. Wenn dieser Wein nicht wärmt, hilft gar nichts.

PAGO **FLORENTINO** – Castilla/E
Enoteca Blanck & Weber Tel.: +49 (0)30/88 67 99 60,
E-Mail: mail@enoteca-blanck.de
Pago Florentino Tempranillo
Preis: €€ Pigott-Punkte: PPPP Meine Punkte: ___

Die mächtige Schokobombe platzt, und überall haben die Menschen ein großes Lächeln auf dem Gesicht, aber Vorsicht, wenn die Alkoholwolke vom Himmel sinkt!

FORADORI – Mezzolombardo/Trentino/I
Wein & Glas Tel.: +49 (0)30/2 35 15 20,
E-Mail: info@weinundglas.com
»Foradori« Teroldego Rotaliano
Preis: €€€ Pigott-Punkte: PPP Meine Punkte: ___
Bergfrische und die einheimische Teroldegotraube ergeben einen der eigenständigsten italienischen Rotweine; der »Foradori« ein idealer Partner für Pizza und Pasta.

DOMAINE **FORÇA** REAL – Roussillon/F
Mövenpick Weinland Tel.: +49 (0)2 31/9 65 15 60,
E-Mail: weinland.dortmund@moevenpick.com
Côtes du Roussillon Villages »Mas de la Garrigue« Grenache/Syrah
Preis: € Pigott-Punkte: PP Meine Punkte: ___
Côtes du Roussillon Villages »Les Hauts de Força Real« Syrah
Preis: €€ Pigott-Punkte: PPPP Meine Punkte: ___
Der »Les Hauts« ist nicht weniger kraftvoll als fest und dadurch ziemlich anspruchsvoll, aber die günstigeren Weine des Gutes sind richtige Spaßmacher mit viel Saft und Würze.

WEINGUT **FORSTREITER** – Krems/Kremstal/A
Rossmann
Zweigelt
Preis: € Pigott-Punkte: PP Meine Punkte: ___
Ein saftiger, frischer Rotwein mit Substanz, aber auch einer spürbaren Säure, die man entweder mag (wie ich) oder ablehnt.

FRANKLAND ESTATE – Great Southern/Western Australia/AUS
Wein & Glas Tel.: +49 (0)30/2 35 15 20,
E-Mail: info@weinundglas.com
»Rivermist Vineyards« Cabernet Sauvignon/Merlot/Cabernet Franc
Preis: € Pigott-Punkte: PPP Meine Punkte: ___
»Rivermist Vineyards« Shiraz
Preis: €€ Pigott-Punkte: PPP Meine Punkte: ___
Unter Frankland Estates Zweit-Etikett werden fruchtbetonte runde Weine mit viel Fleisch und Lebendigkeit angeboten, die eine geniale Preis-Spaß-Relation bieten.
Isolation Ridge Shiraz
Preis: €€€ Pigott-Punkte: PPPP Meine Punkte: ___
Für australische Verhältnisse ein sehr herber, schlanker Rotwein – für eine Sorte, die gern zu ausladenden plumpen Weinen neigt! Die rauchige Note wird von einer wunderbaren, zarten Beerigkeit ausgeglichen.

»Olmo's Reward« Cabernet Franc/Merlot/Malbec/ Cabernet Sauvignon/Petit Verdot

Preis: €€€ Pigott-Punkte: PPPP Meine Punkte: ___

Wiederum ein Wein, der eher durch Ausgewogenheit und sanfte Herbe beeindruckt als mit Donnerschlägen oder enormer Üppigkeit; wo ist die Lammkeule?

RUDOLF **FÜRST** – Bürgstadt/Franken/D

Weingut Tel.: +49 (0)93 71/86 42,
E-Mail: info@weingut-rudolf-fuerst.de

Spätburgunder »Tradition«

Preis: €€ Pigott-Punkte: PPP Meine Punkte: ___

Bürgstadter Centgrafenberg Spätburgunder

Preis: €€€ Pigott-Punkte: PPPP Meine Punkte: ___

Bürgstadter Centgrafenberg Spätburgunder »R«

Preis: €€€€€ Pigott-Punkte: PPPPP! Meine Punkte: ___

In einer Hochburg des trockenen Weißweins leben einige erstaunliche Rotwein-Schönheiten, die beachtliche Willensstärke und Nachdruck an den Tag legen. Hier hat die Größe wenig mit Volumen und alles mit Charakter und Feinheit zu tun.

GAROFOLI – Marken/I

Vinalia Tel.: +49 (0)30/34 70 90 90,
E-Mail: info@vinalia-berlin.de

»Antica Osteria« Montepulciano/Sangiovese

Preis: €! Pigott-Punkte: PP Meine Punkte: ___

Mit viel Kräuterwürze, Gerbstoffen und südlicher Reife ist der »Antica Osteria« kein schwerer Bursche, sondern strahlt richtig.

MATTHIAS **GAUL** – Asselheim/Pfalz/D

Weingut Tel.: +49 (0)63 59/36 68,
E-Mail: gaul@gaul-weine.de

»Soleil« Frühburgunder, Schwarzriesling

Preis: € Pigott-Punkte: PPP Meine Punkte: ___

»Pas de Deux« Cabernet Sauvignon, Dornfelder

Preis: € Pigott-Punkte: PPP Meine Punkte: ___

Im »Soleil« bringen allerlei schwarze Beeren und Schoko eine sanfte, cremige Welle ins Rollen; ein hochorigineller Schmusewein. Viel würziger, aber auch erstaunlich geschmeidig für die zwei gerbstoffreichen Traubensorten wirkt der »Pas de Deux«.

CHÂTEAU TOUR DES **GENDRES** – Bergerac/F

Vinalia Tel.: +49 (0)30/34 70 90 90,
E-Mail: info@vinalia-berlin.de

»Le Classique de Tour des Gendres« Merlot/Cabernet Sauvignon u. a.

Preis: € Pigott-Punkte: PP Meine Punkte: ___

Wie kleine Bordeaux sein sollen, aber nur ganz selten sind; schlank statt schmal, sogar saftig und richtig schön schwungvoll.

JEAN-RENÉ **GERMANIER** – Vétroz/Wallis/CH
Linke Tel.: +49 (0)81 02/89 58 68, E-Mail: info@linke-weine.de
Dôle du Valais Pinot Noir/Gamay
Preis: € Pigott-Punkte: PP Meine Punkte: ___
Dôle Balavaud Grand Cru Pinot Noir/Gamay
Preis: €€ Pigott-Punkte: PPP Meine Punkte: ___
Zartherb und duftig haben Germaniers Dôles viel Charme und Frische, der »Balavaud Grand Cru« auch einiges an Power, dazu tolle Alpen-Überraschungen!
Syrah du Valais »Cayas«
Preis: €€€€ Pigott-Punkte: PPPPP Meine Punkte: ___
Lebt von einer faszinierenden Würze. Trotz der Zartheit verbergen sich richtige Tiefen in dieser originellen Kreation.

GIES-DÜPPEL – Birkweiler/Pfalz/D
Weingut Tel.: +49 (0)63 45/91 91 56, E-Mail: info@gies-dueppel.de
Spätburgunder
Preis: € Pigott-Punkte: PPP Meine Punkte: ___
Birkweiler Kastanienbusch Spätburgunder
Preis: €€€ Pigott-Punkte: PPPP Meine Punkte: ___
So viel Beerenfrüchte plus so viel Frische plus so dezente Gerbstoffe ergeben sehr viel Freude beim »Standard-Wein«! Wer geduldig sucht, wird auch Tiefe und nachhaltige Eleganz (aber keinen Deut zu viel Eiche) im Kastanienbusch finden.
»Minimus« Cabernet Cubin/Cabernet Dorio
Preis: € Pigott-Punkte: PPP Meine Punkte: ___
»Maximus« Cabernet Cubin/Cabernet Dorio
Preis: €€ Pigott-Punkte: PPPP Meine Punkte: ___
Minimalistisch ist die Kräuterwürze in dem kleinen Wahnsinnsrotwein von Volker Gies keinesfalls, aber auch in seinem großen Wahnsinnsrotwein ist die Cabernet-Härte nicht bis zum Maximum getrieben.

SAN **GIUSTO** A RENTENNANO – Toscana/I
Viniculture Tel.: +49 (0)30/8 83 81 74, E-Mail: info@viniculture.de
Chianti Classico Sangiovese
Preis: €€ Pigott-Punkte: PPP Meine Punkte: ___
»Percarlo« Sangiovese
Preis: €€€€€ Pigott-Punkte: PPPPP Meine Punkte: ___
Im positiven Sinne die mächtigsten Weine aus Chianti; der »Percarlo« wie ein Sumo-Ringer, aber mit besten Manieren und einer großartigen Geselligkeit!

GÖHRING – Flörsheim-Dalsheim/Rheinhessen/D
Weingut Tel.: +49 (0)62 43/4 08, E-Mail: info@weingut-goehring.de
Portugieser »Barrique«
Preis: €€ Pigott-Punkte: PPP Meine Punkte: ___
Holz- und Fruchtaromen sind exakt ausbalanciert in dieser festen und ausdrucksstarken Innovation aus einer Mega-Out-Traube.

FRANZ **GOJER** – Südtirol/I
Harald Bremer Tel.: +49 (0)5 31/23 73 60,
E-Mail: info@bremerwein.de
St. Magdalener Classico Vernatsch
Preis: € Pigott-Punkte: PPP Meine Punkte: ___
Zugleich elegant und rund mit feiner Kirsch- und Blütennote ist das ein sehr positiver Ausnahme-Vernatsch.

CHÂTEAU **GRAND** VILLAGE – Bordeaux/F
WeinArt Tel.: +49 (0)67 22/7 10 80,
E-Mail: info@weinart.de
Château Grand Village Merlot/Cabernet Franc
Preis: €/€€ Pigott-Punkte: PPP Meine Punkte: ___
Wenn nur alle »kleinen Bordeaux« solch eine stimmige Harmonie und natürliche beerig-kräutrige Frische wie dieser Wein hätten! Die Top-Jahrgänge liegen gerade über 10 €, andere Jahrgänge knapp darunter.

DOMAINES LES FINES **GRAVES** – Beaujolais/F
Viniculture Tel.. +49 (0)30/8 83 81 74,
E-Mail: bestellung@viniculture.de
Moulin à Vent Gamay
Preis: €€ Pigott-Punkte: PPP Meine Punkte: ___
Lichtjahre von der ganzen Beaujolais-Nouveau-Brühe entfernt bewegt sich dieser würzige, sanft-herbe Beaujolais stetig durchs Wein-Weltall.

MARQUES DE **GRIÑON** – diverse Gebiete/E
Die Weinquelle Tel.: +49 (0)65 07/70 14 20,
E-Mail: info@die-weinquelle.de
Marques de Griñon Rioja Tempranillo u. a.
Preis: € Pigott-Punkte: PP Meine Punkte: ___
»Alea« Crianza Rioja Tempranillo u. a.
Preis: €€ Pigott-Punkte: PPP Meine Punkte: ___
Eher zart und schlank, aber keinesfalls säuerlich oder kantig schmecken diese fast leicht zu nennenden Rotweine.

CHATEAU LA **GROLET** – Côtes de Bourg/Bordeaux/F
Tegut, Hessen, Thüringen, Nord-Bayern, Süd-Niedersachsen
Château la Grolet Cabernet Sauvignon/Merlot
Preis: € Pigott-Punkte: PPP Meine Punkte: ___
Öko hin, Öko her, das ist ein selten ausdrucksstarker und harmonischer roter Bordeaux für diese Preisklasse mit recht viel herben Gerbstoffen, aber nicht weniger Frucht!

GULFI – Sicilia/I
Wein & Glas Tel.: +49 (0)30/2 35 15 20,
E-Mail: info@weinundglas.com
»Nerojbleo« Nero d'Avola
Preis: €€€ Pigott-Punkte: PPPP Meine Punkte: ___

***Nerobufaleffi* Nero d'Avola**

Preis: €€€€ Pigott-Punkte: PPPPP Meine Punkte: ___

Die Kraft von Gulfis Spitzenweinen ist in einer herrlichen Frische gefangen, die so erquickend wie eine Meeresbrise wirkt. Floral und geradezu grazil ist der geniale »Nerobufaleffi«!

WINZERHOF **GUSSEK** – Naumburg/Saale-Unstrut/D

Weingut Tel.: +49 (0)34 45/7 81 03 66,
E-Mail: winzerhofgussek@t-online.de

Spätburgunder »Holzfass ausgebaut«

Preis: €€ Pigott-Punkte: PPP Meine Punkte: ___

Spätburgunder »Barrique«

Preis: €€€ Pigott-Punkte: PPPP Meine Punkte: ___

Ja, ich staune auch, welche Rotweine von der nördlichen Saale-Unstrut kommen. Das sind samtige Spätburgunder mit überraschender Tiefe.

Blauer Zweigelt »Holzfass ausgebaut«

Preis: €€ Pigott-Punkte: PPP Meine Punkte: ___

Blauer Zweigelt »Barrique«

Preis: €€€ Pigott-Punkte: PPPP Meine Punkte: ___

Noch würziger, fester und muskulöser fallen Gusseks Zweigelt-Weine aus. Man könnte meinen, das sind Gewächse aus der burgenländischen Heimat der Rebsorte – nach so viel Sonne schmecken sie!

FRANZ **HAAS** – Montan/Südtirol-Alto Adige/I

Harald Bremer Tel.: +49 (0)5 31/23 73 60,
E-Mail: info@bremerwein.de

Pinot Nero

Preis: €€ Pigott-Punkte: PPP Meine Punkte: ___

Bergfrische und die leuchtenden Farben von Alpenblüten prägen diesen Ausnahme-Rotwein, der von der Feinheit und Delikatesse lebt und seine Kraft fast gänzlich versteckt.

WWW.**HAUSWEIN**.DE

Tempranillo

Preis: € Pigott-Punkte: PP Meine Punkte: ___

Der Preis wurde umgerechnet auf normale Flaschengröße, um einen Vergleich zu ermöglichen, aber Hauswein verkauft Wein nur in Bag-in-Boxen (meist 3 Liter), eine inzwischen ausgefeilte Technik. Der Tempranillo – ein burschikoser, fruchtbetonter spanischer Rotwein für den Grillabend.

Spätburgunder

Preis: €€ Pigott-Punkte: PPP Meine Punkte: ___

Dieser Spätburgunder vom talentierten Pfälzer Jungwinzer Matthias Gaul ist sanft, fast seidig und zartwürzig.

GK **HEILBRONN-ERLENBACH-WEINSBERG** – Württemberg/D

Genossenschaft Tel.: +49 (0)71 31/1 57 90,
Internet: www.wg-heilbronn.de

Heilbronner Stiftsberg Lemberger trocken
Preis: € Pigott-Punkte: PP Meine Punkte: ___
»HEROS« Lemberger trocken
Preis: € Pigott-Punkte: PPP Meine Punkte: ___
Wer einen echten trockenen Rotwein mit Frucht, Wärme, Schliff und nicht zu viel Gerbstoff haben möchte, liegt hier wahrscheinlich ganz richtig.

HENSEL – Bad Dürkheim/Pfalz/D
Weingut Tel.: +49 (0)63 22/24 60,
E-Mail: henselwein@aol.com
Sankt Laurent
Preis: € Pigott-Punkte: PPP Meine Punkte: ___
Thomas Hensel zaubert Jahr für Jahr einen fast idealen Alltags-Rotwein mit schöner Saftigkeit und moderatem Körper.
Spätburgunder
Preis: € Pigott-Punkte: PP Meine Punkte: ___
Spätburgunder »Höhenflug«
Preis: €€ Pigott-Punkte: PPP Meine Punkte: ___
Der Duft erinnert ein wenig an rote Grütze, aber die Weine sind zart und weder süßlich noch zu herb.
»Cuvée Höhenflug«
Cabernet Sauvignon/Merlot/Frühburgunder
Preis: €€ Pigott-Punkte: PPPP Meine Punkte: ___
»Ikarus« Cabernet Cubin
Preis: €€€€ Pigott-Punkte: PPPPP Meine Punkte: ___
Auf den Flügeln der neuen Cabernet-Cubin-Traube hebt »Ikarus« ab – der mächtig-herbe Rotwein mit seinem Kräuter-Bitterton steigt mit jedem Jahrgang ein wenig weiter Richtung Sonne, ohne sich zu verbrennen. »Höhenflug« ist sein kleiner Bruder.
»Aufwind« Cabernet Sauvignon/St. Laurent
Preis: € Pigott-Punkte: PPP Meine Punkte: ___
Ein genialer Alltagswein, der nicht nur ganz schön viel Festigkeit und Kraft hat, sondern auch ein strahlendes Johannisbeeraroma, das Flügel verleiht!

QUINTA **HINOJAL** – Casatilla y Leon/E
Jacques' Wein-Depot
Quinta Hinojal Tempranillo
Preis: €! Pigott-Punkte: PP Meine Punkte: ___
Durch den Backpflaumenduft sinkt man in ein üppiges Rotweinsamtkissen, aber einseitig süßlich ist dieser warmherzige Spanier keinesfalls.

HOFMANN – Röttingen/Franken/D
Weingut Tel.: +49 (0)93 38/15 77,
E-Mail: weingut.a.hofmann@t-online.de
Tauberschwarz
Preis: € Pigott-Punkte: PPP Meine Punkte: ___

Tauberschwarz »R«
Preis: €€€ Pigott-Punkte: PPPPP Meine Punkte: ___
Mit ihrer ausgeprägten Kräuternote und nachhaltigen Frische sind Jürgen Hofmanns Rotweine aus der einheimische Tauberschwarz-Traube die originellsten Gewächse des Taubertals, sehr konzentriert der geniale »R«.

DOMAINE DE L'**HORTUS** – Pic St. Loup/Languedoc/F
Vinum Tel.: +49 (0)30/3 22 66 19, E-Mail: vinumberlin@gmx.de
Pic St. Loup »Bergerie de L'Hortus«
Preis: € Pigott-Punkte: PPP Meine Punkte: ___
Pic St. Loup »Grande Cuvée«
Preis: €€€ Pigott-Punkte: PPPP Meine Punkte: ___
Wer meint, dass ohne Reifezeit im Holzfass kein richtig guter Rotwein möglich ist, kennt den fast überschwänglich beerigen, aber beschwingten Bergerie noch nicht. Die Grande Cuvée ist nicht nur kräftiger, kerniger, sondern auch zurückhaltender.

BERNHARD **HUBER** – Malterdingen/Baden/D
Weingut Tel.: +49 (0)76 44/12 00, E-Mail: info@weingut-huber.com
Spätburgunder »Junge Reben«
Preis: € Pigott-Punkte: PP Meine Punkte: ___
Malterdinger Spätburgunder
Preis: €€ Pigott-Punkte: PPP Meine Punkte: ___
Spätburgunder »Alte Reben«
Preis: €€€€ Pigott-Punkte: PPPP Meine Punkte: ___
Spätburgunder »Reserve«
Preis: €€€€€ Pigott-Punkte: PPPPPP! Meine Punkte: ___
Schon der einfachste Spätburgunder von Huber ist erstaunlich seidig und substanzreich. Wenn man die Preis- und Qualitätsleiter hinaufsteigt, zeigen sie immer mehr Schmelz und Eleganz auf – bis man Höhen erklimmt, die bis vor wenigen Jahren von Experten in Deutschland noch für unerreichbar gehalten wurden.

HUMMEL – Villány/Ungarn/HU
Vinalia Tel.: +49 (0)30/34 70 90 90,
E-Mail: info@vinalia-berlin.de
Kékfrankos
Preis: € Pigott-Punkte: PPP Meine Punkte: ___
Ein echter Sommer-Rotwein mit einer herzhaften Frische neben Aromen von frischgepflückten Beeren. Dieser Wein weckt Lust auf Wurst und Salami!
»Cuvée J. M« Cabernet-Sauvignon/Merlot/Kékfrankos
Preis: €€€€ Pigott-Punkte: PPPP Meine Punkte: ___
Ungewöhnlich für einen Rotwein dieser Klasse ist der »fehlende« Eichenton von der Barrique, aber dafür hat er ein feines Brombeeraroma und einen wunderbaren Schliff, was die erhebliche Kraft erfolgreich herunterspielt.

ISOLE E OLENA – Chianti Classico/Toscana/I
Garibaldi Tel.: +49 (0)89/35 63 61 16,
E-Mail: bestellung@garibaldi.de
Chianti Classico Sangiovese
Preis: €€€ Pigott-Punkte: PPPP Meine Punkte: ___
»Cepparello« Sangiovese
Preis: €€€€€ Pigott-Punkte: PPPPP Meine Punkte: ___
Nicht so sehr seine Kraft zeichnet den »Cepparello« aus, sondern die feine warme Würze und wunderbare Ausgewogenheit. Der »Chianti« ist sein kleiner Bruder; er spricht etwas direkter von dieser noch wilden Ecke der Toskana.

PAGO DE LA **JARABA** – La Mancha/E
Vinalia Tel.: +49 (0)30/34 70 90 90,
E-Mail: info@vinalia-berlin.de
»Azagador« Tempranillo u. a.
Preis: € Pigott-Punkte: PP Meine Punkte: ___
Wer auf animalische Anziehungskraft steht, wird dieses ungebändigte Tier mögen.

KANONKOP – Stellenbosch/ZA
Kaufhof
»Kadette« Pinotage/Cabernet Sauvignon
Preis: € Pigott-Punkte: PPP Meine Punkte: ___
Pinotage
Preis: €€€€ Pigott-Punkte: PPPPP Meine Punkte: ___
Mit die originellsten Rotweine auf Planet Wein! Der »Pinotage« ist enorm würzig-kräutrig mit sattem, geschmeidigem Körper, was ihn schon in frühester Jugend unglaublich trinkbar macht. Der »Kadette« ist etwas rustikaler, aber ebenfalls voller Kraft und Leben.

FRANZ **KELLER** (Schwarzer Adler) – Oberbergen/Baden/D
Weingut Tel.: +49 (0)76 62/9 33 00,
E-Mail: keller@franz-keller.de
»Jedentag«
Preis: € Pigott-Punkte: PP Meine Punkte: ___
Rund und fruchtig, angenehm und lebendig genug, um jeden Tag Spaß zu bereiten!

KISTENMACHER-HENGERER – Heilbronn/Württemberg/D
Weingut Tel.: +49 (0)71 31/17 23 54,
E-Mail: kistenmacher-hengerer-wein@t-online.de
Trollinger »Alte Reben«
Preis: € Pigott-Punkte: PPP Meine Punkte: ___
Kraft und Gerbstoffe für das Weichei unter den deutschen Rotweintrauben und auch eine (glücklicherweise) zarte Bittermandelnote.
Lemberger trocken »Alte Reben«
Preis: € Pigott-Punkte: PP Meine Punkte: ___

***Lemberger* »Alte Reben«**
Preis: €€ Pigott-Punkte: PPP Meine Punkte: ___
Manchmal ist weniger eindeutig mehr, wie bei diesen mittelgewichtigen Roten mit viel Kirsch- und Brombeeraromen sowie sanfter Herbe. Der »Alte Reben« ruht mehr in sich, während die »normale« Abfüllung sprunghafter wirkt.
***Spätburgunder* »Alte Reben«**
Preis: €€ Pigott-Punkte: PPP Meine Punkte: ___
Zuerst trifft man einen Wein mit viel Kraft und Festigkeit, aber je länger man sich mit ihm beschäftigt, desto mehr zeigt er von seinem weichen Herz.

KRANZ – Ilbesheim/Pfalz/D
Weingut Tel.: +49 (0)63 41/93 92 06,
E-Mail: weingut-kranz@t-online.de
Rittersberg Spätburgunder »2 Affen«
Preis: € Pigott-Punkte: PPP Meine Punkte: ___
Kirchberg Spätburgunder
Preis: €€ Pigott-Punkte: PPPP Meine Punkte: ___
Voll und geschmeidig mit satter Frucht, aber ohne laute Töne sind sie unverhohlen sinnliche Rotweine, der Kirchberg ist auch richtig fein dazu!

KRUGER-RUMPF – Münster-Sarmsheim/Nahe/D
Weingut Tel.: +49 (0)67 21/4 38 59,
E-Mail: info@kruger-rumpf.com
Spätburgunder
Preis: € Pigott-Punkte: PPP Meine Punkte: ___
Jungwinzer Georg Rumpf sorgt mit seinem Rotwein für großes Staunen im Weißweingebiet Nahe: filigran, herb und harmonisch, ein kühler Rotwein, der auch Rückgrat und Charakter zeigt.

KRUTZLER – Deutsch-Schützen/Südburgenland/A
Weingut Tel.: +43 (0)33 65/22 42,
E-Mail: weingut@krutzler.at
D: Wein & Glas Tel.: +49 (0)30/2 35 15 20,
E-Mail: info@weinundglas.com
Blaufränkisch
Preis: €€ Pigott-Punkte: PPP Meine Punkte: ___
Schlanker, aber energiegeladener Rotwein aus der hintersten Ecke Österreichs, wo der ungarische Wolf (die Blaufränkischtraube stammt dorther) im Wein zu tanzen scheint.

PHILIPP KUHN – Laumersheim/Pfalz/D
Weingut Tel.: +49 (0)62 38/6 56,
E-Mail: weingut-philipp-kuhn@gmx.de
»Trinto« Portugieser/Dunkelfelder
Preis: € Pigott-Punkte: PP Meine Punkte: ___

»Luitmar« Lemberger/St. Laurent/Sangiovese
Preis: €€€ Pigott-Punkte: PPP Meine Punkte: ___
Subtil sind diese burschikosen Jungs nicht unbedingt, aber sie haben eine ziemliche Schlagkraft und sind dabei keinen Deut zu viel. Beim »Luitmar« kommt ein großer Schuss Schoko hinzu.
Kirschgarten Spätburgunder
Preis: €€€ Pigott-Punkte: PPPP Meine Punkte: ___
Kirschgarten Frühburgunder
Preis: €€€ Pigott-Punkte: PPPP Meine Punkte: ___
Überhaupt keine Fruchtbomben oder protzige Power-Pakete, sondern wohlproportionierte herbe Schönheiten mit weichen Herzen, der Frühburgunder deutlich duftiger und zart süßlich.

KUSTERER – Esslingen/Württemberg/D
Weingut Tel.: +49 (0)7 11/35 79 09,
E-Mail: info@weingut-kusterer.de
Lemberger **
Preis: € Pigott-Punkte: PPP Meine Punkte: ___
Blauer Zweigelt **
Preis: €€ Pigott-Punkte: PPP Meine Punkte: ___
Spätburgunder ***
Preis: €€ Pigott-Punkte: PPPP Meine Punkte: ___
Dunkel, fest und herb wirken alle Rotweine des Hauses, aber auch sehr aromatisch. Der Lemberger duftet nach Holunder, der Zweigelt rauchig-pfeffrig und der Spätburgunder erinnert an Unterholz. Es handelt sich also um echte Charaktere, wie bei der ganzen Kusterer-Familie übrigens auch!

LAVABRE – Pic St. Loup/Languedoc/F
Pinard de Picard Tel.: +49 (0)68 31/12 27 29,
E-Mail: info@pinard.de
»Lavabre Tradition« Grenache/Syrah/Carignan
Preis: € Pigott-Punkte: PP Meine Punkte: ___
»Les Demoiselles de Lavabre« Grenache/Syrah/Carignan
Preis: € Pigott-Punkte: PPP Meine Punkte: ___
»Château Lavabre« Syrah
Preis: €€ Pigott-Punkte: PPPP Meine Punkte: ___
Dank der gewaltigen Berglandschaft, aus der sie stammen und die für Bergfrische sorgt, erstaunlich elegante Rotweine für das mediterrane Südfrankreich. Viel Würze, Kraft und Spannung für wenig Geld!

LAVRADORES DE FEITORIA – Douro/P
Wein & Glas Tel.: +49 (0)30/2 35 15 20,
E-Mail: info@weinundglas.com
»Tres Bagos«
Preis: € Pigott-Punkte: PPP Meine Punkte: ___
Ein portugiesisches Original, das herbe Kraft und urige Würze vereint.

PETER **LEHMANN** – Barossa/South Australia/AUS
Kaufhof
»Wildcard« Shiraz
Preis: € Pigott-Punkte: PP Meine Punkte: ___
Saft und Kraft ohne Schwere oder Süße; ein moderner Wein ohne modernen Blödsinn.
Kaufhof
Barossa Shiraz
Preis: €€ Pigott-Punkte: PPP Meine Punkte: ___
Für nicht viel mehr als 10 € ein starkes Stück Barossa-Rotwein-Tradition; viel Fleisch und viel Kraft, von viel Sonne und Wärme verwöhnt!

SCHLOSS **LEHRENSTEINSFELD** – Lehrensteinsfeld/Württemberg/D
Weingut Tel.: +49 (0)71 34/1 79 32,
E-Mail: info@schloss-lehrensteinsfeld.de
Spätburgunder
Preis: €€ Pigott-Punkte: PPPP Meine Punkte: ___
Spätburgunder »Edition«
Preis: €€€€ Pigott-Punkte: PPPP Meine Punkte: ___
Das ist Feinheit und Eleganz, wie man sie sich bei dieser Sorte wünscht! Aber Spieglein, Spieglein an der Wand, wer ist der Schönste im ganzen Land? Kräftiger und ein wenig eichenbetonter ist der »Edition« – aber ist er dafür besser?

JÜRGEN **LEINER** – Ilbesheim/Pfalz/D
Weingut Tel.: +49 (0)63 41/3 06 21, E-Mail: weingut-leiner@t-online.de
Spätburgunder »Handwerk«
Preis: € Pigott-Punkte: PP Meine Punkte: ___
Spätburgunder »Reserve«
Preis: €€€ Pigott-Punkte: PPPP Meine Punkte: ___
Für knapp über 5 € besitzt der »Handwerk«-Spätburgunder ein sensationelles Preis-Leistungs-Verhältnis; leicht, aber zart und geschliffen. Der »Reserve« schmeckt wie ein richtig elegant-herber roter Burgunder, ist aber im Preis unburgundisch freundlich.
»Kuriosum« Dornfelder
Preis: €€ Pigott-Punkte: PPP Meine Punkte: ___
Schier unglaublich für den sonst so banalen Dornfelder! Breitleinwand-Brombeeraromen und trotzdem kein Hauch zu extrem.

LIBRANDI – Calabria/I
Weinladen Schmidt Tel.: +49 (0)30/7 89 07 30,
E-Mail: info@weinladen.com
Cirò Classico Gaglioppo
Preis: € Pigott-Punkte: PP Meine Punkte: ___
Cirò Riserva »Duca San Felice« Gaglioppo
Preis: € Pigott-Punkte: PPP Meine Punkte: ___
Herbe Schönheiten, die weder harte Kanten haben noch mit sauren Blicken um sich werfen. Der »Classico« kostet nur knapp über 5 €!

TERRA DE **LOBOS** – Ribatejo/P
Selezione Vini Tel.: +49 (0)89/65 11 59 73,
E-Mail: info@selezionevini.de
»Terra de Lobos«
Preis: € Pigott-Punkte: PP Meine Punkte: ___
Ein prototypisch roter Portugieser mit gezügelter Kraft in einer überzeugenden Balance mit zarter Säurefrische.

* * *

CLOS **LUPO** – Jumilla/E
Selezione Vini Tel.: +49 (0)89/65 11 59 73,
E-Mail: info@selezionevini.de
»Clos Lupo« Monastrell
Preis: €! Pigott-Punkte: PP Meine Punkte: ___
Viele Himbeeren, alle auf einmal; überraschend geschliffen und animierend für diese Preisklasse.

* * *

MACHHERNDL – Wachau/A
Weingut Tel.: +43 (0)27 15/22 82, E-Mail: office@machherndl.com
D: Weinstein Tel.: +49 (0)30/44 05 06 55,
E-Mail: weinstein@weinstein.eu
Syrah
Preis: €€ Pigott-Punkte: PPP Meine Punkte: ___
Syrah aus der Wachau? Ja, und ganz ohne Eiche duftet der Wein nach Schokolade und Nüssen, schmeckt reif aber frisch!

* * *

MANCINI – Riverina/Victoria/AUS
Kaufhof
Shiraz/Cabernet Sauvignon
Preis: € Pigott-Punkte: PPP Meine Punkte: ___
Trotz der üblichen australischen Großzügigkeit und Wärme ist dieser sympathische Kerl alles andere als plump oder träge.

* * *

TENUTA **MANINCOR** – Kaltern/Südtirol-Alto Adige/I
K & U (Die Weinhalle) Tel.: +49 (0)9 11/52 51 53,
E-Mail: info@weinhalle.de
»Réserve del Conte« Cabernet Sauvignon/Merlot/Lagrein
Preis: € Pigott-Punkte: PPP Meine Punkte: ___
Bergfrische, ohne die allzu oft damit verbundenen grünen Noten. Hör mal, wo sind die Antipasti?

* * *

CHÂTEAU **MANSENOBLE** – Corbières/Languedoc/F
Pinard de Picard Tel.: +49 (0)68 31/12 27 29,
E-Mail: info@pinard.de
Mansenoble (rotes Etikett) Grenache/Syrah/Mourvèdre
Preis: € Pigott-Punkte: PPP Meine Punkte: ___
Mansenoble »Réserve« (graues Etikett) Grenache/Syrah/ Mourvèdre
Preis: €€ Pigott-Punkte: PPPP Meine Punkte: ___

Mansenoble »Cuvée Marie-Annick« (graues Etikett mit Schleife)

Preis: €€€ Pigott-Punkte: PPPP Meine Punkte: ___

Diese extrem zuverlässigen Roten aus dem Neuen Süden Frankreichs sind großzügig in Körper und Frucht, aber auch eigen – viele Wildkräuter wachsen hier! – und wunderbar ausgewogen. Der »Marie-Annick« ist noch ein wenig mächtiger als der »Réserve«.

MARANI (Telavi Wine Cellar) – Georgien

Vinalia Tel.: +49 (0)30/34 70 90 90,
E-Mail: info@vinalia-berlin.de

Mukuzani Saperavi

Preis: €€ Pigott-Punkte: PPPP Meine Punkte: ___

Auch viele erfahrene Weinfreunde haben keine Ahnung, dass es solche konzentrierten, eleganten Weine aus Georgien gibt. Pfeffrig und mineralisch, kraftvoll und geschliffen ist dieser Wein eine echte Offenbarung.

DOMAINE DE LA **MARTINELLE** – Ventoux/F

Selezione Vini Tel.: +49 (0)89/65 11 59 73,
E-Mail: info@selezionevini.de

»Martinelle« Grenache/Syrah

Preis: € Pigott-Punkte: PPP Meine Punkte: ___

Mein Herz schlägt für diesen vollen, samtigen Rotwein, der seine südliche Wärme und Würze unverhohlen zur Schau stellt und trotzdem überhaupt nicht breit oder marmeladig wirkt.

MEINKLANG – Neusiedlersee/A

Weingut Tel.: +43 (0)21 74/21 68 11,
E-Mail: office@meinklang.at
Kaufhof

Zweigelt

Preis: € Pigott-Punkte: PPP Meine Punkte: ___

Mit seinem strahlenden Kirscharoma, seiner feinen Pfeffernote und elegant-herben Art ist Werner Michlits Zweigelt überhaupt nicht das, was man von einem biodynamischen Wein erwartet, bzw. hier gibt es überhaupt nichts Wildes; einfach ein sehr stimmiger Wein.

CHATEAU **MOURGUES** DE GRÈS – Costières de Nîmes/F

Vinalia Tel.: +49 (0)30/34 70 90 90,
E-Mail: info@vinalia-berlin.de

»Les Galets« Grenache, Syrah, Mourvédre usw.

Preis: € Pigott-Punkte: PPP Meine Punkte: ___

»Termes d'Agneau« Syrah, Grenache

Preis: €€ Pigott-Punkte: PPPP Meine Punkte: ___

Südliche Gaumenschmeichler der edlen Art, der »Les Galets« nach Rauch und schwarze Beeren duftend, der »Termes« enorm üppig, aber wunderbar ausgewogen.

FRANK **MEYER** – Klingenmünster/Pfalz/D
Weingut Tel.: +49 (0)63 49/7 44 46,
E-Mail: stiftsweingut-meyer@t-online.de
Spätburgunder
Preis: € Pigott-Punkte: PP Meine Punkte: ___
Portugieser Rotwein »S«
Preis: €€ Pigott-Punkte: PPP Meine Punkte: ___
Trotz eines Preises von nicht viel mehr als 5 € ab Weingut ist der Spätburgunder ein richtig überzeugender, stoffiger Rotwein. Der saftige, fleischige Portugieser mit seinem vollen Kirschduft ist ein tolles Ergebnis für diese oft enttäuschende Traubensorte.
»Cuvée No. 37« Cabernet Cubin u. a.
Preis: €€ Pigott-Punkte: PPPP Meine Punkte: ___
Frank Meyers »Cuvée No. 37« strotzt vor herber Kraft und ist trotzdem geschliffen; einer der besten »neuen Pfälzer Rotweine«!

MEYER-NÄKEL – Dernau/Ahr/D
Weingut Tel.: +49 (0)26 43/16 28,
E-Mail: weingut@meyer-naekel.de
»us de la meng« Spätburgunder/Dornfelder
Preis: € Pigott-Punkte: PP Meine Punkte: ___
Recht schwach in der Farbe, aber richtig lustig und erfrischend im Geschmack.

MEZZACORONA – Trentino/I
Tegut, Hessen, Thüringen, Nord-Bayern, Süd-Niedersachsen
»Arte di Fare Vino dal 1904« Merlot
Preis: €! Pigott-Punkte: PP Meine Punkte: ___
Viel Frucht, Frische und Schwung bei moderatem Körper machen diesen Rotwein zu einem Genuss, der nach Gemüse und Salat schreit.

MICHLITS – Pamhagen/Neusiedlersee/A
VIV BioFrischeMarkt, Berlin
»Burgenland rot«
Preis: €! Pigott-Punkte: PP Meine Punkte: ___
Frisch, aber weich, warm, aber leicht ist dieser Wein aus Österreichs bedeutendstem Öko-Weingut, ein optimaler Party-Rotwein.

DON DIEGO DE **MIRANDA** – La Mancha/E
VIV BioFrischeMarkt, Berlin
Crianza Tempranillo
Preis: €! Pigott-Punkte: PP Meine Punkte: ___
Ein voller, warmer und fruchtbetonter moderner Rotwein, dessen Brombeerton keinen Deut aufdringlich wirkt und neben der großzügigen Reife genug sanfte Gerbstoffe besitzt, um nicht langweilig zu schmecken. Exakt das, was Gallo & Co. anstreben, aber nur selten hinkriegen!

MORGANTE – Sicilia/I
Garibaldi Tel.: +49 (0)89/35 63 61 16,
E-Mail: bestellung@garibaldi.de
Nero d'Avola
Preis: €€ Pigott-Punkte: PPP Meine Punkte: ___
»Don Antonio« Nero d'Avola
Preis: €€€€ Pigott-Punkte: PPPP Meine Punkte: ___
Ich habe keinen Haus-Rotwein, aber Morgantes voller, warmer »Nero d'Avola« mit seinem ausgeprägten Wildkräuterduft würde einem solchen entsprechen. »Don Antonio« ist dagegen viel imposanter, wuchtiger und nicht leicht in großen Mengen zu trinken.

MORIC (Roland Velich) – Mittelburgenland/A
K & U (Die Weinhalle) Tel.: +49 (0)9 11/52 51 53,
E-Mail: info@weinhalle.de
Blaufränkisch
Preis: €€ Pigott-Punkte: PPP Meine Punkte: ___
Neckenmarkter Blaufränkisch
Preis: €€€€ Pigott-Punkte: PPPP Meine Punkte: ___
Wunderbar ist der spannungsgeladene und »knusprige« Blaufränkisch. Der »Neckenmarkter« mit seinem hellen, heiteren Duft, seiner Frische und dem schlanken wohlproportionierten Körper ist sehr aufregend.
Neckenmarkt »Alte Reben« Blaufränkisch
Preis: €€€€€ Pigott-Punkte: PPPPP! Meine Punkte: ___
Die Erdverbundenheit der »regulären« Abfüllungen bekommt hier Flügel und hebt Richtung Himmel ab!

MUFFANG – Venningen/Pfalz/D
Weingut Tel.: +49 (0)63 23/98 01 06,
E-Mail: weingut-muffang@t-online.de
Dornfelder trocken
Preis: €! Pigott-Punkte: PP Meine Punkte: ___
Der strahlende Duft schwarzer Johannisbeeren; reife Säure und warme Gerbstoffe erzeugen einen erstaunlich gelungenen Dornfelder für etwa 3 € die Flasche. Der **Party-Rotwein des Jahres.**

MURATIE – Stellenbosch/ZA
Rindchens Weinkontor Tel.: +49 (0)40/5 56 20 20,
E-Mail: info@rindchen.de
Shiraz
Preis: €€ Pigott-Punkte: PPP Meine Punkte: ___
Der Duft nach Schwarzkirschen ist fast zu viel des Guten, aber der Wein ist so irre strahlend, dass er trotz seiner Kraft und seines Körpers nicht überfordert.

CASTILLO **MURVIEDRA** – Utiel-Requenia/E
Kaisers
Tempranillo
Preis: €! Pigott-Punkte: PP Meine Punkte: ___
Für unter 4 € ist dieser großzügige, warme Spanier mit dunklen Beerenfruchtaromen und einem Hauch von schwarzen Oliven der ideale Party-Wein.

CHÂTEAU DE LA **NÉGLY** – La Clape/Languedoc/F
Pinard de Picard Tel.: +49 (0)68 31/12 27 29,
E-Mail: info@pinard.de
»La Côte« Grenache/Syrah/Mourvèdre
Preis: € Pigott-Punkte: PP Meine Punkte: ___
»La Falaise« Grenache/Syrah/Mourvèdre
Preis: €€ Pigott-Punkte: PPP Meine Punkte: ___
Sehr warm und opulent schmeckt dieser Wein, als ob die Trauben in der mediterranen Sonne förmlich gebacken worden seien – die Mittelmeerwellen sind nicht mal zwei Kilometer von den Reben entfernt – und trotzdem ist er nicht sättigend. Die wesentlich teureren »Spitzenweine« des Gutes sind enorm opulent und alkoholreich, aber lassen mich dagegen kalt.

GRAF **NEIPPERG** – Schwaigern/Württemberg/D
Weingut Tel.: +49 (0)71 38/94 14 00,
E-Mail: neipperg@t-online.de
Trollinger trocken
Preis: € Pigott-Punkte: PPP Meine Punkte: ___
Mit Rubinfarbe, strahlendem Kirscharoma und sanftherbem Kern ein erstaunlich ausdrucksstarker Wein für diese Rebsorte. (Deutlich besser als der halbtrockene Trollinger des Hauses!)
Schwarzriesling trocken
Preis: € Pigott-Punkte: PPP Meine Punkte: ___
Spätburgunder trocken
Preis: € Pigott-Punkte: PPP Meine Punkte: ___
Bärenstarke Weine mit ganz festen Kernen; nichts für Weicheier!
Lemberger trocken
Preis: € Pigott-Punkte: PPP Meine Punkte: ___
Neipperger Schlossberg Lemberger »Großes Gewächs«
Preis: €€€€ Pigott-Punkte: PPPPP Meine Punkte: ___
Enorm saftige Holunderfrucht und feine Gerbstoffe machen den »normalen« Lemberger im besten Sinne des Wortes »unnormal«. Mit seiner einhüllenden orientalischen Würze gehört das »Große Gewächs« ab dem Jahrgang 2004 zur Gebietsspitze.

NIEPOORT – Douro/P
Kaufhof
»Fabelhaft«
Preis: €€ Pigott-Punkte: PPP Meine Punkte: ___

Der Wein von Dirk van der Niepoort ist gewissermaßen tatsächlich »fabel«-haft. Nicht nur gibt es eine verrückte Weinfabel von Wilhelm Busch auf dem Etikett, der Inhalt ist bei aller Kraft auch fabelhaft leicht zu trinken.

ANITA & HANS **NITTNAUS** – Gols/Burgenland/A
Weingut Tel.: +43 (0)21 73/22 48, E-Mail: office@nittnaus.at
K & U (Die Weinhalle) Tel.: +49 (0)9 11/52 51 53,
E-Mail: info@weinhalle.de
Leithaberg Blaufränkisch
Preis: €€€€ Pigott-Punkte: PPPPP Meine Punkte: ___
Ein längst etablierter Spitzenwinzer erfindet sich ganz neu in und durch diesen hocheleganten Rotwein mit ausgeprägter Würze und Bergfrische.

OCHOA – Navarra/E
Wein & Vinos Tel.: +49 (0)30/31 50 60 81, E-Mail: info@vinos.de
Tempranillo Crianza
Preis: € Pigott-Punkte: PP Meine Punkte: ___
Tinto Reserva Tempranillo/Garnacha
Preis: €€ Pigott-Punkte: PPP Meine Punkte: ___
Fruchtbetonte, harmonische und charmante Rote, die nicht brillieren, sich aber sehr leicht wegtrinken lassen.
Tinto Gran Reserva Tempranillo/Garnacha
Preis: €€ Pigott-Punkte: PPP Meine Punkte: ___
Wesentlich abgerundeter und geschmeidiger als seine jüngeren Brüder gibt sich dieser alte Hase.

ODFJELL – Valle de Maipo/Chile
Wein & Glas Tel. +49 (0)30/2 35 15 20, E-Mail: info@weinundglas.com
»Armador« Carmenère
Preis: € Pigott-Punkte: PP Meine Punkte: ___
Aus der ur-französischen Rebsorte Carmenère macht der Norweger Daniel Odfjell in Chile einen sehr saftigen, aber keinesfalls schweren Rotwein.
»Orzada« Carmenère
Preis: €€ Pigott-Punkte: PPP Meine Punkte: ___
Eine geile Schwarzwälder-Kirschtorten-Note springt aus dem Glas wie der Super-Held eines Comics … und hat eine Muskulatur, die übernatürlich perfekt ist!

OSTOI – Rioja/E
Bio Company, Berlin
Rioja Crianza Tempranillo
Preis: € Pigott-Punkte: PPP Meine Punkte: ___
Prall, satt und dunkel mit Dörrpflaumen- und Olivenaromen ist »Ostoi« nicht gerade zurückhaltend, aber warum soll ein Ökowein nicht sexy sein?

BODEGAS **PALMERA** – Utiel-Requenia/E

Bio Company, Berlin

Bobal y Tempranillo

Preis: € Pigott-Punkte: PP Meine Punkte: ___

Ein großzügiger mediterraner Rotwein, der wie eine warme Welle über einen hinwegrollt.

FRATELLI **PECCHENINO** – Piemonte/I

Enoteca Blanck & Weber Tel.: +49 (0)30/88 67 99 60,
E-Mail: mail@enoteca-blanck.de

Dolcetto »San Luigi«

Preis: €€ Pigott-Punkte: PPP Meine Punkte: ___

Wo sind die roten Beeren, die so frisch und gut schmecken wie dieser Wein? Ein genialer Partner für Pasta, Pizza & Co!

Dolcetto »Siri d'Jermu«

Preis: €€€ Pigott-Punkte: PPPP Meine Punkte: ___

Sprengt mühelos mit entschlossener Kraft und gezügelter Opulenz den Rahmen dieser »minderwertigen« Rebsorte; besser als jede Menge Barolos in der €€€€-Preisklasse.

CHÂTEAU **PECH-LATT** – Corbières/Languedoc/F

Bio Company, Berlin & Landmann's, München

Corbières Grenache/Syrah/Carignan

Preis: € Pigott-Punkte: PPP Meine Punkte: ___

Ein sehr kräftiger, gerbstoffgeladener und würziger Partner für Cassoulet, Ratatouille, Pfeffersteak oder zumindest ein Stück Hartkäse. Ja, ich habe Hunger!

PELISSERO – Piemonte/I

Garibaldi Tel.: +49 (0)89/35 63 61 16,
E-Mail: bestellung@garibaldi.de

Barbera d'Alba »Piani«

Preis: €€ Pigott-Punkte: PPP Meine Punkte: ___

»Long Now« Nebbiolo/Barbera

Preis: €€€€ Pigott-Punkte: PPPPP Meine Punkte: ___

Nach dem Rumtopfduft und süßen Auftakt des Barbera kommt eine wunderbare herbe Überraschung, die einen wieder zum Glas hinzieht.

PFAFFL – Stetten/Weinviertel/A

Weingut Tel.: +43 (0)22 62/67 34 23, E-Mail: wein@pfaffl.at
D. Thomas Späth Tel.: +49 (0)89/34 17 61,
E-Mail: office@thomasspaeth.de

Blauer Zweigelt

Preis: € Pigott-Punkte: PP Meine Punkte: ___

Auch Roman Pfaffls einfacher Rotwein teilt den eleganten, kühlen und duftigen Stil des Hauses.

»Excellent« Zweigelt/Cabernet Sauvignon

Preis: €€€ Pigott-Punkte: PPPP Meine Punkte: ___

»Excellent Reserve« Cabernet Sauvignon/Zweigelt
Preis: €€€€ Pigott-Punkte: PPPP Meine Punkte: ___
Mit ihrer schlanken, recht festen und herben Art ganz weitab vom modischen rund-weich-und-fruchtigen internationalen Rotwein-Stereotyp; Weine, die mit der Reife auf der Flasche enorm gewinnen.

LE **PIANE** – Piemonte/I
Wine Trade Tel. +43 (0)21 75/33 77, E-Mail: office@fine-wine-trade.com
Boca Nebbiolo
Preis: €€€€ Pigott-Punkte: PPPPP Meine Punkte: ___
Der römische Kaiser Hadrian hat gesagt, der Wein führe einen in die vulkanischen Mysterien der Erde ein – genau das tut diese hochelegante schlanke Schönheit mit ihrem anziehenden Parfum und ihrer herben Tiefe.

PLANETA – Sicilia/I
Garibaldi Tel.: +49 (0)89/35 63 61 16, E-Mail: bestellung@garibaldi.de
»La Segreta Rosso« Nero d'Avola u. a.
Preis: € Pigott-Punkte: PP Meine Punkte: ___
»Santa Cecilia« Nero d'Avola
Preis: €€€€ Pigott-Punkte: PPP Meine Punkte: ___
Einladende mediterrane Reife und eine gewisse Frische machen den »Segreta Rosso« zu einem sehr erfreulichen Alltagswein; der »Santa Cecilia« trägt eine ganze Ladung südlicher Kraft und Kräuter, ohne fett oder breit zu wirken.

CHRISTIAN **PLATTNER** – Südtirol/I
Viniculture Tel.: +49 (0)3 08 83 81 74,
E-Mail: bestellung@viniculture.de
St. Magdalener Classico »Ansitz Waldgries« Vernatsch
Preis: €€ Pigott-Punkte: PPP Meine Punkte: ___
Erstaunlich finessenreich und geschmeidig für einen Vernatsch; geschmacklich näher zum Burgund (vor allem mit etwas Flaschenreife) als zu Venedig!

POEIRA – Douro/P
K & U (Die Weinhalle) Tel.: +49 (0)9 11/52 51 53,
E-Mail: info@weinhalle.de
»Poeira« Tinta Roriz u. a.
Preis: €€€€ Pigott-Punkte: PPPPP Meine Punkte: ___
Jorge Moreiras genialer »Poeira« (siehe das erstaunliche Staubsauger-Etikett!) aus autochthonen Douro-Rebsorten zeigt, dass in dieser heißen Gegend auch hochelegante Rotweine zu erzeugen sind.

NICOLAS **POTEL** – Nuits-St.-Georges/Bourgogne/F
Franz Keller Tel.: +49 (0)76 62/93 30 93, E-Mail: keller@franz-keller.de
Bourgogne Rouge »Gérard Potel« Pinot Noir
Preis: €€ Pigott-Punkte: PPP Meine Punkte: ___

Volnay »Vieilles Vignes« Pinot Noir
Preis: €€€€ Pigott-Punkte: PPPP Meine Punkte: ___
Das Sortiment des jungen »Potel« ist nicht besonders zuverlässig, aber diese zwei Weine haben immer mit ihrer Duftigkeit, Reife und Zartheit beeindruckt.

CLAUS **PREISINGER** – Gols/Neusiedlersee/A
Weinstein Tel.: +49 (0)30/44 05 06 55,
E-Mail: weinstein@weinstein.eu
Zweigelt
Preis: € Pigott-Punkte: PPP Meine Punkte: ___
Heideboden Blaufränkisch/Zweigelt u. a.
Preis: €€€ Pigott-Punkte: PPPP Meine Punkte: ___
Zwei Beweise für die Genialität dieses Jungwinzers; schlank mit explosiven Beerenaromen der »Zweigelt«, zugleich üppig und schmelzigseidig der »Heideboden«.
»Paradigma« Zweigelt/Blaufränkisch
Preis: €€€€ Pigott-Punkte: PPPPP Meine Punkte: ___
Pinot Noir
Preis: €€€€ Pigott-Punkte: PPPPP Meine Punkte: ___
Gar nichts für Etikettentrinker – auf den Etiketten ist fast gar nichts gedruckt zum »Trinken«! –, aber im Glas findet der Weintrinker mächtig viel Ausdruck und eine fast überwältigende sinnliche Anziehungskraft.

QUERCIABELLA – Chianti Classico/Toscana/I
Enoteca Blanck & Weber Tel.: +49 (0)30/88 67 99 60,
E-Mail: mail@enoteca-blanck.de
Chianti Classico Sangiovese
Preis: €€ Pigott-Punkte: PPP Meine Punkte: ___
Ein ungewöhnlich fleischiger, geschmeidiger Chianti mit viel Schmelz.

CAVE DE **RASTEAU** – Rhône/F
Jacques' Wein-Depot
Rasteau »Cuvée Prestige« Grenache u. a.
Preis: € Pigott-Punkte: PPP Meine Punkte: ___
Diese Beerenaromen sind sehr reif und richtig fein! Für einen kräftigen mediterranen Rotwein – wo ist die Ratatouille? – besitzt er eine strahlende Frische.
Julius Meimberg Tel.: +49 (0)23 83/5 09 00,
E-Mail: weinhandel@julius-meimberg.de
Ortas »Cuvée Prestige« Grenache u. a.
Preis: €€ Pigott-Punkte: PPPP Meine Punkte: ___
Enorm viel Frucht, Würze und Geschmeidigkeit für erstaunlich wenig Geld!

ÖKONOMIERAT **REBHOLZ** – Siebeldingen/Pfalz/D
Weingut Tel.: +49 (0)63 45/34 39,
E-Mail: wein@oekonomierat-rebholz.de

***Spätburgunder* Spätlese trocken »Tradition«**
Preis: €€€ Pigott-Punkte: PPP Meine Punkte: ___
»Muschelkalk« Spätburgunder
Preis: €€€€ Pigott-Punkte: PPPP Meine Punkte: ___
Im Sonnenschein Spätburgunder »Großes Gewächs«
Preis: €€€€€ Pigott-Punkte: PPPPP! Meine Punkte: ___
Seit dem 1997er Jahrgang grandiose Qualität in einem kompromisslosen Stil, der Geduld erfordert, wenn man das Beste aus den Weinen locken will. Am schlanksten ist der »Tradition«, der »Großes Gewächs« dagegen hat richtig viel Power und ist nicht weniger sinnlich als kernig; ein wahrer Meditationswein!

RIDGE – Santa Cruz Mountains/California/USA
Wein & Glas Tel.: +49 (0)30/2 35 15 20,
E-Mail: info@weinundglas.com
Cabernet Sauvignon Santa Cruz Mountains
Preis: €€€€€ Pigott-Punkte: PPPP Meine Punkte: ___
Der starke kleine Bruder des berühmten »Monte Bello« zeigt fast genauso viel herbe Eleganz.
Lytton Springs Zinfandel u. a.
Preis: €€€€€ Pigott-Punkte: PPPPP! Meine Punkte: ___
Unglaubliche Beerenaromen und fabelhaft gaumenschmeichelnde Textur machen den »Lytton Springs« zum Casanova des Zinfandels!

RIFFEL – Bingen-Büdesheim/Rheinhessen/D
Weingut Tel.: +49 (0)67 21/99 46 90,
E-Mail: service@weingut-riffel.de
»Mariage« Spätburgunder
Preis: € Pigott-Punkte: PPP Meine Punkte: ___
Solch eine Zartheit, subtile Würze und elegante Harmonie erwartet der normale Weintrinker (noch) nicht beim deutschen Wein, aber hier kommt aus Bingen und für 8,90 € exakt das, was viele zwangsläufig für französisch und teuer halten!

DOMAINE LE **ROC** DES ANGES – Roussillon/F
Wein & Glas Tel.: +49 (0)30/2 35 15 20,
»Segna de Cor« Grenache/Carignan/Syrah
Preis: €€ Pigott-Punkte: PPP Meine Punkte: ___
»Vieilles Vignes« Carignan/Grenache/Syrah
Preis: €€€ Pigott-Punkte: PPPP Meine Punkte: ___
»1903« Carignan
Preis: €€€€€ Pigott-Punkte: PPPPP Meine Punkte: ___
Marjorie Gallet übernahm diese heruntergekommene Domaine 2001 und erzeugt schon heute mit den besten Rotwein Südfrankreichs. Genial die strahlende Frische der Aromen, die von Kirschen bis zu schwarzen Oliven, von Veilchen bis zu Cognac reichen; grandios die Harmonie zwischen üppiger Fülle und sanfter Festigkeit.

DOMAINE DES **ROCHES** NEUVES (Thierry Germain) – Loire/F
Bernd Kreis Tel.: +49 (0)7 11/76 28 39,
E-Mail: b.kreis@wein-kreis.de
Saumur Champigny Cabernet Franc
Preis: € Pigott-Punkte: PP Meine Punkte: ___
Saumur Champigny »Cuvée Marginale« Cabernet Franc
Preis: €€€€ Pigott-Punkte: PPP Meine Punkte: ___
Rotweine von der Loire sind meistens eine traurige – grüne, säuerliche – Angelegenheit, aber hier gibt es nicht nur schlanke, straffe Körper, sondern auch Frucht und Lebendigkeit – alles andere als eine Randerscheinung!

TELMO **RODRIGUEZ** – Toro/E
Gute Weine Tel.: +49 (0)4 21/70 56 66,
E-Mail: gute-weine@gute-weine.de
»Dehesa Gago« Tempranillo
Preis: € Pigott-Punkte: PP Meine Punkte: ___
Wenn es ums Verstecken von viel Alkohol in Rotwein geht, ist Rodriguez ein großer Künstler, und der »Dehesa Gago« zeigt neben einer zartsüßlichen Note richtig Schliff.

UMANI **RONCHI** – Abruzze/I
Vinalia Tel.: +49 (0)30/34 70 90 90,
E-Mail: info@vinalia-berlin.de
Montepulciano d'Abruzzo
Preis: €! Pigott-Punkte: PP Meine Punkte: ___
Weit abseits der oxidativen, plumpen Plörre, die die Supermärkte unter diesem Namen verkaufen, steht dieser fruchtbetonte – frisch gepflückte Brombeeren! – saftige Rotwein, der im besten Sinne des Wortes »unkompliziert« ist.

QUINTA DE LA **ROSA** – Douro/P
Weingalerie Tel.: +49 (0)30/3 23 74 48,
E-Mail: weingalerie@portugal.de
Tinto (Adler-Etikett) Tinta Roriz & Co.
Preis: €€ Pigott-Punkte: PPP Meine Punkte: ___
Wilde Kräuter ohne Ende und nicht viel weniger straffe Gerbstoffe; ein romantischer Wein, der überhaupt nicht schwulstig wirkt.

RUMMEL – Landau-Nußdorf/Pfalz/D
Weingut Tel.: +49 (0)63 41/6 19 72,
E-Mail: rummel-biowein@t-online.de
»17er« Cabertin
Preis: € Pigott-Punkte: PPP Meine Punkte: ___
Viel Pfeffer und Rauch stiftet die neue pilzresistente Cabertin-Traube. Trotz der markanten herben Gerbstoffe ganz ohne Feuer.

RUPERT & ROTHSCHILD – Stellenbosch/ZA
HAWESKO Tel.: +49 (0)41 22/50 44 33,
E-Mail: bestellung@hawesko.de
Merlot/Cabernet Sauvignon
Preis: € Pigott-Punkte: PPP Meine Punkte: ___
Trotz einer ziemlich großen Produktion schmeckt dieser Wein überhaupt nicht wie ein industriell hergestelltes Übersee-Produkt. Das prägende Element ist eindeutig der geschliffene herbe Gerbstoff, der der reifen Cassisnote einen wunderbaren Kontrapunkt setzt.

VILLA **SANTA** (Joao Portugal Ramos) – Alentejo/P
Die Weinquelle Tel.: +49 (0)65 07/70 14 20,
E-Mail: info@die-weinquelle.de
Tinto Trincadeira/Aragonêz/Alicante
Preis: €€€ Pigott-Punkte: PPPP Meine Punkte: ___
Noch ein kräftiger, ausdrucksstarker Rotwein von Ramos (siehe auch Marquês de Borba), der zugleich geschmeidig, würzig und lebendig wirkt.

SANTA DUC – Gigondas/Rhône/F
K & U (Die Weinhalle) Tel.: +49 (0)9 11/52 51 53,
E-Mail: info@weinhalle.de
Côtes du Rhône »Les Quatre Terres« Grenache u. a.
Preis: € Pigott-Punkte: PP Meine Punkte: ___
Beerig, weich und großzügig: Yves Gras' einfacher Roter macht viel Spaß, ohne zu ermüden.

MICHAEL **SCHIEFER** – Lauffen/Württemberg/D
Weingut Tel.: +49 (0)71 33/20 38 21,
Trollinger (Liter)
Preis: €! Pigott-Punkte: PP Meine Punkte: ___
Schwarzriesling
Preis: €! Pigott-Punkte: PP Meine Punkte: ___
Endlich ein herber, frischer Trollinger, den man in größeren Mengen ohne Hirnschaden trinken kann! Beim Schwarzriesling fängt eine angenehme Säurefrische die Brombeernote.
Lemberger ***
Preis: € Pigott-Punkte: PPP Meine Punkte: ___
Mit diesem Wein zeigt der Aufsteiger, was er kann; viel Rauch und Holunder für wenig Geld.

SCHIEFER – Welgersdorf/Südburgenland/A
Weingut Tel.: +43 (0)33 62/24 64,
E-Mail: weinbau-schiefer@aon.at
D: K & U (Die Weinhalle) Tel.: +49 (0)9 11/52 51 53,
E-Mail: info@weinhalle.de
Eisenberg Blaufränkisch
Preis: €€ Pigott-Punkte: PPP Meine Punkte: ___

Ein Bergwein, der mit scheinbar unbegrenzter Energie von Fels zu Fels springt und nie runter ins Tal (der Normalität und Langeweile) kommen möchte.

SCHNAITMANN – Fellbach/Württemberg/D
Weingut Tel.: +49 (0)711/57 46 16,
E-Mail: weingut.schnaitmann@t-online.de
Sämtliche Rotweine von Rainer Schnaitmann sind vorbehaltlos zu empfehlen. Wenn dieser ausdrucksstarke, gerbstoffbetonte, aber feine Wein Ihnen schmeckt, dann kaufen Sie so viel, wie Ihre Geldbörse verkraften kann, weil sonst der nächste Kunde alles aufkauft! Der wunderbare Wahnsinn fängt mit 5,80 € für einen Liter Trollinger an.
»Simonroth R« Spätburgunder
Preis: €€€€€ Pigott-Punkte: PPPPP! Meine Punkte: ___
... und hier hört Schnaitmanns Wahnsinn auf. Viel Geld ist es schon, aber es ist auch immens viel Wein im Glas. Hol große Gläser und lass diese rasante Schönheit sich drin räkeln!

SCHNEIDER – Ellerstadt/Pfalz/D
Weingut Tel.: +49 (0)62 37/72 88,
E-Mail: weingut.schneider@t-online.de
»Ursprung« Cabernet Sauvignon/Merlot/Portugieser
Preis: € Pigott-Punkte: PPP Meine Punkte: ___
Diese Massen an Beerenfrucht machen ihn ganz einfach lecker, aber er endet entschieden herb und ruft nach dem Grill- oder Steakabend.
»Black Print« St. Laurent/Merlot/Cabernet Sauvignon/Syrah
Preis: €€ Pigott-Punkte: PPP Meine Punkte: ___
»Steinsatz« Merlot/Cabernet Franc/St. Laurent
Preis: €€€€ Pigott-Punkte: PPPP Meine Punkte: ___
Markus Schneider hat die beste deutsche Antwort auf die Übersee-Rotwein Welle gefunden, die in den letzten Jahren über die Bundesrepublik geschwappt ist: Weine mit viel Saft und Kraft, die aber kein aufgesetztes Lächeln einstudiert haben. Der »Steinsatz« treibt das ganze Spiel noch eins höher, ist aber keinesfalls übermächtig oder mit Holzaromen aufgedonnert, trotz seiner muskulösen Körper- und Eichenschminke.
Rotwein »Alte Reben« Blauer Portugieser
Preis: €€ Pigott-Punkte: PPP Meine Punkte: ___
»Einzelstück« Blauer Portugieser
Preis: €€€€ Pigott-Punkte: PPPP (2007: PPPPP) Meine Punkte: ___
Aus der »banalen« Portugiesertraube sind Schneiders Rotweine so stämmig und energiegeladen wie der Jungwinzer selbst. Mit dem »Einzelstück« zeigt er seine ruhige, nachdenkliche Schokoladenseite; einmalig!

KLAUS **SCHÖN** – Aulhausen/Rheingau/D
Weingut Tel.: +49 (0)67 22/32 01,
E-Mail: info@weingut-schoen.de
Rüdesheimer Berg Schlossberg Spätburgunder Spätlese trocken
Preis: €€ Pigott-Punkte: PPPP Meine Punkte: ___
Rüdesheimer Berg Schlossberg Spätburgunder Auslese trocken
Preis: €€€ Pigott-Punkte: PPPPP Meine Punkte: ___
Der Qualitätsfanatiker Klaus Schön hat auch günstigere Spätburgunder-Rotweine, aber diese beiden sind wahre Spitzenweine. Aber Vorsicht bei Zündung der Rakete: Hier springt einem genauso viel Alkohol wie Kraft und üppige, zartsüßliche Wonne entgegen!

SCHÖNBERGER – Mörbisch/Neusiedlersee-Hügelland/A
Weingut Tel.: +43 (0)31 19/28 42,
E-Mail: weingut.schoenberger@ccf.at
D: Weinstein Tel.: +49 (0)30/44 05 06 55,
E-Mail: weinstein@weinstein.eu
»Herbst-Cuvée« Blaufränkisch/Zweigelt
Preis: €€€ Pigott-Punkte: PPPP Meine Punkte: ___
Bei diesem eigenwilligen, kraftvollen Roten herrscht dauerhafte Herbststimmung; Unterholz, nasse Erde, Rauch und die letzten warmen Sonnenstrahlen. Auch die einfachen Rotweine des Hauses sind sehr ausdrucksstark!

SCHÖNBRUNN – Erlenbach-Binswangen/Württemberg/D
Weingut Tel.: +49 (0)71 32/95 16 00,
E-Mail: info@weingut-schönbrunn.de
»Passion – Holzfass« Lemberger
Preis: € Pigott-Punkte: PPP Meine Punkte: ___
Ein erstaunlich kräftiger und samtiger Rotwein hat der junge Johannes Schönbrunn aus dem oft etwas kratzigen Lemberger erzeugt; neues Feuer aus dem alten Ländle!
»Passion – Barrique« Cabernet Cubin
Preis: € Pigott-Punkte: PPPP Meine Punkte: ___
Noch mehr Power und Gerbstoff, aber mit einer ähnlich überzeugenden Harmonie wie beim Lemberger »Passion« und damit noch erstaunlicher.

ALBRECHT **SCHWEGLER** – Korb/Württemberg/D
Weingut Tel.: +49 (0)71 51/3 48 95,
E-Mail: weingut@albrecht-schwegler.de
»d'r Oifache« Trollinger u. a. (Liter)
Preis: € Pigott-Punkte: PP Meine Punkte: ___
Etwas schwach in der Farbe, aber dafür füllig, herb und rund, ist »Der Einfache« ein stimmiger Alltagswein.
»Beryll« Zweigelt/Lemberger/Merlot
Preis: €€ Pigott-Punkte: PPP (Ausnahme 2004: PP)
Meine Punkte: ___

»Saphir« Zweigelt/Lemberger
Preis: €€€€ Pigott-Punkte: PPPP Meine Punkte: ___
»Granat« Zweigelt/Merlot
Preis: €€€€€ Pigott-Punkte: PPPPP! Meine Punkte: ___
Schweglers Preis- und Qualitätshierarchie ist absolut nachvollziehbar: Mit jeder Stufe nach oben gewinnen die Weine mehr Kraft und Faszination. Und wer eine gereifte Flasche erwischt, hat tatsächlich einen Edelstein im Glas!

CHÂTEAU **SEGONZAC** – 1er Côtes de Blaye/Bordeaux/F
K. & M. Gutsweine Tel.: +49 (0)69/71 71 34 30,
E-Mail: info@gutsweine.com
Château Segonzac Merlot & Co.
Preis: € Pigott-Punkte: PP Meine Punkte: ___
Château Segonzac »Vieilles Vignes« Merlot & Co.
Preis: €€ Pigott-Punkte: PPP Meine Punkte: ___
Château Segonzac »Héritage« Merlot & Co.
Preis: €€€ Pigott-Punkte: PPPP Meine Punkte: ___
Dank des Schweizers Thomas Herter spüre ich bei mir endlich wieder etwas Bordeaux-Begeisterung. Seine Weine sind im positiven Sinn modern – blitzsauber, herrliche Fruchtaromen, feiner Eichenton – und vermitteln den Eindruck, dass Qualität und Preis übereinstimmen. Pure Lebensfreude!

SIENER – Birkweiler/Pfalz/D
Weingut Tel.: +49 (0)63 45/35 39, E-Mail: info@weingutsiener.de
St. Laurent
Preis: € Pigott-Punkte: PPP Meine Punkte: ___
Ein erstklassiger Alltagswein, der Charakterstärke mit einer runden Art und ansprechenden Frische verbindet.
Spätburgunder No. 1
Preis: € Pigott-Punkte: PPP Meine Punkte: ___
»Buntsandstein« Spätburgunder
Preis: €€€€ Pigott-Punkte: PPPP Meine Punkte: ___
Zwei dunkle, mächtige Gestalten inklusive einer Prise Mystery und einem Hauch von Wahnsinn.

SINFAROSA – Puglia/I
Garibaldi Tel.: +49 (0)89/35 63 61 16, E-Mail: bestellung@garibaldi.de
Primitivo
Preis: € Pigott-Punkte: PP Meine Punkte: ___
Primitivo »Zinfandel«
Preis: €€ Pigott-Punkte: PPP Meine Punkte: ___
Die ganzen Aromen und die Frische der Himbeere mit einem guten Schuss (aber nicht zu viel) Alkohol von der südlichen Sonne.

CASA **SOLAR** – Terra de Castilla/E
Weinstein Tel.: +49 (0)30/44 05 06 55, E-Mail: weinstein@weinstein.eu
»Casa Solar« (Silberkapsel)
Preis: €! Pigott-Punkte: PP Meine Punkte: ___
Für unter 5 € ein sanfter, runder Wein, der trotzdem gar nichts Banales hat.

DOMAINE **SOULIÉ** – Languedoc/F
Bio Company, Berlin & Landmann's, München
Saint-Chinian Syrah u. a.
Preis: € Pigott-Punkte: PP Meine Punkte: ___
Mit seinem Himbeercharme und seiner Seidigkeit macht mir dieser warme Südländer viel Spaß mit oder ohne Essen und kostet nicht viel mehr als 5 €!

PROPRIETÀ **SPERINO** – Lessona/Piemont/I
Garibaldi Tel.: +49 (0)89/35 63 61 16, E-Mail: bestellung@garibaldi.de
»Uvaggio« Nebbiolo/Vespolina/Croatina
Preis: €€€€ Pigott-Punkte: PPPPP Meine Punkte: ___
Lessona Nebbiolo/Vespolina
Preis: €€€€€ Pigott-Punkte: PPPPP! Meine Punkte: ___
Der Sinn meines kleinen genialen Weinführers ist sicher nicht, teure Weine anzupreisen, aber ich muss unbedingt auf diese unglaublich feinen und tiefen Rotweine aufmerksam machen, weil sie etliche Prunkweine, die das Mehrfache kosten, tief in den Schatten stellen.

SPOHR – Worms/Rheinhessen/D
Weingut Tel.: +49 (0)62 42/91 10 60,
E-Mail: weingut-spohr@t-online.de
»CS Cuvée« Cabernet Sauvignon/Merlot/Frühburgunder
Preis: €€ Pigott-Punkte: PPP Meine Punkte: ___
Wunderbar beerig-frisch und ein wenig herb-wild, aber mit einer sehr stimmigen Balance ist Christian Spohrs Cuvée ein Prototyp des neuen Rheinhessen-Rotweins.

SPRINGFIELD ESTATE – Robertson/ZA
Wein & Glas Tel.: +49 (0)30/2 35 15 20, E-Mail: info@weinundglas.com
Cabernet Sauvignon »Whole Berry«
Preis: €€ Pigott-Punkte: PPP Meine Punkte: ___
Cabernet Sauvignon »Méthode Ancienne«
Preis: €€€€€ Pigott-Punkte: PPPPP Meine Punkte: ___
Bezaubernde schwarze Johannisbeeraromen und eine wunderbare Saftigkeit hat der »Whole Berry«, fast überwältigend großzügig und reif, aber auch perfekt balanciert.

STEINBACHHOF (Eißler) – Gündelbach/Württemberg/D
Weingut Tel.: +49 (0)70 42/72 14 52,
E-Mail: info@weingut-steinbachhof.de

Gündelbacher Steinbachhof Lemberger »Holzfass«
Preis: € Pigott-Punkte: PPP Meine Punkte: ___
Gündelbacher Steinbachhof Lemberger **
Preis: €€ Pigott-Punkte: PPPP Meine Punkte: ___
Zwei ungewöhnlich elegante, zartherbe Lemberger-Rotweine, die Lichtjahre entfernt vom süßlichen württembergischen Klischee liegen. Der ** ist noch feiner und nachhaltiger.
Gündelbacher Steinbachhof Schwarzriesling **
Preis: €€ Pigott-Punkte: PPPPP Meine Punkte: ___
Man staunt, welch subtiles Parfum und edle Geschmeidigkeit beim »banalen« Schwarzriesling möglich ist, wenn konsequent nach Qualität gestrebt wird, statt einfach große Tanks vollzupumpen.

SÜDPFALZ CONNEXION – Pfalz/D
Winzer-Gruppe Tel.: +49 (0)63 41/3 18 11,
E-Mail: info@südpfalz-connexion.de
Gräfenhauser Spätburgunder
Preis: €€€€€ Pigott-Punkte: PPPPP Meine Punkte: ___
Fabelhafte Duftigkeit und bei herber Kraft total filigran. Ein Gemeinschaftswerk der Jungwinzer-Gruppe Südpfalz Connexion (siehe auch **GIES-DÜPPEL**, **KRANZ**, **LEINER**, **SCHEU**, **SIENER**)

TESCH – Langenlonsheim/Nahe/D
Weingut Tel.: +49 (0)67 04/9 30 40, E-Mail: info@weingut-tesch.de
»ein Liter Spätburgunder«
Preis: € **(Liter)** Pigott-Punkte: PPP Meine Punkte: ___
Martin Tesch setzt ganz auf Frucht und Charme und ignoriert erfolgreich die weit verbreitete und entsetzliche Rotwein-Wichtigtuerei.

DOMINIQUE **THIENPONT** – Bordeaux/F
Viniculture Tel.: +49 (0)30/8 83 81 74, E-Mail: info@viniculture.de
»La Borderie« Merlot/Cabernet Sauvignon
Preis: € Pigott-Punkte: PP Meine Punkte: ___
Mit 6,60 € eindeutig der günstigste rote Bordeaux, den ich gerne trinke. Fruchtbetont und lebendig mit einer zartherben Note macht er viel Freude, ohne große Ansprüche zu erheben.

TORRES – Penedès/E
Kaufhof
»Sangre de Toro« Garnacha/Cariñena
Preis: € Pigott-Punkte: PP Meine Punkte:
Ein katalanischer Roter mit viel mediterraner Wärme und Würze, der sehr viel Trinkspaß macht.
»Coronas« Cabernet Sauvignon
Preis: € Pigott-Punkte: PP Meine Punkte: ___
Spanische Cabernets, die keinen Deut zu dick oder zu holzbetont ausfallen – was leider ein häufig auftretendes Problem ist.

CANTINA **TRAMIN** – Tramin/Südtirol-Alto Adige/I
Fischer & Trezza Tel.: +49 (0)7 11/4 60 67 00,
E-Mail: info@fischer-trezza.de
Lagrein
Preis: € Pigott-Punkte: PPP Meine Punkte: ___
Der pfeffrige »Lagrein« von Tramin bietet sehr viel Fruchtaroma und Schwung für diese Preiskategorie.

ERNST **TRIEBAUMER** – Rust/Neusiedlersee-Hügelland/A
Weingut Tel.: +43 (0)26 85/5 28, E-Mail: ernst.triebaumer@gmx.at
D: Weinladen Schmidt Tel.: +49 (0)30/7 89 07 30,
E-Mail: info@weinladen.com
Blaufränkisch
Preis: € Pigott-Punkte: PP Meine Punkte: ___
Blaufränkisch Ried Gemärk
Preis: €€ Pigott-Punkte: PPP Meine Punkte: ___
Blaufränkisch Ried Oberer Wald
Preis: €€€ Pigott-Punkte: PPPP Meine Punkte: ___
Blaufränkisch Ried Mariental
Preis: €€€€€ Pigott-Punkte: PPPPP! Meine Punkte: ___
Obwohl die Blaufränkischtraube im Allgemeinen dazu neigt, beerig und leicht säurebetont auszufallen, bringt sie in den Weinbergen von Rust wesentlich kräftigere, sattere Weine mit einer richtigen Schokonote hervor. »E.T.« ist der Meister dieses Stils.

JOSEF **UMATHUM** – Frauenkirchen/Neusiedlersee/A
Weingut Tel.: +43 (0)21 72/2 44 00, E-Mail: office@umathum.at
D: Weinladen Schmidt Tel.: +49 (0)30/7 89 07 30,
E-Mail: info@weinladen.com
St. Laurent
Preis: €€ Pigott-Punkte: PPP Meine Punkte: ___
St. Laurent »Reserve«
Preis: €€€€ Pigott-Punkte: PPPP Meine Punkte: ___
Nicht zu Unrecht werden diese Weine mit ihrem Sauerkirscharoma und ihrer seidigen Kraft oft von Experten für wesentlich teurere rote Burgunder gehalten.
Zweigelt
Preis: €€ Pigott-Punkte PPP Meine Punkte: ___
Heideboden Zweigelt/Blaufränkisch/Cabernet Sauvignon
Preis: €€€ Pigott-Punkte: PPPP Meine Punkte: ___
Weder laut noch schwer, aber voll dunkler Masse, deren genaue Beschaffenheit noch voller Rätsel steckt, ist der »Heideboden« nicht für jeden wie der fruchtbetontere und wesentlich offenherzigere Zweigelt.

WACHTSTETTER – Pfaffenhofen/Württemberg/D
Weingut Tel.: +49 (0)70 46/3 29, E-Mail: info@wachtstetter.de
»Cuvée Louis«
Preis: € Pigott-Punkte: PPP Meine Punkte: ___

Wer einen runden »unkomplizierten« Rotwein sucht, der jedoch kein Schlabberwasser ist, ist damit bestens bedient!

Lemberger »Felix«

Preis: € Pigott-Punkte: PPP Meine Punkte: ___

Gegen diesen neuen Schwaben schmecken fast die ganzen Supermarkt-Rotweine der Republik in der gleichen Preisklasse wie zuckende Zombies! Hier ist viel Leben und Freude drin.

Spätburgunder »Ernst Combé«

Preis: €€€ Pigott-Punkte: PPPP Meine Punkte: ___

»Ernst Combé Cuvée«

Lemberger/Spätburgunder/Cabernet Cubin

Preis: €€ Pigott-Punkte: PPPP Meine Punkte: ___

Lichtjahre entfernt vom hellfarbigen Wischi-Waschi-Trollinger, der einst für Württemberger Rotweine typisch war. Jayne-Mansfield-Üppigkeit sowie süßliche und herbe Noten, die wunderbar ineinander verwoben sind.

WAGNER-STEMPEL – Siefersheim/Rheinhessen/D

Weingut Tel.: +49 (0)67 03/96 03 30, E-Mail: info@wagner-stempel.de

St. Laurent

Preis: € Pigott-Punkte: PPP Meine Punkte: ___

Wer seine Rotweine unverschämt frisch, frech und lebendig mag, landet hier einen wahren Volltreffer.

DR. **WEHRHEIM** – Birkweiler/Pfalz/D

Weingut Tel. +49 (0)63 45/35 42, E-Mail: dr.wehrheim@t-online.de

St. Laurent

Preis: € Pigott-Punkte: PP Meine Punkte: ___

Ein pfeffriger, lustiger, mittelgewichtiger Alltagswein.

Kastanienbusch Spätburgunder »Großes Gewächs«

Preis: €€€€€ Pigott-Punkte: PPPPP! Meine Punkte: ___

Ganz am anderen Ende der Skala liegt diese Gestalt mit ihrer monumentalen Statur, aber übermächtig erscheint sie nicht.

STAATSWEINGUT **WEINSBERG** – Weinsberg/Württemberg/D

Weingut Tel.: +49 (0)71 34/50 41 67,
E-Mail: staatsweingut@lvwo.bwl.de

»Traumzeit« Cabernet Cubin u. a.

Preis: €€ Pigott-Punkte: PPP Meine Punkte: ___

»Traum« Cabernet Cubin u. a.

Preis: €€€€ Pigott-Punkte: PPPPP Meine Punkte: ___

Neue Kreationen, die dem württembergischen Rotwein bislang unbekannte Facetten verleihen. Der »Traum« ist tatsächlich traumhaft weich und sinnlich mit köstlichen Schoko- und Röstnoten, der »Traumzeit« mit ähnlichen Aromen, aber etwas schlanker und herber.

WILLEMS WILLEMS – Oberemmel/Mosel/D
Weingut Tel. +49 (0)65 01/1 58 16, E-Mail: info@weingut-willems.de
Spätburgunder
Preis: €€ Pigott-Punkte: PPPP Meine Punkte: ___
Ein erstaunlich warmer und feinduftiger Rotwein für die »kalte« Saar. Der Verzicht auf übermäßig starken Eichenton und übermächtige Gerbstoffe führt zu einer genial-sanften Harmonie und großartiger Trinkfreude. Auch dank dieses Weins wird Carolin Hofmann **Jungwinzer des Jahres!**

ZIEREISEN – Efringen-Kirchen/Baden/D
Weingut Tel.: +49 (0)76 28/28 48, E-Mail: ziereisen@t-online.de
Spätburgunder
Preis: € Pigott-Punkte: PPP Meine Punkte: ___
»Schulen« Spätburgunder
Preis: €€€ Pigott-Punkte: PPPP Meine Punkte: ___
»Rhini« Spätburgunder
Preis: €€€€ Pigott-Punkte: PPPP Meine Punkte: ___
Schon die »normale« Abfüllung von Ziereisen ist ein starker Wein, der reife Beerenaromen mit herber Kraft und jugendlichem Elan verbindet. Der Kontrast zwischen der recht opulenten und geschmeidigen »Schulen« und der hocheleganten, filigranen »Rhini« ist frappant.

OTTO **ZIMMER** – Engelstadt/Rheinhessen/D
Weingut Tel.: +49 (0)61 30/17 88,
E-Mail: info@weingut-otto-zimmer.de
Merlot
Preis: €! Pigott-Punkte: PPP Meine Punkte: ___
Bekanntlich bin ich eher Merlot-Feind als Merlot-Freund, aber dieser Wein hat solch eine tolle Frucht, und sie wird durch keine Eiche versüßt oder verdeckt. Für diesen Preis ein herrlich saftiger Rotwein, der gefährlich leicht herunterfließt!

ZIPF – Löwenstein/Württemberg/D
Weingut Tel.: +49 (0)71 30/61 65, E-Mail: weingut@zipf.com
Trollinger »Steillage«
Preis: € Pigott-Punkte: PP Meine Punkte: ___
Tief in der Farbe, mit satter beeriger Frucht und schwungvollem Körper sprengt er komplett den Trollinger-Rahmen!
Lemberger ***
Preis: € Pigott-Punkte: PPP Meine Punkte: ___
Lemberger ****
Preis: €€€ Pigott-Punkte: PPPP Meine Punkte: ___
Mit einer richtigen Rosennote, herrlichem Kirschton und verstecktem festen Kern überrascht der Lemberger***. Schon mit dem ersten Jahrgang (2006) zeigt der Lemberger**** noch mehr Würze und eine Prise Wahnsinn.

Süße Rotweine (Port & Co.)

ALTENKIRCH – Lorch/Rheingau/D
Weingut Tel.: +49 (0)67 26/83 00 12,
E-Mail: info@weingut-altenkirch.de
Rotsekt trocken Spätburgunder
Preis: € Pigott-Punkte: PPP Meine Punkte: ___
Kaum spürbare Süße schafft es, den Gerbstoffen exakt Paroli zu bieten und eine wunderbare Harmonie zu erreichen, die diesen leicht verrückten Sekt sehr süffig macht.

GÖHRING – Flörsheim-Dalsheim/Rheinhessen/D
Weingut Tel.: +49 (0)62 43/4 08, E-Mail: info@weingut-goehring.de
»Chill Out« Spätburgunder/St. Laurent/Dornfelder
Preis: €! Pigott-Punkte: PP Meine Punkte: ___
Eine irre Frische und extreme Fruchtaromen (die aber ganz natürlich sind) machen diesen unverhohlen süßen Rotwein zu einer wahren Ausnahmeerscheinung in dieser Kategorie.

HENSEL & SCHNEIDER – Bad Dürkheim & Ellerstadt/Pfalz/D
Weingut Tel.: +49 (0)62 37/72 88,
E-Mail: weingut.schneider@t-online.de
»Übermut« Cabernet Cubin
Preis: €€€€ **(Halbliter)** Pigott-Punkte: PPPPP Meine Punkte: ___
Der Mut der beiden Pfälzer Jungwinzer findet in dieser bahnbrechenden Kreation volle Bestätigung. Rammstein auflegen und abtauchen in Richtung des dunklen Herzens dieses Wahnsinnsweins!

COTRE **MANZINI** – Emilia Romagna/I
Viniculture Tel.: +49 (0)30/8 83 81 74,
E-Mail: bestellung@viniculture.de
Lambrusco amabile
Preis: €€ Pigott-Punkte: PPP Meine Punkte: ___
Mit diesem genial-traubigen Schaumwein wird Lambrusco zur Retro-Mode. Die herzhafte Frische und die feinen Perlen balancieren exakt die zarte Süße. So gut der trockene Lambrusco des Hauses – »Bolla Rossa« – ist, trifft dieser Wein den G-Punkt des Gaumens!

MARANI (Ielavi Wine Cellar) – Georgien
Vinalia Tel.: +49 (0)30/34 70 90 90, E-Mail: info@vinalia-berlin.de
Khvanchkara Aleksandrouli/Mujuretuli
Preis: €€€ Pigott-Punkte: PPPP Meine Punkte: ___
Da wusste ich einen Moment lang gar nicht mehr, wo oben und unten ist … aber auf wunderbare Weise!
Ein äußerst origineller Rotwein, mit einem einhüllenden Duft nach Oregano, Wacholder und Tannenzäpfle. Dazu besitzt er einen Hauch von Süße und ein seidiges Finale wie ein toller Pinot Noir!

MOXIE (Dowie Doole) – Südaustralien/AUS

Apell Weine Tel.: +49 (0)5 61/3 16 07 17,
E-Mail: mail@apell.de

»Moxie – Sparkling Shiraz«

Preis: €€€ Pigott-Punkte: PPPP Meine Punkte: ___

Enorm intensive Beeren- und Backgewürzaromen verbinden sich auf magische Weise mit feiner Kohlensäure, zarten Gerbstoffen und saftiger Süße. **Der Überraschungswein des Jahres!**

NIEPOORT – Douro/P

Bernd Kreis Tel.: +49 (0)7 11/76 28 39, E-Mail: b.kreis@wein-kreis.de

Vintage Character Port

Preis: €€€ Pigott-Punkte: PPP Meine Punkte: ___

Late Bottled Vintage Port

Preis: €€€€ Pigott-Punkte: PPPP Meine Punkte: ___

Mit jedem Schritt die Preis- und Qualitäts-Leiter weiter hinauf – darin zeigt sich die Besessenheit von Port-Dichter Dirk van der Niepoort noch deutlicher. Sie richtet sich nicht nur auf »Qualität«, sondern vielmehr auf Charakterstärke; Portweine, die nicht einfach nur süß und cremig schmecken.

Tawny Port 10 years old

Preis: €€€€€ Pigott-Punkte: PPPP Meine Punkte: ___

Recht hell in der Farbe, extrem würzig, nussig, mit Schoko- oder Karamelltönen – eine Klasse für sich, endet mit einer wunderbaren zarten Frische.

NOVAL – Douro/P

Viniculture
Tel.: +49 (0)30/8 83 81 74,
E-Mail: bestellung@viniculture.de

Ruby Port

Preis: € Pigott-Punkte: PP Meine Punkte: ___

Late Bottled Vintage Port

Preis: €€€ Pigott-Punkte: PPPP Meine Punkte: ___

Sehr ausdrucksstarke Ports mit überschwänglichen Beerenaromen, aber auch nachhaltiger Substanz. Der »Ruby« ist die perfekte Einleitung in die Welt des Portweins, der »LBV« schmeckt besser als mancher Vintage Port!

»Silva« Vintage Port

Preis: €€€ **(halbe Flasche)** Pigott-Punkte: PPPP Meine Punkte: ___

Mit viel Kraft, Üppigkeit und wunderbarer Harmonie die vielleicht momentan beste Preis-Leistung beim Vintage Port!

Trockene Roséweine, schäumend und still

FRANCESCO **BELLEI** – Emilia Romagna/I
Enoiteca il Calice Tel.: +49 (0)30/3 24 23 08,
E-Mail: mail@enoiteca-il-calice.de
Spumante Brut Rosé »Extra Cuvée« (mit Jahrgang)
Preis: €€€€ Pigott-Punkte: PPPP Meine Punkte: ___
Ein feinduftiger, geschmeidiger, aber ganz trockener Schaumwein mit einer tänzerischen Frische im Stil eines Tangos.

BILLECART-SALMON – Champagne/F
N + M Tel.: +49 (0)21 61/18 13 16, E-Mail: info@nm-weine.de
Champagne Brut Rosé
Preis: €€€€€ Pigott-Punkte: PPPPP Meine Punkte: ___
In puncto Eleganz und Feinheit beim trockenen Rosé die gegenwärtige Weltspitze; die zarteste Verführung auf Planet Wein!

BOUVET-LADUBAY – Loire/F
Mövenpick Weinland Tel.: +49 (0)2 31/9 65 15 60,
E-Mail: weinland.dortmund@moevenpick.com
Saumur Rosé Brut »Tresor«
Preis: €€€ Pigott-Punkte: PPP Meine Punkte: ___
Wer nicht 40 € plus für einen Spitzenrosé-Champagner ausgeben möchte, trifft hier ein gute Wahl. Viel Frucht, Lebendigkeit und genug Schmelz, um auch gut zum Essen zu passen, für ganz knapp über 15 €.

CAPCANES – Monsant/E
La Tienda Tel.: +49 (0)21 66/9 31 50, E-Mail: la-tienda@la-tienda.de
»Mas Donís« Rosado
Preis: € Pigott-Punkte: PP Meine Punkte: ___
Wunderbar fruchtbetonter trockener Rosé, der auch Würze und Substanz hat.

CHAT SAUVAGE – Johannisberg/Rheingau/D
Weingut Tel.: +49 (0)67 22/6 45 37, E-Mail: pinot@chat-sauvage.de
Rosé Spätburgunder
Preis: € Pigott-Punkte: PPP Meine Punkte: ___
Wer nicht explosive Frucht, sondern Eleganz und eine herbe Balance, die für den Essenstisch bestens geeignet ist, sucht, ist hier genau richtig!

JOACHIM **FLICK** – Flörsheim-Wicker/Rheingau/D
Weingut Tel.: +49 (0)61 45/76 86, E-Mail: info@flick-wein.de
Spätburgunder Rosé Kabinett
Preis: € Pigott-Punkte: PPP Meine Punkte: ___
Nicht ganz trocken, aber sehr geradlinig, lebendig und duftig. Wenn das kein idealer Sommerwein ist!

FRIES – Winningen/Mosel/D
Weingut Tel.:+49 (0)26 06/26 86, E-Mail: info@weingut-fries.de
Spätburgunder Rosé trocken
Preis: € Pigott-Punkte: PPP Meine Punkte: ___
Ein schlanker, feinduftiger Moselwein, aber dieses Mal mit 0 % Riesling in der Flasche.

KIRSTEN – Klüsserath/Mosel/D
Weingut Tel.: +49 (0)65 07/9 91 15, E-Mail: mail@weingut-kirsten.de
Pinot Brut Spätburgunder/Weißburgunder
Preis: €€ Pigott-Punkte: PPPP Meine Punkte: ___
Ein genial raffinierter und leichtfüßiger Schaumwein für exakt 10 €, der in dieser Farbe nur von wenigen teuren Champagnern übertroffen wird.

SEEGUT **KRESS** – Hagnau/Bodensee/Baden/D
Weingut Tel.: +49 (0)75 32/62 05, E-Mail: info@seegut-kress.de
Rosé trocken Spätburgunder
Preis: € Pigott-Punkte: PPPP Meine Punkte: ___
Unglaublich zart, elegant und geschliffen ohne Aufregung, geschweige denn Melodrama; die Stille des Sees im Glas!

KUSTERER – Esslingen/Württemberg/D
Weingut Tel.: +49 (0)7 11/35 79 09,
E-Mail: info@weingut-kusterer.de
Muskattrollinger Rosé trocken
Preis: € Pigott-Punkte: PPPP Meine Punkte: ___
Enorm lebhaft und wunderbar leichtfüßig ist dieser staubig-trockene Wein.

GONZÁLES **LARA** – Cigalas/E
La Tienda Tel.: +49 (0)21 66/9 31 50, E-Mail: la-tienda@la-tienda.de
»Fuente del Conde« Rosado
Preis: €! Pigott-Punkte: PPP Meine Punkte: ___
Nach einer Welle aus Rosenduft schwappt ein betörender Schmelz und große Saftigkeit; verlangt kräftiges Essen (auch vom Grill), um sein Bestes zu geben.

LUBENTIUSHOF (Andreas Barth) – Niederfell/Mosel/D
Weingut Tel.: +49 (0)26 07/81 35,
E-Mail: weingut@lubentiushof.de
Rosé Brut Spätburgunder
Preis: €€ Pigott-Punkte: PPPP Meine Punkte: ___
Voll, cremig und kräftig ist dies ein ungewöhnlich ausdrucksstarker und richtig trocken schmeckender Schaumwein; eine geniale Innovation!

Stiftsweingut FRANK **MEYER** – Klingenmünster/Pfalz/D
Weingut Tel.: +49 (0)63 49/74 46,
E-Mail: stiftsweingut-meyer@t-online.de

Portugieser Rosé feinherb
Preis: € Pigott-Punkte: PPP Meine Punkte: ___
Für gerade über der Fünf-Euro-Schwelle eine ziemlich geniale unkomplizierte Erfrischung für einen Sommerabend.

CHÂTEAU **MOURGUES DU GRÈS** – Costières de Nîmes/F
Vinalia Tel.: +49 (0)30/34 70 90 90, E-Mail: info@vinalia-berlin.de
»Les Galets Rosés« Syrah/Grenache
Preis: € Pigott-Punkte: PPP Meine Punkte: ___
Kräftig und geschmeidig genug, um substanzielles Essen mit links zu schaffen, aber dieser stilvolle Südfranzose besitzt genug Beerenfrucht und Säure, um auch solo zu erfrischen.
»Capitelles des Mourgues« Mourvèdre, Syrah, Grenache
Preis: € Pigott-Punkte: PPPP Meine Punkte: ___
Wer braucht Rotwein, wenn dieser geniale Rosé-Brummer auf den Tisch kommt? Diese nach Butter, Kaffee und Gewürzen duftende Üppigkeit aus dem Süden Frankreichs ist der **Traumrosé des Jahres!**

NIEPOORT – Douro/P
Die Weinquelle Tel.: +49 (0)65 07/70 14 20,
E-Mail: info@die-weinquelle.de
»Redoma« Rosada
Preis: €€ Pigott-Punkte: PPP Meine Punkte: ___
Von der Farbe dicht am Rotwein und auch sehr kräftig, gibt sich der »Redoma« durch den frischen Nachklang trotz geschmeidigem Körper als Rosé zu erkennen.

SALWEY – Oberrotweil/Baden/D
Weingut Tel.: +49 (0)76 62/3 84, E-Mail: weingut@salwey.de
Glottertäler Spätburgunder Weißherbst Kabinett trocken
Preis: € Pigott-Punkte: PPP Meine Punkte: ___
Ein strahlender Leuchtturm unter den trockenen deutschen Roséweinen, wunderbar feinduftig, filigran und erfrischend-klar.

SCHNAITMANN – Fellbach/Württemberg/D
Weingut Tel.: +49 (0)7 11/57 46 16,
E-Mail: weingut.schnaitmann@t-online.de
Trollinger Rosé trocken (Liter)
Preis: € Pigott-Punkte: PPP Meine Punkte: ___
Vergessen Sie alles, was Sie normalerweise von einem Trollinger erwarten. Selten kam ein besserer Wein in die Literflasche als dieser hellfarbige, äußerst delikate Rosé!

SEGURA VIUDAS – Cava (Penedès)/E
Die Weinquelle Tel.: +49 (0)65 07/70 14 20,
E-Mail: info@die-weinquelle.de
Brut Rosado (Schaumwein)
Preis: € Pigott-Punkte: PP Meine Punkte: ___

Von gewöhnungsbedürftig dunkler Farbe, aber doch kein verkappter Rotwein in einer Sektflasche, sondern ein Rosé mit vollen Beerenaromen und attraktiv trockener Balance.

PROPRIETÀ **SPERINO** – Lessona/Piemont/I
Garibaldi Tel.: +49 (0)89/35 63 61 16, E-Mail: bestellung@garibaldi.de
»Rosa del Rosa« Nebbiolo/Vespolina/Croatina
Preis: €€ Pigott-Punkte: PPP Meine Punkte: ___
Ein kräftiger und würziger Rosé, der trotzdem nie die Alkohol-Karte spielt oder sich wie ein Lauthals benimmt.

WINZERHOF **STAHL** – Auernhofen/Franken/D
Weingut Tel.: +49 (0)98 48/9 68 96, E-Mail: mail@winzerhof-stahl.de
»rosenrot« Spätburgunder & Co.
Preis: € Pigott-Punkte: PPP Meine Punkte: ___
Die pikante Frische und schlanke Art von Christian Stahls trockenen Weißweinen vereint sich mit zarten Beerenaromen.

TESCH – Langenlonsheim/Nahe/D
Weingut Tel.: +49 (0)67 04/9 30 40, E-Mail: info@weingut-tesch.de
»Deep Blue« Spätburgunder
Preis: € Pigott-Punkte: PPPP Meine Punkte: ___
Nicht nur die Ausstattung verbreitet Jacques-Cousteau-Stimmung, sondern auch der Geschmack des Weins ist wie das Abtauchen in eine ruhige und geheimnisvolle Welt, in der alles im Fluss ist. Ein sehr hellfarbiger Rosé, der mich hellauf begeistert!

CANTINA **TRAMIN** – Südtirol-Alto Adige/I
Fischer & Trezza Tel.: +49 (0)7 11/4 60 67 00,
E-Mail: info@fischer-trezza.de
Lagrein Rosé
Preis: € Pigott-Punkte: PPP Meine Punkte: ___
Schmeckt herb, fast wie ein leichter Rotwein, aber mit mehr Frische und Schwung – perfekt zum Lamm an heißen Sommertagen!

VALLONE – Puglia/I
Garibaldi Tel.: +49 (0)89/35 63 61 16, E-Mail: bestellung@garibaldi.de
Brindisi Rosato »Vino Flaminio«
Preis: € Pigott-Punkte: PP Meine Punkte: ___
Fast portweinartig duftet dieser üppige, samtige Wein und ist doch trocken und schreit nach kräftig gewürztem Fleisch.

DR. **WEHRHEIM** – Birkweiler/Pfalz/D
Weingut Tel.: +49 (0)63 45/35 42, E-Mail: dr.wehrheim@t-online.de
Pinot Brut Rosé Sekt Pinot Noir
Preis: €€ Pigott-Punkte: PPPP Meine Punkte: ___
Dieses hochelegante, hochspannende Spiel mit den verbotenen Früchten des Luxus kommt zum freundlichen Preis von 11 € daher.

Trockene Weißweine

ALDI SÜD
dort in ausgewählten Filialen
»Edition Fritz Keller« Weißburgunder
Preis: € Pigott-Punkte: PP Meine Punkte: ___
Ein richtig trockener Weißwein, der nach einer Wiese riecht und zarte Geschmeidigkeit mit herzhafter Frische vereint.
»R. Prüm – Steillage« Riesling
Preis: €! Pigott-Punkte: PP Meine Punkte: ___
Ein prototypischer Mosel-Riesling mit Saft und Spiel.

ALTENKIRCH – Lorch/Rheingau/D
Tel.: +49 (0)67 26/83 00 12,
E-Mail: info@weingut-altenkirch.de
»Steillage« Riesling feinherb
Preis: € Pigott-Punkte: PPP Meine Punkte: ___
»Quartzschiefer« Riesling feinherb
Preis: € Pigott-Punkte: PPP Meine Punkte: ___
Lorcher Bodenthal-Steinberg Riesling feinherb
Preis: €€ Pigott-Punkte: PPPP Meine Punkte: ___
So gut wie die neuen trockenen Weine von Kellermeisterin Tomoko Kuriyama sind, begeistern mich die feinherben (die schon ziemlich trocken schmecken) noch mehr. Hier finden die markante mineralische Art und der schlanke Körper des Lorcher Rieslings genau den richtigen Kontrapunkt in Form von subtilen Frucht- und Kräuternoten.

DR. VON **BASSERMANN-JORDAN** – Deidesheim/Pfalz/D
Weingut Tel.: +49 (0)63 26/60 06,
E-Mail: hauck@bassermann-jordan.de
Diverse Lagennamen Riesling Kabinett trocken
Preis: €€€ Pigott-Punkte: PP Meine Punkte: ___
»Auf der Mauer« Riesling trocken
Preis: €€ Pigott-Punkte: PPP Meine Punkte: ___
Wer trockene Rieslinge mit viel Saft und Frische sucht, soll diese Weine jung trinken. Ein extrem zuverlässiger Produzent, dessen Weine immer überzeugen – auch gute Liter-Weine.

BASTGEN – Kesten/Mosel/D
Weingut Tel.: +49 (0)65 35/93 30 92,
E-Mail: info@weingut-bastgen.de
»Blauschiefer« Riesling trocken Kabinett
Preis: € Pigott-Punkte: PP Meine Punkte: ___
Kestener Paulinshofberg Riesling »Großes Gewächs«
Preis: €€€ Pigott-Punkte: PPPP Meine Punkte: ___
Die neue Welt des Mosel-Rieslings spricht eine sehr direkte und ausgewogene Sprache, die so gut wie jeder verstehen kann.

»Goldmund« Riesling feinherb Kabinett
Preis: € Pigott-Punkte: PPP Meine Punkte: ___
Noch saftiger und lustiger, wie nur Mosel-Wein sein kann.

BATTENFELD-SPANIER – Hohen-Sülzen/Rheinhessen/D
Weingut Tel.: +49 (0)62 43/90 65 15,
E-Mail: kontakt@battenfeld-spanier.de
Riesling trocken
Preis: € Pigott-Punkte: PP Meine Punkte: ___
Hohen-Sülzer Riesling »S« trocken
Preis: €€ Pigott-Punkte: PPP Meine Punkte: ___
Bei den »normalen« Rieslingen liegt die große Stärke von »H.O.-Spanier«. Um mitzukriegen, dass sie duftig, saftig und geschliffen sind, braucht man wahrhaft nicht der Einstein des Weins zu sein.
Frauenberg/Kirchenstück »Großes Gewächs« Riesling trocken
Preis: €€€€ Pigott-Punkte: PPPP Meine Punkte: ___
Das Spitzenduo des Hauses ist höchst unterschiedlich, der »Frauenberg« gnadenlos fest und das »Kirchenstück« hochelegant – aber Fülle und reichlich Alkohol haben beide.

DOMAINE DE **BEAUSÉJOUR** – Loire/F
Rindchens Weinkontor Tel.: +49 (0)40/5 56 20 20,
E-Mail: info@rindchen.de
Sauvignon Blanc »Les Grenettes«
Preis: € Pigott-Punkte: PPP Meine Punkte: ___
Saftiger und ansprechender als fast jeder Sancerre/Pouilly Fumé; runde statt spitze Säure und dazu sehr preiswert!

J. B. **BECKER** – Walluf/Rheingau/D
Weingut Tel.: +49 (0)61 23/7 25 23,
E-Mail: h.j.becker@justmail.de
Eltviller Rheinberg Riesling trocken
Preis: € Pigott-Punkte: PPP Meine Punkte: ___
Wallufer Oberberg Riesling halbtrocken
Preis: € Pigott-Punkte: PPP Meine Punkte: ___
Wahre Einstiegs*drogen* mit unverschämt viel Wohlgeschmack und Feinheit für diese Preisklasse; fast trocken schmeckt der Halbtrockene.
Wallufer Walkenberg Riesling Spätlese trocken
Preis: €€ Pigott-Punkte: PPPP Meine Punkte: ___
Wallufer Walkenberg Riesling Spätlese trocken »Alte Reben«
Preis: €€ Pigott-Punkte: PPPPP Meine Punkte: ___
Abseits jeder Weinmode und unberührt von jeglicher Winzer-Eitelkeit findet hier eine großartige Veranstaltung statt; Schönheit, wie Goethe sie verstanden hat, aber in zeitgenössischer Form.

BECKER-LANDGRAF – Gau-Odernheim/Rheinhessen/D
Weingut Tel.: +49 (0)67 33/96 91 52,
E-Mail: weingut@beckerlandgraf.de

Gau-Odernheim Weißburgunder trocken
Preis: € Pigott-Punkte: PPP Meine Punkte: ___
Riesling trocken
Preis: € Pigott-Punkte: PPP Meine Punkte: ___
Gau-Odernheim Riesling trocken
Preis: € Pigott-Punkte: PPPP Meine Punkte: ___
Für ein unbekanntes Gut in einem unbekannten Ort in Rheinhessen sind es erstaunlich feine, elegante Weine, die auch langlebig sein werden, falls sie nicht sofort wegen ihres fruchtigen Charmes ausgetrunken werden.

CHÂTEAU **BELA** (Egon Müller) – Muzla-Sturovo/Slowakei/SK
Wein & Glas Tel.: +49 (0)30/2 35 15 20,
E-Mail: info@weinundglas.com
Château Bela Riesling
Preis: €€€ Pigott-Punkte: PPPP Meine Punkte: ___
Ein genialer, feinherber Riesling, der viel Power hat, aber überhaupt nicht laut oder anstrengend ist.

BENZ – Lauda-Königshofen/Baden (Tauber)/D
Weingut Tel.: +49 (0)93 43/45 23, E-Mail: weingut.benz@t-online.de
Auxerrois Spätlese trocken
Preis: € Pigott-Punkte: PPP Meine Punkte: ___
Im besten Sinne des Wortes ein Obstsalat, schwungvoll und spritzig bei moderater Säure; ein herrlicher Beweis für die Besonderheit des Taubertals.

BERCHER-SCHMIDT – Oberrotweil/Baden/D
Weingut Tel.: +49 (0)76 62/3 72,
E-Mail: weingut@bercher-schmidt.de
Bischoffinger Rosenkranz Weißburgunder Spätlese trocken
Preis: € Pigott-Punkte: PPP Meine Punkte: ___
Bischoffinger Käsleberg Weißburgunder Spätlese trocken
Preis: € Pigott-Punkte: PPPP Meine Punkte: ___
Mit feinen Kräuternoten und zarter Fülle definiert der Rosenkranz die klassische Eleganz badischer Weißburgunder ganz neu, wogegen der Käsleberg beim traditionellen Spiel zwischen Schmelz und Frische bleibt.
Oberrotweiler Henkenberg Grauburgunder Kabinett trocken
Preis: € Pigott-Punkte: PPP Meine Punkte: ___
Bischoffinger Steinbuck Grauburgunder Spätlese trocken
Preis: €€ Pigott-Punkte: PPPP Meine Punkte: ___
Ohne jegliche modische Spielerei und ohne andererseits an traditionellen Werten zu kleben, überzeugen diese Kraftpakete auf Anhieb.

OBSTHOF AM **BERG** – Kriftel bei Frankfurt/D
Obstweingut Tel.: +49 (0)61/4 15 22,
E-Mail: obsthof@obsthof-am-berg.de

Apfelwein
Preis: €! Pigott-Punkte: PP Meine Punkte: ___
Sehr klar und fruchtbetont ist dieser Apfelwein sehr ansprechend und keinesfalls sauer oder bissig; moderner Äppelwoi!

BERGDOLT – Neustadt-Duttweiler/Pfalz/D
Weingut Tel.: +49 (0)63 27/50 27,
E-Mail: weingut-bergdolt-st.-lamprecht@t-online.de
Diverse Lagen Weißburgunder Kabinett trocken
Preis: € Pigott-Punkte: PPP Meine Punkte: ___
»St. Lamprecht« Weißburgunder Spätlese trocken
Preis: €€ Pigott-Punkte: PPPP Meine Punkte: ___
Mandelberg Weißburgunder »Großes Gewächs«
Preis: €€€ Pigott-Punkte: PPPPP Meine Punkte: ___
Weißburgunder ist seit langem Modesorte. Deshalb ist es erstaunlich, wie viele Weintrinker nie von diesen Pfälzer Meisterwerken gehört haben. Schmelz ohne Schwere sowie Power ohne Bombast zeichnen sie aus.
Riesling trocken (Liter)
Preis: €! Pigott-Punkte: PPP Meine Punkte: ___
Reiterpfad Riesling »Großes Gewächs«
Preis: €€€ Pigott-Punkte: PPPPP Meine Punkte: ___
Die ganze Palette an Bergdolt-Riesling-Weinen beeindruckt, besonders nachhaltig jedoch die zwei Extreme der Preisskala; richtig trockene Weine, die genug Fleisch und Würze besitzen, um weder Mund noch Hirn auszutrocknen.

BERGSTRÄSSER WINZER – Heppenheim/Hessische Bergstraße/D
Winzergenossenschaft Tel.: +49 (0)62 52/79 94 11,
E-Mail: verkauf@bergstraesserwinzer.de
Grauburgunder trocken (Literflasche)
Preis: €! Pigott-Punkte: PP Meine Punkte: ___
Heppenheimer Schlossberg Grauburgunder Spätlese trocken
Preis: € Pigott-Punkte: PPP Meine Punkte: ___
Aus der Allerweltstraube Pinot Grigio/Pinot Gris/Grauburgunder erzeugt diese recht unbekannte WG Weine, die ansprechende Frische und lebendige Saftigkeit mit moderater Säure verbinden. Die trockene Spätlese hat dazu einen feinen Melonenduft und Eleganz. Der gelungene Literwein ist auch bei manchen EDEKA-Filialen zu finden.

BEURER – Kernen/Württemberg/D
Weingut Tel.: +49 (0)71 51/4 21 90, E-Mail: info@weingut-beurer.de
»Schilfsandstein« Riesling
Preis: € Pigott-Punkte: PPP Meine Punkte: ___
»Kieselsandstein Riesling
Preis: €€ Pigott-Punkte: PPPP Meine Punkte: ___
Auch wenn manche Jahrgänge der Spätlese aus bezeichnungstechnischen Gründen nicht den Begriff »trocken« auf dem Etikett tragen dürfen,

sind diese Weine der neue Maßstab für trockenen Riesling in Württemberg. Sie strotzen vor Frucht und Würze und sind dabei so kurvenreich wie Marilyn Monroe.

»Gipskeuper« Riesling

Preis: € Pigott-Punkte: PPP Meine Punkte: ___

Nie staubig trocken, aber immer gänzlich staubfrei und strahlend mit herrlicher Blütenfrische!

HENRI **BOURGEOIS** – Loire/F

Vinalia Tel.: +49 (0)30/34 70 90 90,
E-Mail: info@vinalia-berlin.de

»Petit Bourgeois« Sauvignon Blanc

Preis: € Pigott-Punkte: PPP Meine Punkte: ___

Mit seinem Duft nach Stachelbeeren und Buchsbaum sowie seiner betont frischen Art und Geradlinigkeit ist dieser Wein exakt das, was ein normaler Sancerre sein soll, aber ganz selten wirklich ist. Das gilt auch für das Preis-Leistungs-Verhältnis!

GEORG **BREUER** Rüdesheim/Rheingau/D

Weingut Tel.: +49 (0)67 22/10 27, E-Mail: info@georg-breuer.com

Rüdesheim »Estate« Riesling/Rauenthal »Estate« Riesling

Preis: €€ Pigott-Punkte: PPP Meine Punkte: ___

Alle Breuer-Weine werden schöner mit der Zeit, wobei diese am wenigsten Geduld verlangen, um ihre herbe Eleganz zu entfalten.

»Terra Montosa« Riesling

Preis: €€€ Pigott-Punkte: PPPP Meine Punkte: ___

Hier wird eine Geschichte von geologischem Alter und gegenwärtiger Dynamik sehr spannend erzählt und am meisten Spaß macht es, ihr am Essenstisch zuzuhören.

Nonnenberg Riesling

Preis: €€€€€ Pigott-Punkte: PPPPP Meine Punkte: ___

Berg Rottland Riesling

Preis: €€€€ Pigott-Punkte: PPPPP Meine Punkte: ___

Berg Schlossberg Riesling

Preis: €€€€€ Pigott-Punkte: PPPPP! Meine Punkte: ___

Von den drei Lagenweinen ist der »Nonnenberg« aus Rauenthal in der Jugend am offensten und der »Berg Schlossberg« aus Rüdesheim am langlebigsten.

BRÜNDLMAYER – Langenlois/Kamptal/A

Weingut Tel.: +43 (0)27 34/21 72,
E-Mail: weingut@bruendlmayer.at
D: Mövenpick Weinland Tel.: +49 (0)2 31/9 65 15 60,
E-Mail: weinland.dortmund@moevenpick.com

Ried Loiser Berg Grüner Veltliner (grüne Schlegelflasche)

Preis: €€ Pigott-Punkte: PPP Meine Punkte: ___

Pfeffrige Frische und sanfte Säure machen diese Weine zu erstklassigen und sehr vielseitigen Essensbegleitern.

Diverse Lagennamen Grüner Veltliner (bauchige Burgunderflasche)
Preis: €€€€ Pigott-Punkte: PPPP Meine Punkte: ___
Wesentlich mehr Würze und Schmelz, ohne eine Spur plump oder sättigend zu wirken.

Lamm Grüner Veltliner
Preis: €€€€ Pigott-Punkte: PPPPP Meine Punkte: ___
Gigantisch viel Wein und ein gigantisch vielseitiger Wein. Wovon gibt es hier mehr: tropische Früchte und Üppigkeit, pulsierende Würze oder doch Feinheit?

Kamptalen Terrassen Riesling
Preis: € Pigott-Punkte: PP Meine Punkte: ___

Zöbinger Heiligenstein Riesling
Preis: €€€ Pigott-Punkte: PPPP Meine Punkte: ___
Bründlmayers Palette an trockenen Rieslingen ist genauso zuverlässig wie seine Grünen Veltliner, aber schlanker und von Pfirsicharomen dominiert. Über der schon beeindruckend geschmeidigen »normalen« Abfüllung des »Heiligensteins« steht der noch überwältigendere »Alte Reben«.

CLEMENS **BUSCH** – Pünderich/Mosel/D

Weingut Tel.: +49 (0)56 42/2 21 80,
E-Mail: weingut@clemens-busch.de

Pündericher Marienburg Riesling Kabinett trocken
Preis: € Pigott-Punkte: PPP Meine Punkte: ___

Pündericher Marienburg Riesling trocken **
Preis: €€ Pigott-Punkte: PPPP Meine Punkte: ___
Für »Standard-Abfüllungen« sind das verdammt starke Weine, die genauso durch Feinheit wie durch Kraft beeindrucken. Schon hier wird das Stereotyp vom schlanken/dünnen, säurebetonten Moselwein gesprengt.

Fürstlich **CASTELL**'sches Domänenamt – Castell/Franken/D

Weingut Tel.: +49 (0)93 25/6 01 60,
E-Mail: weingut@castell.de

»Edition Graf Ferdinand« Kugelspiel Silvaner
Preis: € Pigott-Punkte: PPP Meine Punkte: ___

Schlossberg Silvaner »Großes Gewächs«
Preis: €€€€ Pigott-Punkte: PPPP Meine Punkte: ___
Trotz fast 1000 Jahren Familiengeschichte einer der Pioniere des neuen fruchtbetonten blitzend-klaren Frankenweines. Hier vereint sich Bodenständigkeit mit Eleganz.

»Edition Graf Ferdinand« Trautberg Silvaner/Traminer
Preis: € Pigott-Punkte: PPP Meine Punkte: ___
Eine der originellsten Weinkreationen der fränkischen Neuzeit; zugleich stark, sanft und duftig.

CHANTON – Visp/Wallis/CH
Weingut Tel.: +41 (0)27/9 46 21 35, E-Mail: weine@chanton.ch
»Gletscherwein« Heida
Preis: €€ Pigott-Punkte: PPPPP Meine Punkte: ___
Mein Lieblingswein unter den äußerst originellen Chanton-Weinen. Der ganze wildromantische Reiz des oberen Rhônetals vermählt sich mit edler Geschmeidigkeit. Leider noch nicht in Deutschland erhältlich.

A. **CHRISTMANN** – Gimmeldingen/Pfalz/D
Weingut Tel.: +49 (0)63 21/6 60 39,
E-Mail: weingut.christmann@t-online.de
Weißburgunder trocken
Preis: € Pigott-Punkte: PPP Meine Punkte: ___
Weißburgunder Spätlese trocken »SC«
Preis: €€€ Pigott-Punkte: PPP Meine Punkte: ___
Viel Schmelz und reife Birnenaromen bei moderatem Alkohol und dezenter Säure; wem schmeckt das nicht!
Riesling trocken
Preis: € Pigott-Punkte: PPP Meine Punkte: ___
Ansprechende reife Pfirsicharomen und dezente Fülle ergeben eine sehr gute Harmonie.
Mandelgarten Riesling »Großes Gewächs«
Preis: €€€€ Pigott-Punkte: PPPP Meine Punkte: ___
Hohenmorgen Riesling »Großes Gewächs«
Preis: €€€€ Pigott-Punkte: PPPPP Meine Punkte: ___
Idig Riesling »Großes Gewächs«
Preis: €€€€€ Pigott-Punkte: PPPPP! Meine Punkte: ___
Deutlich leichtfüßiger als vor wenigen Jahren, haben diese Weine dabei an mineralischer Dynamik gewonnen und funkeln jetzt wie Diamanten.

CLAUSS – Nack/Baden/D
Weingut Tel.: +49 (0)77 45/54 92,
E-Mail: info@nackere-wein.de
Müller-Thugau trocken
Preis: € Pigott-Punkte: PPP Meine Punkte: ___
Grauburgunder trocken
Preis: € Pigott-Punkte: PPPP Meine Punkte: ___
Ziemlich versteckt, dicht an der Schweizer Grenze, erzeugt Berthold Clauss eine ganze Reihe rassiger und filigraner Weine, auch aus Trauben, die so etwas normalerweise nicht zulassen.
»Belemnit« Blanc de Noirs Spätburgunder trocken
Preis: € Pigott-Punkte: PPPP Meine Punkte: ___
Wahrscheinlich der beste Blanc de Noirs dank seiner großartigen Eleganz und feinen Geschmeidigkeit.

ANSGAR **CLÜSSERATH** – Trittenheim/Mosel/D
Weingut Tel.: +49 (0)65 07/22 90,
E-Mail: weingut@ansgar-cluesserath.de
»Vom Schiefer« Riesling trocken
Preis: € Pigott-Punkte: PPP Meine Punkte: ___
»Steinreich« Riesling trocken
Preis: €€ Pigott-Punkte: PPPP Meine Punkte: ___
Trittenheimer Apotheke Riesling trocken ***
Preis: €€ Pigott-Punkte: PPPP Meine Punkte: ___
Ungewöhnlich kräftige und schmelzige trockene Weine für die Mittelmosel mit viel reifen Pfirsich- und frischen Kräuteraromen. Für knapp über 5 € ist der rassige »Vom Schiefer« ein wahres Schnäppchen.

CLÜSSERATH-WEILER – Trittenheim/Mosel/D
Weingut Tel.: +49 (0)65 07/50 11,
E-Mail: helmut@cluesserath-weiler.de
»HC« Riesling trocken
Preis: € Pigott-Punkte: PPP Meine Punkte: ___
Trittenheimer Apotheke Riesling »Alte Reben«
Preis: €€€ Pigott-Punkte: PPPP Meine Punkte: ___
Mehringer Zellerberg Riesling feinherb
Preis: €€€ Pigott-Punkte: PPPP Meine Punkte: ___
Starke trockene Weine im Mosel-Kontext mit genauso viel Schmelz wie Frische. Die Lagenweine mit ausgeprägter Mineralik, der »Apotheke« eher fein und diskret, der »Zellerberg« ein richtiger Muskelprotz.

MARCEL **DEISS** – Bergheim/Alsace/F
Pinard de Picard Tel.: +49 (0)68 31/12 27 29, E-Mail: info@pinard.de
Pinot Blanc
Preis: €€ Pigott-Punkte: PPPP Meine Punkte: ___
Trotz der Wärme von gerösteten Nüssen und zerlassener Butter wirkt er erfreulich schlank.

SCHLOSSGUT **DIEL** – Burg Layen/Nahe/D
Weingut Tel.: +49 (0)67 21/9 69 50, E-Mail: info@schlossgut-diel.com
Eierfels Riesling
Preis: €€ Pigott-Punkte: PPP Meine Punkte: ___
Sommerliche Beerenfrische und Saftigkeit, aber auch Rückgrat und eine aufrechte Haltung.

DOLDE – Linsenhofen/Württemberg/D
Weingut Tel.: +49 (0)70 25/49 82, E-Mail: DoldeWein@gmx.de
Diverse Bezeichnungen Silvaner trocken
Preis: € Pigott-Punkte: PPP–PPPP Meine Punkte: ___
Mit die originellsten Weißweine Deutschlands werden von diesem Minibetrieb südlich von Nürtingen erzeugt. Alle trockenen Silvaner haben eine ungewohnte Leichtigkeit und Rasse für diese Rebsorte und strahlen wie geschliffene Edelsteine, die in zahlreichen Farben funkeln.

H. **DÖNNHOFF** – Oberhausen/Nahe/D
Weingut Tel.: +49 (0)67 55/2 63, E-Mail: weingut@doennhoff.com
»Tonschiefer« Riesling trocken
Preis: € Pigott-Punkte: PPP Meine Punkte: ___
Wer kann diesem Charme und dieser Frische widerstehen? Nur die Weintrinker, die borniert auf fülligen oder gar wuchtigen trockenen Weißweinen bestehen.
Hermannshöhle/Dellchen/Felsenberg Riesling
»Großes Gewächs«
Preis: €€€€ Pigott-Punkte: PPPPP! Meine Punkte: ___
Das Einzige, was man gegen diese schlanken Meisterwerke vorbringen könnte, ist, dass sie sehr anspruchsvoll sind und sich oft nicht im ersten Moment vollständig begreifen lassen. Hier eröffnen sich neue aromatische und geologische Schichten mit jedem überraschenden Schluck.

DREISSIGACKER – Bechtheim/Rheinhessen/D
Weingut Tel.: +49 (0)62 42/24 25,
E-Mail: info@dreissigacker-wein.de
Riesling trocken
Preis: € Pigott-Punkte: PPP Meine Punkte: ___
Hasensprung/Bechtheimer Riesling trocken
Preis: €€€ Pigott-Punkte: PPPP Meine Punkte: ___
Geyersberg Riesling trocken
Preis: €€€€ Pigott-Punkte: PPPPP Meine Punkte: ___
Üppig fallen die Bechtheimer Rieslinge fast immer aus, aber Jochen Dreissigacker schafft es immer, ihnen auch viel Feinheit und Lebendigkeit zu geben. Trotz der hohen Traubenreife wirkt der einfache, trockene Riesling luftig, hochedel der Geyersberg.

EDEKA/D
In ausgewählten Filialen
»Mosselland – Steillage« Riesling trocken
Preis: €! Pigott-Punkte: PP Meine Punkte: ___
Ein substanzreicher, aber verspielter Riesling mit stimmiger Harmonie.
»Winzer Sommerach – Sommerlust« Silvaner trocken (Literflasche)
Preis: €! Pigott-Punkte: PP Meine Punkte: ___
Richtige Sommerfrische und viele Zitrus- und Apfelaromen versprüht dieser saftige fränkische Alltagswein.
»Bergsträsser Winzer« Grauburgunder trocken (Literflasche)
Preis: €! Pigott-Punkte: PP Meine Punkte: ___
Ansprechende Frische und lebendige Saftigkeit bei moderater Säure.

BERNHARD **EIFEL** – Trittenheim/Mosel/D
Weingut Tel.: +49 (0)65 07/59 72,
E-Mail: Bernhard.Eifel@t-online.de
»Der wurzelechte Riesling«
Preis: €€ Pigott-Punkte: PPPPP Meine Punkte: ___

»Faszination« Riesling
Preis: €€ Pigott-Punkte: PPPP Meine Punkte: ___
Gerade als ich dachte, die stilistischen Möglichkeiten des Mosel-Rieslings seien vollends ausgeschöpft, bin ich auf Alexandra Eifels Weine gestoßen, die gleichzeitig erdverbunden und faszinierend sind.

EIFEL-PFEIFFER –Trittenheim/Mosel/D
Weingut Tel.: +49 (0)65 07/92 62 14,
E-Mail: info@eifel-pfeiffer.de
Trittenheimer Apotheke Riesling Spätlese trocken
Preis: € Pigott-Punkte: PPP Meine Punkte: ___
Graacher Domprobst Riesling Spätlese »Der Wurzelechter«
Preis: € Pigott-Punkte: PPP Meine Punkte: ___
Anne Eifel hat 2007 einen großen Sprung mit ihren trockenen Weinen geschafft. Jetzt sind sie ausdrucksstarke, mineralische Rieslinge, der »Apotheke« fest und kernig, der »Domprobst« wärmer und würziger.

BERNHARD **ELLWANGER** – Großheppach/Württemberg/D
Weingut Tel.: +49 (0)71 51/6 21 31,
E-Mail: info@weingut-ellwanger.com
»Gutsriesling« trocken
Preis: € Pigott-Punkte: PPP Meine Punkte: ___
Riesling »SL« trocken
Preis: €€ Pigott-Punkte: PPPP Meine Punkte: ___
Saft und Kraft, aber auch viel Schwung und Frische sowie zarte exotische Fruchtnoten.

EMRICH-SCHÖNLEBER – Monzingen/Nahe/D
Weingut Tel.: +49 (0)67 51/27 33,
E-Mail: weingut@emrich-schoenleber.com
»Lenz« Riesling
Preis: € Pigott-Punkte: PPP Meine Punkte: ___
Prototypische nördliche Rieslinge mit sattem Pfirsichduft und viel Saft und Kraft.
Monzinger Frühlingsplätzchen Riesling trocken
Preis: €€ Pigott-Punkte: PPP Meine Punkte: ___
Monzinger Halenberg Riesling trocken
Preis: €€€ Pigott-Punkte: PPPP Meine Punkte: ___
Halenberg/Frühlingsplätzchen Riesling »Großes Gewächs«
Preis: €€€€ Pigott-Punkte: PPPPP! Meine Punkte: ___
Hochelegante Rieslinge mit sehr viel Ausdruck bei moderatem Alkoholgehalt. Am eingängigsten sind die verführerischen halbtrockenen Spätlesen, die nach scharfgewürzten Speisen förmlich schreien. Die Weine aus dem »Frühlingsplätzchen« haben tatsächlich etwas Frühlingshaftes, dagegen wirken die »Halenberg«-Weine fester. Seit 2005 gigantische »Große Gewächse«.

FERREIRA – Minho/P
Weinhandlung Michael Müller Tel.: +49 (0)64 42/2 42 88,
E-Mail: info@weinhaus-solms.de
»Soalheiro« Alvarinho
Preis: €€ Pigott-Punkte: PPP Meine Punkte: ___
Seine explosiven Maracuja-, Grapefruit- und Limetten-Aromen und energische Säure machen diesen Vinho Verde enorm spannend.

JOACHIM **FLICK** – Flörsheim-Wicker/Rheingau/D
Weingut Tel.: +49 (0)61 45/76 86, E-Mail: info@flick-wein.de
Riesling trocken/halbtrocken (Liter)
Preis: €! Pigott-Punkte: PP Meine Punkte: ___
Für diese Preisklasse erstaunlich viel Reinheit und Wohlgeschmack aus einem Gebiet, dessen Weine leider meistens überteuert sind.
»F. Vini et Vita« Riesling trocken
Preis: € Pigott-Punkte: PPP Meine Punkte: ___
Einer meiner Lieblings-Alltagsweine! Charme und Heiterkeit aus einem Gebiet, dessen Weine leider meistens schwerfällig sind. Ab Hof kostet er immer noch knapp über 5 €!
Wickerer Nonnberg Riesling trocken
Preis: € Pigott-Punkte: PPP Meine Punkte: ___
Nonnberg Riesling »Erstes Gewächs«
Preis: €€€ Pigott-Punkte: PPPPP Meine Punkte: ___
Pures Gold; beim Riesling trocken in Form von Klumpen, aber beim »Ersten Gewächs« geschliffen, glänzend.
Mönchsgewann Riesling »Erstes Gewächs«
Preis: €€ Pigott-Punkte: PPPPP Meine Punkte: ___
Dieses Meisterwerk unter den trockenen deutschen Rheingauer Rieslingen verlangt viel Geduld, verfügt aber über enorme Reserven an Ausdruck (dunkle Früchte, dunkle Erde), die sich erst ab 18 Monaten nach der Lese offenbaren.

WEINGUT **FORSTREITER** – Krems/Kremstal/A
Weingut Tel.: +43 (0)27 39/22 96, E-Mail: weingut@forstreiter.at
D: Rindchens Weinkontor Tel.: +49 (0)40/5 56 20 20,
E-Mail: info@rindchen.de
Riesling »Schiefer«
Preis: € Pigott-Punkte: PPP Meine Punkte: ___
Grüner Veltliner »Schiefer«
Preis: € Pigott-Punkte: PPP Meine Punkte: ___
Extrem saftige und fruchtbetonte Weine, die auch einen spürbaren Schiefer-Charakter haben; starke Konkurrenz für teuere Wachauer!

FRANKLAND ESTATE – Great Southern/Western Australia/AUS
Wein & Glas Tel.: +49 (0)30/2 35 15 20,
E-Mail: info@weinundglas.com
»Rivermist Vineyards« Riesling
Preis: € Pigott-Punkte: PP Meine Punkte: ___

Isolation Ridge Riesling
Preis: €€ Pigott-Punkte: PPPP Meine Punkte: ___
Mit die stärksten trockenen Rieslinge aus Übersee. Der »Isolation Ridge« (»abgeschiedene Kuppe«) erklärt sich in seiner kargen Kompromisslosigkeit selbst, der »Rivermist Vineyards« dagegen ist ein lustiger, zitrusbetonter Wein.

REINHOLD **FRANZEN** – Bremm/Mosel/D
Weingut Tel.: +49 (0)26 75/4 12,
E-Mail: info@weingut-franzen.de

Bremmer Calmont Riesling trocken
Preis: €€ Pigott-Punkte: PPPP Meine Punkte: ___

Bremmer Calmont Riesling »Großes Gewächs«
Preis: €€€ Pigott-Punkte: PPPP Meine Punkte: ___

Riesling »Calidus Mons«
Preis: €€€€ Pigott-Punkte: PPPPP Meine Punkte: ___
Am charmantesten als junger Wein ist der saftige »normale« Calmont, wohingegen der »Calidus Mons« einen ähnlich schwindelerregenden Blick in die Tiefe bietet wie von den obersten Terrassen dieser legendären Steil(st)lage.

EVA **FRICKE** – Kiedrich/Rheingau/D
Weingut Tel.: +49 (0)61 23/70 36 58,
E-Mail: eva.fricke@gmx.net

Lorcher Riesling Spätlese trocken
Preis: €€ Pigott-Punkte: PPPP Meine Punkte: ___
Der neue »Standard-Wein« von Eva Fricke ist viel mehr als das. Rasse und Klasse hat die schlanke Schönheit.

Krone Riesling
Preis: €€€€ Pigott-Punkte: PPPPP Meine Punkte: ___
Vor wenigen Jahre hielt ich solche Weltklasse-Weine aus einem Start-Up-Mini-Weingut für unmöglich, aber mit den ersten zwei Jahrgängen aus der unbekannten Lage Lorcher Krone hat die Bremerin Eva Fricke gezeigt, dass es geht. Dieser Riesling-Gigant hat mehr Ausdruck und Tiefe als fast alle Ersten Gewächse.

RUDOLF **FÜRST** – Bürgstadt/Franken/D
Weingut Tel.: +49 (0)93 71/86 42,
E-Mail: weingut-rudolf-fuerst@t-online.de

»Buntsandstein-Terrassen« Riesling & Silvaner trocken
Preis: €€ Pigott-Punkte: PPPP Meine Punkte: ___
Mit seiner profunden Bodenhaftung ist dieser Wein aus uralten Rebanlagen alles andere als der flüchtige Charmeur; fällt völlig aus dem kühlen nördlichen Rahmen.

»pur mineral« Riesling
Preis: € Pigott-Punkte: PPP Meine Punkte: ___

Bürgstadter Centgrafenberg Riesling Spätlese trocken »R«
Preis: €€€€ Pigott-Punkte: PPPPP Meine Punkte: ___

Hier muss man das ganze klassische Riesling-Vokabular (»Rasse«, »Spiel«, »Finesse«) einsetzen, um die herrliche Wahrheit dieser Ausnahme unter den Frankenweinen zu würdigen.

Weißburgunder trocken

Preis: €€€ Pigott-Punkte: PPPP Meine Punkte: ___

Weißburgunder trocken »R«

Preis: €€€€ Pigott-Punkte: PPPPP Meine Punkte: ___

Wüsste man es nicht besser, würde man angesichts dieses aromatischen Reichtums und der gaumenschmeichelnden Beschaffenheit annehmen, es handle sich um hochwertige Weißweine aus Burgund.

GARAGE WINERY – Oestrich/Rheingau/D

Weingut Tel.: +49 (0)67 23/60 33 40,
E-Mail: info@garage-winery.com

Auxerrois trocken

Preis: € Pigott-Punkte: PPP Meine Punkte: ___

Ein wunderbar saftiger und sanftwürziger Wein, der alle stilistische Vorgaben des Rheingaus sprengt.

»Wild Thing« Riesling feinherb

Preis: €€ Pigott-Punkte: PPP Meine Punkte: ___

So schön fruchtbetont und lebhaft wie Anthony Hammonds trockene Rieslinge schmecken, finde ich den tatsächlich etwas wild daherkommenden »Wild Thing« noch viel aufregender.

MANUFAKTUR JÖRG GEIGER – Schlat bei Göppingen/Württemberg/D

Obstweingut Tel.: +49 (0)71 61/9 99 02 24,
E-Mail: info@manufaktur-joerg-geiger.de

Holzapfel

Preis: € Pigott-Punkte: PPP Meine Punkte: ___

Überraschend kräftig und nachhaltig mit feinen Karamel- und Honignoten stellt dieser trockene Apfelwein eine ernsthafte Konkurrenz für viele Traubenweine dar. Auch das verhilft Jörg Geiger zur Auszeichnung als **Obstweinerzeuger des Jahres!**

HELMUT GEIL – Monzernheim/Rheinhessen/D

Weingut Tel.: +49 (0)62 44/2 20,
E-Mail: info@weingut-helmut-geil.de

Riesling trocken »Bonus«

Preis: €! Pigott-Punkte: PP Meine Punkte: ___

Riesling trocken »Melior«

Preis: € Pigott-Punkte: PPP Meine Punkte: ___

Kräftige Weine mit reifen Mangonoten, die aber überhaupt nicht die übliche fette und leicht süßliche Mode mitmachen.

Grauburgunder trocken »Bonus«

Preis: €! Pigott-Punkte: PP Meine Punkte: ___

Grauburgunder trocken »Melior«

Preis: € Pigott-Punkte: PPP Meine Punkte: ___

Die Grauburgunder von Jungwinzer Peter Geil fallen noch stärker aus dem üblichen Rahmen als seine Rieslinge. Die zarte Rosafarbe sowie der Blütenduft und die knochentrockene weinige Art führen zu Weinbegegnungen der dritten Art!

GEIL (Geil-Bierschenk) – Bechtheim/Rheinhessen/D
Weingut Tel.: +49 (0)62 42/15 46, E-Mail: info@weingut-geil.de
Bechtheimer Geyersberg Riesling trocken Spätlese
Preis: € Pigott-Punkte: PPP Meine Punkte: ___
Bechtheimer Geyersberg Silvaner trocken Spätlese »S«
Preis: € Pigott-Punkte: PPP Meine Punkte: ___
Vielleicht wäre das Wortspiel mit dem Weingutsnamen zu plump, aber das sind Weine, die enorm viel Trinkspaß bereiten bei extrem freundlichen Preisen. Der Silvaner ist ein richtiges Maulvoll Wein, der Riesling sehr saftig und schwungvoll.

JEAN-RENÉ **GERMANIER** – Vétroz/Wallis/CH
Linke Tel.: +49 (0)81 02/89 58 68, E-Mail: info@linke-weine.de
Fendant du Valais
Preis: € Pigott-Punkte: PP Meine Punkte: ___
Balavaud Grand Cru Fendant
Preis: €€ Pigott-Punkte: PPPP Meine Punkte: ___
Endlich schmeckt man die steilen sonnendurchglühten Terrassen des oberen Rhônetals und die frische Bergluft der Alpengipfel in Fendant-Form. Der »Balavaud« übertrifft alles, was ich bisher aus der Traubensorte erlebt habe! Die neue Wein-Schweiz lässt grüßen!

GEYERHOF – Oberfucha/Kremstal/A
Weingut Tel.: +43 (0)27 39/22 59, E-Mail: weingut@geyerhof.at
D: Viniculture Tel.: +49 (0)30/8 83 81 74,
E-Mail: bestellung@viniculture.de
Riesling Sprinzenberg
Preis: €€ Pigott-Punkte: PPPP Meine Punkte: ___
Grüner Veltliner Rosensteig
Preis: € Pigott-Punkte: PPP Meine Punkte: ___
Grüner Veltliner Steinleithn
Preis: €€ Pigott-Punkte: PPPPP Meine Punkte: ___
Auch wenn sie nach dem österreichischen Weingesetz nicht aus der Wachau stammen, schmeckt dieses Duo exakt, wie man sich hochwertige Wachauer Weine vorstellt; bei aller Kraft schlank und filigran mit einem mineralischen Kitzel, der einen nicht loslässt. Der »Steinleithn« muss mindestens ein Jahr alt sein, um zu strahlen!

GIES-DÜPPEL – Birkweiler/Pfalz/D
Weingut Tel.: +49 (0)63 45/91 91 56,
E-Mail: WeingutGies@aol.com
»Buntsandstein«/»Rotliegendes« Riesling trocken
Preis: € Pigott-Punkte: PPP Meine Punkte: ___

Charakterstarke Weine – beim »Buntsandstein« Maracuja und Guavaaromen, beim »Rotliegendes« Buchsbaum- und Kräuter-Wahnsinn – die noch halbwegs leicht wirken.

Mandelberg Riesling trocken

Preis: € Pigott-Punkte: PPPP Meine Punkte: ___

Birkweiler Kastanienbusch Weißburgunder Spätlese trocken

Preis: €€ Pigott-Punkte: PPPP Meine Punkte: ___

Das sind keine Halbstarken, sondern vollgewachsene Pfälzer Jungs, die gerne ihre Muskeln zeigen und neben der Pfirsichfrucht auch ihre eigenen herzhaften Noten haben.

SCHLOSS **GOBELSBURG** – Gobelsburg/Kamptal/A

Weingut Tel.: +43 (0)27 34/24 22,
E-Mail: schloss@gobelsburg.at
D: Wein & Glas Tel.: +49 (0)30/2 35 15 20,
E-Mail: info@weinundglas.com

»Lössterrassen« Grüner Veltliner

Preis: € Pigott-Punkte: PPP Meine Punkte: ___

»Tradition« Grüner Veltliner

Preis: €€€ Pigott-Punkte: PPPP Meine Punkte: ___

Lamm Grüner Veltliner

Preis: €€€ Pigott-Punkte: PPPPP Meine Punkte: ___

Seine samtige Geschmeidigkeit ist das Auffälligste an dem »Tradition«, seine innere Ruhe aber nicht weniger beeindruckend. Der noch üppigere und kräftigere »Lamm« ist etwas energischer, zumindest als ganz junger Wein. Fruchtbetont aber alles andere als »einfach« wirkt der »Lössterrassen«.

»Urgestein« Riesling

Preis: €€ Pigott-Punkte: PPP Meine Punkte: ___

Wer die Kraft der Sonne und den Stoff der Erde spüren möchte, ist hier richtig; ein ausdrucksstarker, zentrierter Wein.

GÖHRING – Flörsheim-Dalsheim/Rheinhessen/D

Weingut Tel.: +49 (0)62 43/4 08,
E-Mail: info@weingut-goehring.de

Muskateller trocken

Preis: € Pigott-Punkte: PPP Meine Punkte: ___

Scheurebe »S – Alte Reben«

Preis: € Pigott-Punkte: PPP Meine Punkte: ___

Die Scheurebe ist ein straffer, absolut geradliniger Wein mit feiner, schwarzer Johannisbeernote und nachhaltiger Frische. Dagegen ist der Muskateller so traubig, wie nur die Weine dieser Sorte sein können, aber ganz trocken und mit wunderbarem Biss.

Bungel/Goldberg/Frauenberg Riesling trocken

Preis: € Pigott-Punkte: PPPP Meine Punkte: ___

Hier ist »Terroir« kein hohles Marketingwort, sondern geschmackliche Realität, der Arno Göhrings beeindruckendem Frauenberg eine markante Note verleiht.

Weißburgunder/Grauburgunder »S«
Preis: € Pigott-Punkte: PPP Meine Punkte: ___
Verdammt gute Weine für etwa 6 € die Flasche, der Weißburgunder frisch und elegant bei mäßiger Säure, der Grauburgunder sehr cremig, ein wahrer Brot-und-Butter-Held!

GROSS – Ratsch/Südsteiermark/A
Weingut Tel.: +43 (0)34 53/25 27,
E-Mail: weingut@gross.at
D: Thomas Späth Tel.: +49 (0)89/34 47 61,
E-Mail: office@thomasspaeth.de
Sauvignon Blanc »Steirische Klassik«
Preis: €€ Pigott-Punkte: PPP Meine Punkte: ___
Überschwängliche Freude am Wein bewegt diese hocharomatischen und hocherfrischenden Weine aus der Sancerre-Traube. »Ja!«

GROSSET – Clare Valley/Südaustralien/AUS
Martin Apell Tel.: +49 (0)5 61/3 16 07 17,
E-Mail: mail@apell.de
Polish Hill Riesling
Preis: €€€€ Pigott-Punkte: PPPPP! Meine Punkte: ___
Einer der genialsten Weißweine der Welt. Zitrone, Schiefer und noch einige Dinge, wofür es in den europäischen Sprachen keine Übersetzung gibt, vereinen sich zu einem elektrisierenden (aber staubig-trockenen) Geschmackserlebnis.

GYSLER – Alzey-Weinheim/Rheinhessen/D
Weingut Tel.: +49 (0)67 31/4 12 66,
E-Mail: alex.gysler@t-online.de
Riesling trocken
Preis: € Pigott-Punkte: PPP Meine Punkte: ___
Kapellenberg Riesling »S« trocken
Preis: € Pigott-Punkte: PPPP Meine Punkte: ___
Kühle, subtile Rieslinge mit vielen Kräutern und mineralischem Kitzel.
Schwarzrebe trocken
Preis: € Pigott-Punkte: PPP Meine Punkte: ___
Noch ein biodynamisches Mysterium, dieses Mal in weißem Pfirsich und schwarzen Johannisbeeren eingehüllt.
Weißburgunder Chardonnay »S« trocken
Preis: € Pigott-Punkte: PPPP Meine Punkte: ___
Im positiven Sinne des Wortes ein untypischer Weißburgunder bzw. unglaublich frisch und schlank, trotz eines ordentlichen Schusses (natürlichen) Alkohols.
Grauburgunder »S« trocken
Preis: € Pigott-Punkte: PPPP Meine Punkte: ___
Florale Heiterkeit und eine schier unglaubliche Leichtigkeit für eine Sorte, die sehr leicht zu träger Korpulenz neigt.

FRANZ **HAAS** – Manzon/Südtirol-Alto Adige/I
Harald Bremer Tel.: +49 (0)5 31/23 73 60,
E-Mail: info@bremerwein.de
Pinot Bianco
Preis: €€ Pigott-Punkte: PPP Meine Punkte: ___
»Mana«
Preis: €€€ Pigott-Punkte: PPPP Meine Punkte: ___
Nach unzähligen Experimenten hat Franz Haas es geschafft, große Frische und Duftigkeit mit viel Substanz und Schmelz erfolgreich zu vereinen.

HAHNMÜHLE – Mannweiler-Cölln/Nahe/D
Weingut Tel.: +49 (0)63 62/99 30 99,
E-Mail: info@weingut-hahnmuehle.de
Cöllner Rosenberg Riesling & Traminer
Preis: € Pigott-Punkte: PPP Meine Punkte: ___
»Alisencia« Riesling Spätlese trocken
Preis: €€ Pigott-Punkte: PPPP Meine Punkte: ___
Keine Fruchtbomben gibt es hier, dafür aber schlanke Weine mit sehr ausgeprägtem mineralischen Charakter. Höchst individuelle Weine aus einer idyllischen und vergessenen Landschaft.

KURT **HAIN** – Piesport/Mosel/D
Weingut Tel.: +49 (0)65 07/24 42,
E-Mail: weingut-hain@t-online.de
Piesporter Goldtröpfchen Riesling Kabinett feinherb
Preis: € Pigott-Punkte: PPP Meine Punkte: ___
Piesporter Goldtröpfchen Riesling Spätlese feinherb
Preis: € Pigott-Punkte: PPPP Meine Punkte: ___
Hier steckt wahnsinnig viel Stoff dahinter, und die Harmonie ist eher auf der trockenen Seite. Starke Weine für starke Riesling-Jungs und -Mädels. Die trockenen Rieslinge sind auch beeindruckend und bieten eine ähnlich überzeugende Preis-Leistung.

HEDDESHEIMER HOF (Michael Beck) – Stadecken-Elsheim/Rheinhessen/D
Weingut Tel.: +49 (0)61 36/24 87,
E-Mail: weingut@heddesheimer-hof.de
Grauburgunder Kabinett trocken
Preis: €! Pigott-Punkte: PP Meine Punkte: ___
Grauburgunder Spätlese trocken »Alte Reben«
Preis: € Pigott-Punkte: PPP Meine Punkte: ___
Cremig-samtte Weißweine, die wesentlich mehr Frucht und Charme zu bieten haben als Weine zu diesem Preis aus Bella Italia! Bei dem »Alte Reben« gibt's noch mehr Verdi und Puccini als beim Kabinett.

HENSEL – Bad Dürkheim/Pfalz/D
Weingut Tel.: +49 (0)63 22/24 60,
E-Mail: henselwein@aol.com
Dürkheimer Steinberg Riesling
Preis: € Pigott-Punkte: PPP Meine Punkte: ___
Dürkheimer Hochbenn Riesling
Preis: € Pigott-Punkte: PPPP Meine Punkte: ___
»Höhenflug« Riesling
Preis: €€ Pigott-Punkte: PPPP Meine Punkte: ___
Thomas Hensels Rieslinge gewinnen jedes Jahr an Format, aber werden nicht gesetzt, wie der wahrhaft wilde »Hochbenn« zeigt; was haben Deidesheim und seine berühmten Weingüter dagegen zu bieten?
»Höhenflug« Grauburgunder
Preis: €€ Pigott-Punkte: PPPP Meine Punkte: ___
Und wer das Abheben nach dem Riesling nicht geschafft hat, wird es mit dieser opulenten, aber sehr schwungvollen Saftrakete schaffen!

HEYMANN-LÖWENSTEIN – Winningen/Mosel/D
Weingut Tel.: +49 (0)26 06/19 19,
E-Mail: weingut@heymann-loewenstein.com
»Schieferterrassen« Riesling
Preis: €€ Pigott-Punkte: PPPP Meine Punkte: ___
Dieser Wein schafft es, gleichzeitig unverschämt lecker und sehr eigen zu sein. Auch Cornelia Heymanns und Reinhard Löwensteins einfachster Wein ist extrem mineralisch im Geschmack.
Kirchberg Riesling
Preis: €€€ Pigott-Punkte: PPPP Meine Punkte: ___
Stolzenberg Riesling
Preis: €€€ Pigott-Punkte: PPPPP Meine Punkte: ___
Die beiden Rieslinge aus Hatzenport zeigen eine pikante Note, gepaart mit Saft und der Rasse eines Windhunds. Im Falle des »Stolzenberg« dazu auch ein Hauch Drachenfeuer.
Röttgen Riesling
Preis: €€€ Pigott-Punkte: PPPP Meine Punkte: ___
Der Inbegriff von exotisch und tropisch beim Weißwein. Der Beweis, dass nicht jeder Körper straff und schlank sein muss, um eine erotische Anziehung auszuüben.
Uhlen »Blaufüsser Lay«/»Laubach« Riesling
Preis: €€€€ Pigott-Punkte: PPPPP Meine Punkte: ___
Gegensätzliche Weine aus zwei Unterteilen einer Lage: der »Blaufüsser Lay« ist eher filigran und kühl, der »Laubach« üppig, satt und cremig.
Uhlen »Rothlay« Riesling
Preis: €€€€€ Pigott-Punkte: PPPPP! Meine Punkte: ___
Die strenge Sirene der Terrassenmosel kämmt ihre dunklen Haare und schaut einem ganz tief in die Augen – bis man auf Grund läuft; ein Entweder-oder-Wein.

HIRSCH – Kammern/Kamptal/A
Weingut Tel.: +43 (0)27 35/24 60,
E-Mail: info@weingut-hirsch.at
D: Pinard de Picard Tel.: +49 (0)68 31/12 27 29,
E-Mail: info@pinard.de
Heiligenstein Grüner Veltliner
Preis: €€ Pigott-Punkte: PPPP Meine Punkte: ___
Lamm »Alte Reben« Grüner Veltliner
Preis: €€€ Pigott-Punkte: PPPPP Meine Punkte: ___
Charaktervoll und beschwingt zugleich sind diese Grünen Veltliner einfacher zu zechen als viele andere österreichische Prachtweine.

FRANZ **HIRTZBERGER** – Spitz/Wachau/A
Weingut Tel.: +43 (0)27 13/22 09,
E-Mail: weingut@hirtzberger.at
D: Wein & Glas Tel.: +49 (0)30/2 35 15 20,
E-Mail: info@weinundglas.com
Grüner Veltliner Rotes Tor Federspiel
Preis: €€ Pigott-Punkte: PPP Meine Punkte: ___
Riesling Steinterrassen Federspiel
Preis: €€€ Pigott-Punkte: PPP Meine Punkte: ___
Gerade noch schlank ist der Riesling mit blitzenden Pfirsich-Maracuja-Aromen, der Veltliner dagegen recht cremig, aber herb.
Honivogl Grüner Veltliner Smaragd
Preis: €€€€€ Pigott-Punkte: PPPPP! Meine Punkte: ___
Singerriedel Riesling Smaragd
Preis: €€€€€ Pigott-Punkte: PPPPP! Meine Punkte: ___
Sehr konzentrierte Weine mit exotischen Fruchtaromen und enorm langem Nachgeschmack, aber vom Alkohol her alles andere als leicht.

HOFMANN – Appenheim/Rheinhessen/D
Weingut Tel.: +49 (0)67 25/30 00 63,
E-Mail: weingut.hofmann@t-online.de
Silvaner trocken
Preis: € Pigott-Punkte: PPP Meine Punkte: ___
Strahlende Apfelaromen und einen schlanken Körper zeichnen diesen kleinen Silvaner-Star aus.
Silvaner trocken »S«
Preis: € Pigott-Punkte: PPPP Meine Punkte: ___
Auch ein kraftvoller, charaktervoller und nachhaltiger Beweis für das Talent von Jürgen Hofmann und das Potential der klassischen Weißweinsorte von Rheinhessen.
Riesling trocken
Preis: € Pigott-Punkte: PPP Meine Punkte: ___
Riesling trocken »vom Muschelkalk«
Preis: € Pigott-Punkte: PPP Meine Punkte: ___
Riesling trocken Hundertgulden
Preis: €€ Pigott-Punkte: PPPP Meine Punkte: ___

Ein geniales Trio, der »einfache« Riesling voll und rassig, der »vom Muschelkalk« schlank und elegant, der »Hundertgulden« spannend, tief und fein.

Sauvignon Blanc trocken

Preis: € Pigott-Punkte: PPPP Meine Punkte: ___

Ein überraschend geschliffener und subtiler Wein für die modische Lauthals-Traube.

HOFMANN – Röttingen/Franken (Tauber)/D

Weingut Tel.: +49 (0)93 38/15 77,

E-Mail: weingut.a.hofmann@t-online.de

Silvaner Spätlese trocken »«***

Preis: € Pigott-Punkte: PPPP Meine Punkte: ___

Riesling Spätlese »Sankt Martin«

Preis: € Pigott-Punkte: PPPP Meine Punkte: ___

Diese hocheleganten und feinduftigen Weine haben gar nichts gemeinsam mit den üblichen Weißweinen Frankens. Diese Eigenständigkeit zusammen mit ihrer Klarheit und Geradlinigkeit ist fast absurd in dieser Preislage, aber warum nicht?

J. **HOFSTÄTTER** – Tramin/Südtirol-Alto Adige/I

Weinladen Schmidt Tel.: +49 (0)30/7 89 07 30,

E-Mail: info@weinladen.com

Pinot Bianco/Pinot Grigio/Chardonnay

Preis: € Pigott-Punkte: PP Meine Punkte: ___

Drei prototypische norditalienische Weißweine mit dezenter Säure, aber viel mehr Substanz und Geschmack als die üblichen Versionen dieser Rebsorten.

Kolbenhof Gewürztraminer

Preis: €€€ Pigott-Punkte: PPPP Meine Punkte: ___

Ich weiß nicht, wo man einen bezaubernderen Rosenduft bei dieser Traubensorte finden sollte. Trotz reichlich Alkohol hat der Wein Schwung und Feinheit.

SCHLOSSGUT **HOHENBEILSTEIN** – Beilstein/Württemberg/D

Weingut Tel.: +49 (0)70 62/93 71 10,

E-Mail: info@schloss-hohenbeilstein.de

»Cuvée Mathilde« trocken

Preis: € Pigott-Punkte: PPP Meine Punkte: ___

Mit ihrem feinen Birnenduft und ihrer saftigen, frischen Art ist »Mathilde« ziemlich edelsüffig.

Cabernet blanc Spätlese trocken

Preis: € Pigott-Punkte: PPPP Meine Punkte: ___

Mit seinem Duft nach Holunder, Maracuja und Gras könnte man ihn für einen Sauvignon blanc halten, aber die allerwenigsten Sauvignons haben diesen Schliff. **Die Weißwein-Innovation des Jahres!**

BERNHARD **HUBER** – Malterdingen/Baden/D
Weingut Tel.: +49 (0)76 44/12 00,
E-Mail: info@weingut-huber.com
Malterdinger Bienenberg Müller-Thurgau trocken
Preis: € Pigott-Punkte: PPP Meine Punkte: ___
Außergewöhnlich viel dahinter für diese normalerweise fade Traubensorte; tolle Frische.
Malterdinger Bienenberg Grauburgunder trocken
Preis: € Pigott-Punkte: PPP Meine Punkte: ___
Nicht ganz so schwer wie die meisten badischen Weine aus dieser Sorte, mit schönen Nuss- und Kräuteraromen.
Bienenberg Grauburgunder »R« trocken
Preis: €€€ Pigott-Punkte: PPPPP Meine Punkte: ___
»Malterer« trocken (Spiralen-Etikett)
Preis: €€€ Pigott-Punkte: PPPP Meine Punkte: ___
Chardonnay trocken
Preis: €€€ Pigott-Punkte: PPPP Meine Punkte: ___
Die drei Huber'schen Weißweine mit Eichenton besitzen alle eine fast seidige Beschaffenheit und verstecken spielend ihre reichlich vorhandenen Muskeln. Am spannendsten ist der »Malterer«, der nicht nur in der Ausstattung originell ist.

FRITZ ECKEHARD **HUFF** – Schwabsburg/Rheinhessen/D
Weingut Tel.: +49 (0)61 33/5 80 03, E-Mail: info@weinguthuff.de
Silvaner trocken
Preis: €! Pigott-Punkte: PP Meine Punkte: ___
Niersteiner Paterberg Grauburgunder trocken
Preis: € Pigott-Punkte: PPP Meine Punkte: ___
Überraschend schlanke Weine für diese Rebsorten, die viel Geschmack für wenig Geld bieten und nicht die süße Karte spielen.
Niersteiner Schloss Schwabsburg Riesling trocken
Preis: € Pigott-Punkte: PPP Meine Punkte: ___
»Rabenturm« Riesling trocken
Preis: €€ Pigott-Punkte: PPPP Meine Punkte: ___
Hier sind die Kräuter- und Beerenaromen und die subtile mineralische Art dieser in Vergessenheit geratenen Spitzenlage sehr präsent; Weine, die durch Eleganz statt Saft und Kraft überzeugen.

GEORG GUSTAV **HUFF** – Schwabsburg/Rheinhessen/D
Weingut Tel.: +49 (0)61 33/5 05 14, E-Mail: info@weingut-huff.com
Silvaner trocken
Preis: €! Pigott-Punkte: PP Meine Punkte: ___
Für 2,50 € ein richtiger Knüller – reif, rund und nachhaltig, aber auch wunderbar erfrischend.
Hipping Riesling Spätlese trocken
Preis: €! Pigott-Punkte: PPP Meine Punkte: ___
Für 5 € eine deutliche Qualitätssteigerung bzw. mehr Saft und etwas wahre Eleganz.

Hipping/Schloß Schwabsburg/Pettenthal Riesling Spätlese ***

Preis: € Pigott-Punkte: PPPP Meine Punkte: ___

Hier ist meine Huff-Begeisterung kaum zu bremsen! Der »Pettenthal« ist großzügig und fest, der »Hipping« kräftiger, runder, der »Schloß Schwabsburg« spannender, energiegeladener.

CHRISTINE & PIERRE **JACOLIN** – Ménétou-Salon/Loire/F

Rindchens Weinkontor Tel.: +49 (0)40/5 56 20 20,
E-Mail: info@rindchen.de

Ménétou-Salon Sauvignon Blanc

Preis: €€ Pigott-Punkte: PPP Meine Punkte: ___

Schmeckt genauso steinig-frisch und herb-elegant wie Sancerre sein soll, aber (leider) so selten ist.

JOSEF **JAMEK** – Joching/Wachau/A

Weingut Tel.: +43 (0)27 15/22 35, E-Mail: info@weingut-jamek.at
D: Thomas Späth Tel.: +49 (0)89/34 47 61,
E-Mail: office@thomasspaeth.de

Hochrain Weißburgunder Smaragd

Preis: €€€€ Pigott-Punkte: PPPP Meine Punkte: ___

Der beste Weißburgunder Österreichs zeigt feine Walnuss- und Karamellaromen, ist dabei aber keinen Hauch süß, sondern richtig trocken, sanft und raffiniert.

Ried Klaus Riesling Federspiel

Preis: €€€ Pigott-Punkte: PPP Meine Punkte: ___

Ried Klaus Riesling Smaragd

Preis: €€€€ Pigott-Punkte: PPPPP Meine Punkte: ___

Im Gegensatz zum ganz trockenen »Federspiel«, der am besten mit der vollen jungen Frische getrunken schmeckt, braucht der wesentlich kraftvollere »Smaragd« viel Zeit auf der Flasche, um die Reichtümer seiner steinigen Tiefen preiszugeben.

ACHIM **JÄHNISCH** – Kirchhofen/Baden/D

Weingut Tel.: +49 (0)76 33/80 11 61, E-Mail: a.jaehnisch@t-online.de

Riesling trocken

Preis: € Pigott-Punkte: PPP Meine Punkte: ___

Staufenberger Schlossberg Riesling trocken

Preis: € Pigott-Punkte: PPPP Meine Punkte: ___

Endlich Rieslinge aus Südbaden, die nicht nur schöne Fruchtaromen (Pfirsich und Zitrone) verströmen, sondern auch filigran sind und mit einem Crescendo-Finale ausklingen; nicht schlecht für einen Quereinsteiger!

SCHLOSS **JOHANNISBERG** – Johannisberg/Rheingau/D

Weingut Tel.: +49 (0)67 22/7 00 90,
E-Mail: info@schloss-johannisberg.de

Riesling trocken

Preis: €€ Pigott-Punke: PPP Meine Punkte: ___

***Riesling* Kabinett trocken**
Preis: €€€ Pigott-Punkte: PPPP Meine Punkte: ___
***Riesling* Erstes Gewächs trocken**
Preis: €€€€€ Pigott-Punkte: PPPPP Meine Punkte: ___
Jetzt thront der Johannisberg wieder über den allermeisten Rheingauer Weinen wie zu Goethes Zeit. Ein wahrer Früchtekorb ist der trockene Gutsriesling, filigran und mineralisch der Kabinett, konzentriert und hochelegant der Erstes Gewächs.

TONI **JOST** – Bacharach/Mittelrhein/D
Weingut Tel.: +49 (0)67 43/12 16, E-Mail: tonijost@debitel.net
»Devon S« Riesling trocken
Preis: € Pigott-Punkte: PPPP Meine Punkte: ___
Wer mag die Jost-Weine nicht? Nur richtig harmoniesüchtige Menschen, die lieber zerlassene Butter als Wein trinken! Dieser Wein, der nach dem Devonschiefer, auf dem er gewachsen ist, benannt ist, bietet viel Stein neben dem reichlich vorhandenen Saft.

JULIUSSPITAL – Würzburg/Franken/D
Weingut Tel.: +49 (0)9 31/3 93 14 00,
E-Mail: weingut@juliusspital.de
Diverse Lagen Silvaner Kabinett trocken
Preis: €€ Pigott-Punkte: PPP-PPPP Meine Punkte: ___
Iphofer Julius-Echter-Berg Silvaner »Großes Gewächs«
Preis: €€€ Pigott-Punkte: PPPPP Meine Punkte: ___
Würzburger Stein Silvaner »Großes Gewächs«
Preis: €€€€ Pigott-Punkte: PPPPP Meine Punkte: ___
Schade ist es, aus Platzgründen nur einen Teil des Sortiments vorstellen zu können. Schon sehr ausdruckstark und strahlend fallen die Kabinett-Weine aus, die Großen Gewächse sind von monumentaler Statur, der »Stein« dabei nobel, der »Julius-Echter-Berg« von Ur-Kraft geprägt. Beim Riesling fällt es ähnlich beeindruckend aus.
Volkacher Karthäuser Weißburgunder »Großes Gewächs«
Preis: €€€ Pigott-Punkte: PPPPP Meine Punkte: ___
Würzburger Abtsleiter Traminer Spätlese trocken
Preis: €€€ Pigott-Punkte: PPPPP Meine Punkte: ___
Zwei weitere Höhepunkte, der »Weißburgunder« ungemein schmeichelnd, der »Traminer« ein kleines Duft-Wunder!

KARLSMÜHLE – Mertesdorf/Mosel/D
Weingut Tel.: +49 (0)6 51/51 24,
E-Mail: anfrage@weingut-karlsmuehle.de
Riesling trocken »Molaris L.«
Preis: € Pigott-Punkte: PPP Meine Punkte: ___
Riesling feinherb »Molaris L.«
Preis: € Pigott-Punkte: PPPP Meine Punkte: ___
Bezaubernde Fruchtaromen und brillante Säure tanzen auf der Zunge, und die Musik ist ein wilder Tango.

KARTHÄUSERHOF (CHRISTOPH TYRELL) – Eitelsbach/Mosel/D
Weingut Tel.: +49 (0)6 51/51 21, E-Mail: mail@karthaeuserhof.com
Eitelsbacher Karthäuserhof Riesling Kabinett feinherb
Preis: € Pigott-Punkte: PPPP Meine Punkte: ___
Dieser Lustwein strotzt vor Pfirsich- und Beerenaromen, aber auch Bergbachfrische hat er, und ein geradezu erotisches Frucht-Säure-Spiel.

RANDOLF **KAUER** – Bacharach/Mittelrhein/D
Weingut Tel.: +49 (0)67 43/22 72, E-Mail: weingut-dr.kauer@t-online.de
Bacharacher Kloster Fürstenthal Riesling Kabinett trocken
Preis: € Pigott-Punkte: PPP Meine Punkte: ___
Bacharacher Kloster Fürstenthal Riesling Spätlese feinherb
Preis: € Pigott-Punkte: PPPPP Meine Punkte: ___
Ja, hier gibt es sehr freundliche Preise, aber Vorsicht! Randolf und Martina Kauers Weine sind alles andere als gefällig: sehr markant und konzentriert, schlank und nervig. Kein Wunder, dass sie manchem Kritiker auf den Nerv gehen!

KELLER – Flörsheim-Dalsheim/Rheinhessen/D
Weingut Tel.: +49 (0)62 43/4 56, E-Mail: info@keller-wein.de
Riesling trocken
Preis: € Pigott-Punkte: PP Meine Punkte: ___
Riesling trocken »Von der Fels«
Preis: €€ Pigott-Punkte: PPP Meine Punkte: ___
In den letzten Jahren haben die Keller'schen Weine deutlich an Schmelz und Nachdruck gewonnen, ohne ihren fruchtigen Charme zu verlieren.

FRANZ **KELLER** (Schwarzer Adler) – Vogtsburg-Oberbergen/Baden/D
Weingut Tel.: +49 (0)76 62/9 33 00, E-Mail: keller@franz-keller.de
Oberbergener Bassgeige Silvaner trocken
Preis: € Pigott-Punkte: PP Meine Punkte: ___
Duftet wie eine ganze Frühlingswiese und hat genau die sanfte Frische, die nach Fisch verlangt!
Oberbergener Bassgeige Grauburgunder trocken
Preis: € Pigott-Punkte: PPP Meine Punkte: ___
Der Keller-Klassiker, der Jahr für Jahr beweist, wie Grauburgunder frisch, würzig und ein- statt ausladend sein kann.

AUGUST **KESSELER** – Assmannshausen/Rheingau/D
Weingut Tel.: +49 (0)67 22/25 13, E-Mail: info@august-kesseler.de
Riesling Kabinett trocken
Preis: € Pigott-Punkte: PPP Meine Punkte: ___
Lorcher Schlossberg Riesling Spätlese trocken
Preis: €€€ Pigott-Punkte: PPPP Meine Punkte: ___
Schon der trockene Kabinett hat eine strahlende Rasse und einen deutlichen Schieferton, Eigenschaften, die bei der trockenen Spätlese in fast vollendeter Form zu finden sind.

REICHSGRAF VON **KESSELSTATT** – Morscheid/Mosel/D

Weingut Tel.: +49 (0)65 00/9 16 90, E-Mail: weingut@kesselstatt.de

Wiltinger/Kaseler/Graacher Riesling trocken

Preis: € Pigott-Punkte: PPP Meine Punkte: ___

Vor Substanz und reifer Frucht hat Annegret Reh keine Angst, was diese grandiosen Alltagsweine ermöglicht hat.

Diverse Lagennamen Riesling Kabinett feinherb

Preis: €€ Pigott-Punkte: PPP Meine Punkte: ___

Josephshöfer Riesling Kabinett feinherb

Preis: €€ Pigott-Punkte: PPPP Meine Punkte: ___

Die Amazonen unter den Mosel-Rieslingen sind muskulös, straff und elegant, wobei die »Josephshöfer« die größte Aura umgibt.

Diverse Lagennamen *** Riesling Spätlese trocken

Preis: €€€ Pigott-Punkte: PPPP Meine Punkte: ___

Josephshöfer *** Riesling Spätlese trocken

Preis: €€€ Pigott-Punkte: PPPP Meine Punkte: ___

In dieser Kategorie glänzen die Kesselstatt-Weine in puncto Substanz und Harmonie so richtig. Für Weinbergslagen, in denen hochwertige trockene Weine schwer zu erzeugen sind, erreichen sie eine beachtliche Konstanz. Unter ihnen birgt der »Josephshöfer« den reichsten Schatz an glitzernden Mineralien in sich.

Wiltinger Braunfels Spätlese trocken

Preis: €€ Pigott-Punkte: PPPP Meine Punkte: ___

Der Weg zum Weinhändler Rindchen (siehe Seite 173) lohnt sich, um diese super-saftige Sonderabfüllung zu ergattern. Der Duft ist purer Fruchtwahnsinn und der Geschmack wahnsinnig lebendig!

KIRSTEN – Klüsserath/Mosel/D

Weingut Tel.: +49 (0)65 07/9 91 15, E-Mail: mail@weingut-kirsten.de

Riesling trocken

Preis: € Pigott-Punkte: PPP Meine Punkte: ___

»Herzstück« trocken Riesling

Preis: €€ Pigott-Punkte: PPPP Meine Punkte: ___

»Alte Reben« Riesling

Preis: €€ Pigott-Punkte: PPPPP Meine Punkte: ___

Ganz schön dichte und schmelzige trockene Rieslinge für die Mosel, die auch die typische Frische des Gebiets besitzen. Der »einfache« Riesling trocken kostet 7 € ab Hof, und der »Alte Reben« ist ein traumhafter Aromenstrauß!

HOLGER **KOCH** – Bickensohl/Baden/D

Weingut Tel.: +49 (0)76 62/91 22 58,
E-Mail: hk@weingut-holger-koch.de

Grauburgunder

Preis: € Pigott-Punkte: PPP Meine Punkte: ___

Holger Kochs Grauburgunder sind Jahr für Jahr sehr überzeugend, vor allem die lebhafte, unaufdringliche normale Abfüllung. Warum gibt es nicht mehr solche Weine vom Kaiserstuhl?

KNAB – Endingen/Baden/D
Weingut Tel.: +49 (0)76 42/61 55,
E-Mail: regina-rinker@t-online.de
Weißburgunder Spätlese trocken
Preis: € Pigott-Punkte: PPP Meine Punkte: ___
Weißburgunder Spätlese trocken ***
Preis: €€ Pigott-Punkte: PPPP Meine Punkte: ___
Sehr viel Saft, Schmelz und viel Schwung machen diese Weine nicht nur vordergründig attraktiv.
Grauburgunder Kabinett trocken
Preis: € Pigott-Punkte: PPP Meine Punkte: ___
Grauburgunder Spätlese trocken
Preis: € Pigott-Punkte: PPP Meine Punkte: ___
Grauburgunder Spätlese trocken ***
Preis: €€ Pigott-Punkte: PPPP Meine Punkte: ___
Das Gleiche gilt für die Grauburgunder der Knabs, die vielleicht noch einen Stich aufregender sind als die Weißburgunder.

BEATE **KNEBEL** – Winningen/Mosel/D
Weingut Tel.: +49 (0)26 06/26 13,
E-Mail: info@weingut-knebel.de
»Von den Terrassen« Riesling trocken
Preis: € Pigott-Punkte: PPP Meine Punkte: ___
Winninger Uhlen Riesling Spätlese trocken
Preis: €€ Pigott-Punkte: PPPP Meine Punkte: ___
»Charaktervoll« klingt manchmal etwas schulmeisterhaft, aber hier bedeutet das dank reifer Fruchtaromen und runder Säure viel Spaß (was für alle Weine des Guts gilt).

EMMERICH **KNOLL** – Unterloiben/Wachau/A
Weingut Tel.: +43 (0)27 32/7 93 55, E-Mail: weingut@knoll.at
D: Thomas Späth Tel.: +49 (0)89/34 47 61,
E-Mail: office@thomasspaeth.de
Grüner Veltliner Federspiel Loiben
Preis: €€ Pigott-Punkte: PPP Meine Punkte: ___
Riesling Federspiel Loiben
Preis: €€€ Pigott-Punkte: PPP Meine Punkte: ___
Wenige »Leichtweine« aus der Wachau machen so viel Freude wie diese großen Weine im Kleinformat, die voller Farbe und Licht sind.
Grüner Veltliner Smaragd Dürnsteiner Schütt
Preis: €€€€ Pigott-Punkte: PPPPP! Meine Punkte: ___
Beim »Schütt« braucht man viel Geduld, wenn man das Äußerste an Grüner-Veltliner-Feinheit erleben will.
Riesling Smaragd Dürnsteiner Schütt
Preis: €€€€€ Pigott-Punkte: PPPPP! Meine Punkte: ___
Unübertreffliche Tiefe und Originalität sind, genau wie eine Begegnung mit Gott, keinesfalls jedermanns Sache. Wer davor keine Angst hat und einiges an Geduld aufbringt, wird großartige Überraschungen erleben.

KOEHLER-RUPRECHT – Kallstadt/Pfalz/D
Weingut Tel.: +49 (0)63 22/18 29
Kallstadter Saumagen Riesling Kabinett trocken
Preis: € Pigott-Punkte: PPP Meine Punkte: ___
Kallstadter Saumagen Riesling Spätlese trocken
Preis: €€ Pigott-Punkte: PPPP Meine Punkte: ___
Kallstadter Saumagen Riesling Auslese trocken
Preis: €€€ Pigott-Punkte: PPPPP Meine Punkte: ___
Kallstadter Saumagen Riesling Spätlese trocken »R«/ Auslese trocken »R«
Preis: €€€€ Pigott-Punkte: PPPPP! Meine Punkte: ___
»Here comes the Boss!« oder sollte es besser heißen: »Pump up the Volume!«? Beide Beschreibungen treffen auf die ultimativen Power-Weine des trockenen deutschen Rieslings zu. Schon der trockene Kabinett ist kein Waisenknabe, und die »R«-Abfüllungen sind mit das Beste, was es auf Planet Wein gibt.

KRANZ – Ilbesheim/Pfalz
Weingut Tel.: +49 (0)63 41/93 92 06,
E-Mail: weingut-kranz@t-online.de
»Hagedorn« Silvaner trocken
Preis: € Pigott-Punkte: PPPP Meine Punkte: ___
Viele Kräuter, viel Erde und viel Fülle machen die Winzer im Burgund ängstlich!
Rittersberg Riesling Spätlese trocken
Preis: €! Pigott-Punkte: PPP Meine Punkte: ___
Kalmit Riesling Spätlese trocken
Preis: €€ Pigott-Punkte: PPPP Meine Punkte: ___
Kalmit-»Terrassen« Riesling Spätlese trocken
Preis: €€ Pigott-Punkte: PPPP Meine Punkte: ___
Dieser sehr ausdrucksstarke, saftige Riesling mit überraschender Eleganz für diese Preisklasse machen Boris Kranz zu einem der stärksten Jungwinzer Deutschlands.

STADT **KREMS** – Krems/Kremstal/A
Weingut Tel.: +43 (0)27 32/80 14 41, E-Mail: weingut@krems.gv.at
Grüner Veltliner
Preis: € Pigott-Punkte: PPP Meine Punkte: ___
Ungewöhnlich fruchtige, heitere Grüne Veltliner, die einem aus Herz gehen wie gute Musik.
Kremser Wachtberg Grüner Veltliner
Preis: €€€ Pigott-Punkte: PPPP Meine Punkte: ___
Schwungvoll und ernst zugleich ist diese überzeugende Veltliner-Innovation.
»Steinterrassen« Riesling
Preis: € Pigott-Punkte: PPP Meine Punkte: ___
Für Weine mit so viel Kraft wirken sie sehr schlank und straff mit betörender Duftigkeit und Spiel.

SEEGUT **KRESS** – Hagnau/Bodensee/Baden/D
Weingut Tel.: +49 (0)75 32/62 05, E-Mail: info@seegut-kress.de
Müller-Thurgau trocken
Preis: € Pigott-Punkte: PPPP Meine Punkte: ___
Auxerrois trocken
Preis: € Pigott-Punkte: PPPP Meine Punkte: ___
Weißburgunder trocken
Preis: € Pigott-Punkte: PPPP Meine Punkte: ___
Grauburgunder trocken
Preis: € Pigott-Punkte: PPPPP Meine Punkte: ___
Sensationell reife, reintönige und elegante Weißweine, die allesamt durch eine feine Fruchtigkeit und eine heruntergespielte Kraft bestechen. Schon der Müller-Thurgau für knapp über 5 € ist ein See-Gedicht!

RÜDIGER **KRÖBER** – Winningen/Terrassenmosel/D
Weingut Tel.: +49 (0)26 06/3 51, E-Mail: info@weingut-kroeber.de
»Kröbers« Riesling trocken
Preis: € Pigott-Punkte: PPP Meine Punkte: ___
Winninger Uhlen Riesling Kabinett trocken
Preis: € Pigott-Punkte: PPP Meine Punkte: ___
Neben viel Würze bieten diese wunderbaren harmonisch-trockenen Rieslinge recht üppige Kurven. Trotzdem gibt es keine Schwere, sogar der Kabinett besitzt eine herrliche Leichtigkeit.

KÜHLING-GILLOT – Bodenheim/Rheinhessen/D
Weingut Tel.: +49 (0)61 35/23 33, E-Mail: info@kuehling-gillot.de
»Qvinterra« Silvaner trocken
Preis: € Pigott-Punkte: PPP Meine Punkte: ___
»Qvinterra« Riesling trocken/feinherb
Preis: € Pigott-Punkte: PPP Meine Punkte: ___
»Qvinterra« Scheurebe trocken
Preis: € Pigott-Punkte: PPP Meine Punkte: ___
Carolin Gillots Weine haben sich in den letzten Jahren in Riesensprüngen weiterentwickelt, und viele aus der »Qvinterra«-Serie bieten ein herb-heiteres Vergnügen.

PHILIPP **KUHN** – Laumersheim/Pfalz/D
Weingut Tel.: +49 (0)62 38/6 56, E-Mail: weingut-philipp-kuhn@gmx.de
Riesling »Tradition« trocken
Preis: € Pigott-Punkte: PPP Meine Punkte: ___
Frage: Warum die (etwas) teuren Rieslinge von Philipp Kuhn kaufen, wenn diese Weine so verrückt schlank und schön ausfallen? Antwort: Weil sie noch besser ausfallen!
Kirschgarten Weißburgunder trocken
Preis: €€ Pigott-Punkte: PPP Meine Punkte: ___
Fast so pfirsich-duftig wie ein toller Riesling, aber mit einer samtenen Beschaffenheit, der nicht leicht zu widerstehen ist.

FRANZ **KÜNSTLER** – Hochheim/Rheingau/D
Weingut Tel.: +49 (0)61 46/8 38 60, E-Mail: info@weingut-kuenstler.de
Herrenberg Riesling trocken
Preis: € Pigott-Punkte: PPPP Meine Punkte: ___
Unverschämt saftig und ausdruckstark, auch wahnsinnig animierend. Hat jemand die falschen Preisschilder aufgeklebt?
Domdechaney Riesling trocken
Preis: €€ Pigott-Punkte: PPPP Meine Punkte: ___
Kirchenstück Riesling Erstes Gewächs
Preis: €€€ Pigott-Punkte: PPPPP Meine Punkte: ___
Völlig konträre Persönlichkeiten: Der »Domdechaney« üppig (satter Aprikosenton) und wuchtig, der »Kirchenstück« so schlank und eigenwillig-schön wie Kate Moss.
Hölle Riesling Erstes Gewächs
Preis: €€€ Pigott-Punkte: PPPPP Meine Punkte: ___
Hölle Riesling »Goldkapsel«
Preis: €€€€€ Pigott-Punkte: PPPPP Meine Punkte: ___
Um diese Stärke vollständig zu erleben, muss man eine gewisse Geduld aufbringen, weil es alles andere ist als *Laut*stärke. Aber dann hört man das Echo des Riesling-Urknalls!

KWV – Paarl/Western Cape/ZA
Kaisers
Chardonnay
Preis: €! Pigott-Punkte: PP Meine Punkte: ___
Cremig und saftig, ohne fett oder sättigend zu wirken, ein wenig wie guter Birnenjoghurt, aber trotzdem überzeugend.

LACKNER-TINNACHER – Gamlitz/Südsteiermark/A
Weingut Tel.: +43 (0)34 53/21 42, E-Mail: wine@tinnacher.at
D: Weinstein Tel.: +49 (0)30/44 05 06 55,
E-Mail: weinstein@weinstein.eu
Sauvignon Blanc Steinbach
Preis: €€ Pigott-Punkte: PPP Meine Punkte: ___
Sauvignon Blanc Welles
Preis: €€ Pigott-Punkte: PPPP Meine Punkte: ___
Unglaublich schlanke, elegante Weine aus einer der unelegantesten Traubensorten der Welt; eine tolle Unterstützung für die feine Küche.

STADT **LAHR** (Markus Wöhrle) – Lahr/Baden/D
Weingut Tel.: +49 (0)78 21/2 53 32,
E-Mail: info@weingut-stadt-lahr.de
Weißburgunder Kabinett trocken
Preis: € Pigott-Punkte: PPP Meine Punkte: ___
Weißburgunder Spätlese trocken
Preis: €€ Pigott-Punkte: PPPP Meine Punkte: ___
Grauburgunder Kabinett trocken
Preis: € Pigott-Punkte: PPP Meine Punkte: ___

***Grauburgunder* Spätlese trocken**
Preis: €€ Pigott-Punkte: PPPP Meine Punkte: ___
Markus Wöhrle verwirklicht in Lahr eine stille Revolution des badischen Weißweins. Oberstes Gebot sind hier absolute Klarheit und eine Lebendigkeit, die auch dem dichtesten Wein etwas Tänzerisches verleiht.

SCHLOSS **LEHRENSTEINSFELD** – Lehrensteinsfeld/Württemberg/D
Weingut Tel.: +49 (0)71 34/1 79 32,
E-Mail: info@schloss-lehrensteinsfeld.de
***Riesling* trocken**
Preis: € Pigott-Punkte: PPP Meine Punkte: ___
***Riesling* Kabinett**
Preis: € Pigott-Punkte: PPPP Meine Punkte: ___
***Riesling* Spätlese trocken**
Preis: €€ Pigott-Punkte: PPPP Meine Punkte: ___
Mit seinen gefährlich lebendig und wild duftenden Rieslingen hat der Franke Christoph Rück eine Revolution angezettelt. Wer Spaß an Miles Davis oder Jimi Hendrix hat, wird sich in diesen Aromen-Wirbelstürmen wohlfühlen.

JÜRGEN **LEINER** – Ilbesheim/Pfalz/D
Weingut Tel.: +49 (0)63 41/3 06 21,
E-Mail: weingut-leiner@t-online.de
***Riesling* »Handwerk« trocken**
Preis: € Pigott-Punkte: PPP Meine Punkte: ___
Setzer *Riesling* trocken
Preis: €€ Pigott-Punkte: PPPP Meine Punkte: ___
»CALVUS MONS« *Riesling* trocken
Preis: €€ Pigott-Punkte: PPPPP Meine Punkte: ___
Für gut 6 € bietet der schlanke trockene »Handwerk« Sommerwiesen-Duftigkeit. Mit schwungvollen Schritten tanzt der Setzer über die Zunge, dagegen ist der »Calvus Mons« ein wahrer Berg von Wein, ohne nur einen Hauch breit oder monolithisch zu wirken. Da zahlt sich Geduld aus!
***Weissburgunder/Grauburgunder* »Handwerk« trocken**
Preis: € Pigott-Punkte: PPP Meine Punkte: ___
Heissbühl *Grauburgunder* trocken
Preis: €€ Pigott-Punkte: PPPP Meine Punkte: ___
»CALVUS MONS« *Weißburgunder* trocken
Preis: €€ Pigott-Punkte: PPPPP Meine Punkte: ___
Für gängige Rebsorten sind das sehr eigensinnige Weine mit betonten Kräuternoten und einer unkonventionell schlanken Art, die die zwei Handwerker zu erstklassigen Essensbegleitern macht. Der Heissbühl hat eine geradezu erotische Beschaffenheit, und der CALVUS MONS erinnert an Butternut-Squash bzw. fällt auf großzügige Weise komplett aus dem Pfälzer Rahmen.
»Fusion« trocken *Scheurebe/Kerner/Silvaner/Müller-Thurgau*
Preis: €! Pigott-Punkte: PPP Meine Punkte: ___

Dieses verrückt-lustige Cuvée aus einem bunten Haufen Rebsorten verströmt Kräuter-, Muskat- und süßliche Gemüsenoten und hat eine elektrisierende Frische. Für diese mutige Kreation, die Geschmackskonventionen ignoriert, um uns ein kleines, geniales Weinerlebnis zu bescheren, bekommt Sven Leiner die Auszeichnung für den **Party-Weißwein des Jahres.** Die knallorangefarbene Ausstattung ist nicht weniger gewagt als der Geschmack!

JOSEF **LEITZ** – Rüdesheim/Rheingau/D
Weingut Tel.: +49 (0)67 22/4 87 11,
E-Mail: johannes.leitz@leitz-wein.de
»Magic Mountain« Riesling trocken
Preis: €€ Pigott-Punkte: PPPP Meine Punkte: ___
Ein starkes Stück Bergmagie, ein wahrer Zaubertrunk und trotzdem einfach verständlich.

LEOPOLDI – Röschitz/Weinviertel/A
Rossmann
Ried Reipersberg Grüner Veltliner
Preis: €! Pigott-Punkte: PP Meine Punkte: ___
Herzhafter niederösterreichischer »Landwein« mit der sprichwörtlichen, belebenden Pfeffernote.

LOCH – Schoden/Mosel/D
Weingut Tel.: +49 (0)65 81/12 58, E-Mail: post@naturwein.com
»Loch« Riesling trocken
Preis: € Pigott-Punkte: PPP Meine Punkte: ___
Kein kleiner gemeinsamer Nenner, sondern ein substanzreicher Riesling mit satter Pfirsichnote und sanfter Säure.
»Saartyr« Riesling trocken
Preis: €€€ Pigott-Punkte: PPPPP Meine Punkte: ___
Den Gipfel an Fülle, Dichte und Wahnsinn im trockenen Bereich bildet der »Saartyr«, wonach die Nachfrage (bzw. Gier) schon viel zu groß ist!
»QuaSaar« Riesling
Preis: €€ Pigott-Punkte: PPPP Meine Punkte: ___
Aus dem »QuaSaar« strömen düsenartig die herrlichsten Fruchtaromen, genau wie hochenergetische Materie aus dem Kern eines Quasars schießt. Dass der Wein nicht ganz trocken ist, macht gar nichts aus.

CARL **LOEWEN** – Leiwen/Mosel/D
Weingut Tel.: +49 (0)65 07/30 94, E-Mail: mail@weingut-loewen.de
Riesling »Varidor« trocken/»Quant« Riesling feinherb
Preis: € Pigott-Punkte: PPPP Meine Punkte: ___
Zwei »kleine« Meisterwerke – dicht und verführerisch duftig –, die ganz einfach zu begreifen sind. Nur absolute Säure-Allergiker werden nicht mit der Moselfrische zurechtkommen.
Leiwener Laurentiuslay Riesling »Alte Reben«
Preis: €€ Pigott-Punkte: PPPPP Meine Punkte: ___

Detzemer Maximin Klosterlay Riesling »Christopher's Wine«
Preis: € Pigott-Punkte: PPPP Meine Punkte: ___
Mit den letzten Jahrgängen haben Karl-Josef Loewens trockene Spitzenweine erheblich an Statur und Harmonie gewonnen.

FRED **LOIMER** – Langenlois/Kamptal/A
Weingut Tel.: +43 (0)27 34/22 39, E-Mail: weingut@loimer.at
D: Weinstein Tel.: +49 (0)30/44 05 06 55,
E-Mail: weinstein@weinstein.eu
»Lois« Grüner Veltliner
Preis: € Pigott-Punkte: PP Meine Punkte: ___
Ganz trocken und ganz gut; leichte Frucht und Würze für die Welt der Normalität.
Käferberg Grüner Veltliner
Preis: €€ Pigott-Punkte: PPPP Meine Punkte: ___
Fred Loimers Top-Veltiner schaffen es, viel Kraft zu packen, ohne offensichtliche Kraftpakete zu sein. In diesen Spiegel soll man geduldig schauen!

DR. **LOOSEN** – Bernkastel/Mosel/D
Weingut Tel.: +49 (0)65 31/34 26, E-Mail: vertrieb@drloosen.de
»Blauschiefer« Riesling trocken
Preis: € Pigott-Punkte: PPP Meine Punkte: ___
Sehr stimmiger, nicht zu schlanker trockener Mosel-Wein, der durch zarte Pfirsicharomen überzeugt.
Bernkasteler Lay Riesling
Preis: €€ Pigott-Punkte: PPPP Meine Punkte: ___
Man muss nicht Einstein sein, um diesen relativ extrovertierten Wein zu verstehen, nur eine gewisse Lautstärke gut finden.
Ürziger Würzgarten Riesling »Alte Reben«
Preis: €€€ Pigott-Punkte: PPPP Meine Punkte: ___
Unter Loosens trockenen Weinen aus Einzellagen eindeutig der Star; ausdrucksstark, fest und (wie der Name suggeriert) extrem würzig.

LUBENTIUSHOF (Andreas Barth) – Niederfell/Mosel/D
Weingut Tel.: +49 (0)26 07/81 35, E-Mail: weingut@lubentiushof.de
»Burg von der Leyen« Riesling trocken
Preis: € Pigott-Punkte: PPP Meine Punkte: ___
Gondorfer Gäns Riesling trocken
Preis: €€ Pigott-Punkte: PPPP Meine Punkte: ___
Gondorfer Gäns Riesling »Alte Reben«
Preis: €€€ Pigott-Punkte: PPPPP Meine Punkte: ___
Durch diese Qualitäten und eine ganz eigene Handschrift – silbernes Herbstlicht, kühle Luft und die letzten Früchte des Jahres – wird Andreas Barth nicht viel länger unbekannt bleiben.

LUCKERT (Zehnthof) – Sulzfeld/Franken/D

Weingut Tel.: +49 (0)93 21/2 37 78,
E-Mail: luckert@weingut-zehnthof.de

***Müller-Thurgau* trocken**
Preis: €! Pigott-Punkte: PPP Meine Punkte: ___
Ein überraschend körperreicher und geschmeidiger Wein, der nach Goldparmäne-Äpfeln duftet und immens viel Freude für exakt 5 € ab Hof bereitet.

***Silvaner* Kabinett trocken**
Preis: € Pigott-Punkte: PPP (Ausnahme 2008: PPPP)
Meine Punkte: ___

***Silvaner* »Gelbkalk« trocken**
Preis: €€ Pigott-Punkte: PPPP Meine Punkte: ___

Silvaner* »« trocken**
Preis: €€€€ Pigott-Punkte: PPPPP Meine Punkte: ___
Ulrich und Wolfgang Luckert erzeugen ausdrucksstarke und spannende Silvaner, die bei zunehmendem Preis nicht nur fülliger, sondern konzentrierter und mineralischer werden. Der Riesling *** steht ihnen kaum nach, ist aber deutlich säurebetonter.

»Unter der Mauer« trocken Silvaner & Riesling
Preis: €€€€ Pigott-Punkte: PPPPP! Meine Punkte: ___
Brillanz und Würze, Kraft und Feinheit halten sich exakt die Waage in einer der unbekanntesten Spitzenweine Deutschlands. Hier bringen große Gläser oder das Dekantieren die reichlich verborgenen Schätze zum Vorschein!

U. LÜTZKENDORF – Bad Kösen/Saale-Unstrut/D

Weingut Tel.: +49 (0)3 44 63/6 10 00,
E-Mail: weingut.luetzkendorf@t-online.de

Karsdorfer Hohe Gräte Silvaner trocken
Preis: € Pigott-Punkte: PPP Meine Punkte: ___
Der Charakterkopf hat auch schöne reife Apfelaromen und eine herrliche Frische. Solche Weine machen viel Spaß und Silvaner zur Modesorte.

Karsdorfer Hohe Gräte Weißburgunder trocken
Preis: € Pigott-Punkte: PPP Meine Punkte: ___

Karsdorfer Hohe Gräte Weißburgunder »Großes Gewächs«
Preis: €€€ Pigott-Punkte: PPPPP Meine Punkte: ___
Dem aromatischen Feuerwerk – Holunderblüte und Grapefruit! – folgt ein aufregender Tanz, an dem Fülle und Frische gleichermaßen teilnehmen.

Karsdorfer Hohe Gräte Riesling trocken
Preis: € Pigott-Punkte: PPP Meine Punkte: ___

Karsdorfer Hohe Gräte Riesling »Großes Gewächs«
Preis: €€€ Pigott-Punkte: PPPP Meine Punkte: ___
Schlank und schnell wie Rennpferde sind die Lützkendorf'schen Rieslinge. Vorsicht! Hier gibt's auch eine freche Säure!

MACHHERNDL – Wachau/A
Weingut Tel.: +43 (0)27 15/22 82,
E-Mail: office@machherndl.com
D: Weinstein Tel.: +49 (0)30/44 05 06 55,
E-Mail: weinstein@weinstein.eu
Riesling »Smaragd – Alte Reben«
Preis: €€€ Pigott-Punkte: PPPP Meine Punkte: ___
Für einen Wachauer Power-Riesling hat Machherndls »Alte Reben« neben der satten Aprikosennote eine geniale Lebendigkeit und Frische.

MANTLERHOF – Brunn im Felde/Kremstal/A
Weingut Tel.: +43 (0)27 35/82 48,
E-Mail: mantlerhof@aon.net
Grüner Veltliner Spiegel
Preis: €€ Pigott-Punkte: PPP Meine Punkte: ___
Grüner Veltliner »Selection«
Preis: €€€ Pigott-Punkte: PPPP Meine Punkte: ___
Sehr fruchtig ist der »Spiegel« und sehr nussig-kräuterig der »Selection« – aber beide sind auch richtig feine Kerle.
Roter Veltliner »Selection«
Preis: €€€ Pigott-Punkte: PPPP Meine Punkte: ___
Warm, schwer (im positiven Sinne) und schmelzig ist diese große Rarität.

VILLA **MÁRIKA** – Badoscony/Ungarn
Vinalia Tel.: +49 (0)30/34 70 90 90, E-Mail: info@vinalia-berlin.de
Olaszrizling (Welschriesling)
Preis: € Pigott-Punkte: PPP Meine Punkte: ___
Szürkebarát (Grauburgunder)
Preis: € Pigott-Punkte: PPP Meine Punkte: ___
Vom Nordufer des Plattensees kommen diese zwei wunderbar geschmeidigen, fast weichen Weißweine mit feinem Honigton, der »Szürkebarát« noch üppiger als der »Olaszrizling«.

STAATSWEINGUT **MEERSBURG** – Bodensee/Baden/D
Weingut Tel.: +49 (0)75 32/4 46 70,
E-Mail: info@staatsweingut-meersburg.de
Hohentwieler Olgaberg Müller-Thurgau trocken
Preis: € Pigott-Punkte: PPP Meine Punkte: ___
Unter den besonderen klimatischen Bedingungen im Großraum Bodensee wachsen einige erstaunliche Weine aus der verschmähten Müller-Thurgau-Traube, wie dieser pikant-rassige Wein.
Meersburger Chorrehalde Weißburgunder »*« trocken***
Preis: € Pigott-Punkte: PPPP Meine Punkte: ___
Dass solch ein üppiger Weißwein so fein und seidig wirken kann, ist ein kleines Wunder, dass er nur knapp über 10 € kostet, ein großes Wunder!

MEINKLANG – Neusiedlersee/A
Weingut Tel.: +43(0)21 74/21 68 11, E-Mail: office@meinklang.at
D: www.kamaweine.de Tel.: +49 (0)3 51/2 52 42 91,
»Graupert« Grauburgunder trocken
Preis: €€ Pigott-Punkte: PPPP Meine Punkte: ___
Eine Ausnahmewein, der aus wild wachsenden Reben (»Minimalschnitt«) erzeugt, anschließend im neuen Eichenfass ausgebaut wird. Das verrückte Spiel führt zu feinen Melonen- und Aprikosenaromen, zarter Vanillenote und geschmeidigem, aber keinesfalls schweren Körper.

MELSHEIMER – Reil/Mosel/D
Weingut Tel.: +49 (0)65 42/24 22,
E-Mail: mail@melsheimer-riesling.de
Riesling trocken/feinherb
Preis: € Pigott-Punkte: PPP Meine Punkte: ___
Reiler Mullay-Hofberg Riesling trocken
Preis: € Pigott-Punkte: PPP Meine Punkte: ___
Reiler Mullay-Hofberg »Kellerchen« Riesling Spätlese trocken
Preis: €€€ Pigott-Punkte: PPPP Meine Punkte: ___
Thorsten Melsheimers herbe Rieslinge sind starke und eigenwillige Weine, die eine enorme Frische – Zitrone, Kräuter, Bodenschätze! – und Ausstrahlung besitzen.

STIFTSWEINGUT FRANK **MEYER** – Klingenmünster/Pfalz/D
Weingut Tel.: +49 (0)63 49/74 46,
E-Mail: stiftsweingut-meyer@t-online.de
Silvaner trocken
Preis: €! **(Liter)** Pigott-Punkte: PP Meine Punkte: ___
Die ganze Frische eines reifen grünen Apfels ohne eine Spur Süße.
»Meyers« Riesling trocken
Preis: €! **(Liter)** Pigott-Punkte: PPP Meine Punkte: ___
Riesling Kabinett trocken
Preis: € Pigott-Punkte: PPP Meine Punkte: ___
Riesling Spätlese »S« trocken
Preis: €€ Pigott-Punkte: PPPP Meine Punkte: ___
Die Meyer-Rieslinge sind gänzlich untypisch schlanke, glasklare Pfälzer, Lichtjahre entfernt von den altbackenen Südpfälzer Weinen der Vergangenheit. Die Weine besitzen auch eine erstaunliche Lagerfähigkeit.
Weißburgunder Kabinett trocken
Preis: € Pigott-Punkte: PPP Meine Punkte: ___
Grauburgunder Kabinett trocken
Preis: € Pigott-Punkte: PPP Meine Punkte: ___
Hier herrscht eine wunderbare Heiterkeit und Zartheit neben erfreulich moderaten Alkoholwerten, was dem Wein ermöglicht, eine große Trinkfreude zu bereiten.
Weißburgunder Spätlese trocken
Preis: €€ Pigott-Punkte: PPPP Meine Punkte: ___

Grauburgunder Spätlese »S« trocken
Preis: €€ Pigott-Punkte: PPPP Meine Punkte: ___
Die schlanke Stilistik setzt sich hier weiter fort; die Weine wirken richtig strahlend, trotz nicht unerheblicher Kraft und Volumen.

MICHLITS – Pamhagen/Neusiedlersee/A
VIV BioFrischeMarkt, Berlin
Tel.: +43 (0)2174/2168, E-Mail: office@meinkLang.de
Grüner Veltliner
Preis: € Pigott-Punkte: PP Meine Punkte: ___
Ich gebe zu, dass er kein Held ist, aber für meinen Geschmack ist er ein ziemlich optimaler, ganz trockener Alltagswein, der rund, aber spritzig, duftig, aber leise ist.

MILCH – Monsheim/Rheinhessen/D
Weingut Tel.: +49 (0)62 43/3 37,
E-Mail: info@weingut-milch.de
Chardonnay »Valentin«
Preis: €! Pigott-Punkte: PP Meine Punkte: ___
Chardonnay »S«
Preis: € Pigott-Punkte: PPP Meine Punkte: ___
Chardonnay »Blauarsch«
Preis: €€ Pigott-Punkte: PPPP Meine Punkte: ___
Der junge Karl-Hermann Milch erzeugt starke Chardonnays, die eine tolle Frische besitzen, statt breit und plump zu wirken. Schon der »S« duftet nach reifen Aprikosen und hat viel Kraft, aber er wird eindeutig vom »Blauarsch« übertroffen. Vorsicht, hier handelt es sich keinesfalls um »Leichtweine«!

MARKUS **MOLITOR** – Wehlen/Mosel/D
Weingut Tel.: +49 (0)65 32/39 39,
E-Mail: weingut.markus.molitor@t-online.de
Riesling »Alter Reben«
Preis: €€ Pigott-Punkte: PPPP Meine Punkte: ___
Saar Riesling »Alter Reben«
Preis: €€ Pigott-Punkte: PPPP Meine Punkte: ___
Trotz der schlichten und einfachen Bezeichnungen handelt es sich keinesfalls um »einfache« Weine, sondern um imposante Charaktere mit feinem Duft. Jetzt muss ich was essen!
Niedermenninger Herrenberg Riesling Kabinett feinherb
Preis: € Pigott-Punkte: PPP Meine Punkte: ___
Diverse Lagennamen Riesling Spätlese feinherb
Preis: €€ Pigott-Punkte: PPPP Meine Punkte: ___
Das Weingut Molitor hat ein überwältigend breites Angebot. Für mich stellte lange Zeit die obige Auswahl den Höhepunkt des Sortiments dar, aber mit dem Jahrgang 2007 sind auch die ganz trockenen Weine sehr beeindruckend geworden.

SEPP **MOSER** – Rohrendorf/Kremstal/A
Weingut Tel.: +43 (0)27 32/7 05 31, E-Mail: office@sepp-moser.at
D: Vinum Tel.: +49 (0)30/3 22 66 19,
Wolfsgraben Grüner Veltliner
Preis: € Pigott-Punkte: PPP Meine Punkte: ___
Schnabel Grüner Veltliner
Preis: €€€€ Pigott-Punkte: PPPP Meine Punkte: ___
Klar, frisch und pfeffrig wirkt der kumpelhafte »Wolfsgraben«, der »Schnabel« dagegen besitzt eine enorm würzige und tiefe Seele (dabei denke ich weniger an Eminem als an Mozarts Spätwerke).

MUFFANG – Venningen/Pfalz/D
Weingut Tel.: +49 (0)63 23/98 01 06,
E-Mail: weingut-muffang@t-online.de
Müller-Thurgau trocken (Literflasche)
Preis: €! Pigott-Punkte: PP Meine Punkte: ___
Weißburgunder trocken (Literflasche)
Preis: €! Pigott-Punkte: PP Meine Punkte: ___
Supersaftige, geradlinige Alltagsweine, die viel Spaß machen und dabei die Geldbörse minimal beanspruchen!

MÜLLEN (Martin & Susanne) – Traben-Trarbach/Mosel/D
Weingut Tel.: +49 (0)65 41/94 70,
E-Mail: info@muellen.de,
Internet: www.weingutmuellen.de
Riesling trocken (Liter)
Preis: € Pigott-Punkte: PPP Meine Punkte: ___
Einfacher gestrickt als die anderen trockenen Rieslinge des Hauses, aber ziemlich viel Frucht und Frische für 5,60 € die Flasche!
Kröver Letterlay Riesling Spätlese trocken
Preis: € Pigott-Punkte: PPPP Meine Punkte: ___
Kröver Paradies Riesling Spätlese trocken
Preis: € Pigott-Punkte: PPPPP Meine Punkte: ___
Kröver Paradies Riesling Spätlese trocken */**
Preis: €€–€€€ Pigott-Punkte: PPPPP Meine Punkte: ___
Müllens Kröver-Weine liegen Lichtjahre von dem Nacktarsch der Weinwelt entfernt in einem Bereich des Geschmacks-Universums, wo zahlreiche Sterne geboren und neue Elemente bei Supernoven gebildet werden. Jeder Extra-Euro bringt mehr Rieslingsaft und Rieslingkraft ins Glas!
Trabener Würzgarten Riesling Spätlese halbtrocken
Preis: €€ Pigott-Punkte: PPPP Meine Punkte: ___
Deutlich zarter und kühler als Müllens extrovertierte Kröver-Weine fällt diese wahre Spezialität aus; eine besondere Würze hat er auch!
Trarbacher Hühnerberg Riesling Kabinett trocken
Preis: €€ Pigott-Punkte: PPPP Meine Punkte: ___
Trarbacher Hühnerberg Riesling Spätlese trocken
Preis: €€ Pigott-Punkte: PPPPP Meine Punkte: ___

***Trarbacher Hühnerberg Riesling Spätlese trocken* ***
Preis: €€€€ Pigott-Punkte: PPPPP! Meine Punkte: ___
Ihr einmaliger Duft nach Lilien und Hyazinthen sowie ihre strahlende Rasse bei bemerkenswerter Konzentration setzen diesen genial trockenen Rieslingen die Krone auf.

MÜLLER-CATOIR – Neustadt-Haardt/Pfalz/D
Weingut Tel.: +49 (0)63 21/28 15,
E-Mail: weingut@mueller-catoir.de
Riesling Kabinett trocken
Preis: € Pigott-Punkte: PPPP Meine Punkte: ___
Bürgergarten Riesling Spätlese trocken
Preis: €€ Pigott-Punkte: PPPPP Meine Punkte: ___
Auch unter der neuen Führung von Philipp Catoir und Verwalter Martin Franzen beeindrucken sämtliche Müller-Catoir-Weine mit aromatischen Reichtümern und ungeheurer Lebendigkeit; für Harmoniesüchtige sind sie allerdings nicht geeignet!
»Im Breumel« Riesling – »Großes Gewächs«
Preis: €€€ Pigott-Punkte: PPPPP! Meine Punkte: ___
Der neue Spitzenwein des Gutes hat noch mehr Power und Tiefe als die traditionellen Rieslinge aus gleicher Erzeugung und braucht dementsprechend mehr Zeit (auf der Flasche oder im Glas), um sich zu entfalten.
Herrenletten Weißburgunder Spätlese trocken
Preis: €€ Pigott-Punkte: PPP Meine Punkte: ___
Herrenletten Grauburgunder Spätlese trocken
Preis: €€ Pigott-Punkte: PPP Meine Punkte: ___
Seit dem 2008er Jahrgang baut Martin Franzen diese Weine im Holzfass aus, aber die ersten Ergebnisse haben nicht ganz überzeugt.
Muskateller trocken
Preis: € Pigott-Punkte: PPPP Meine Punkte: ___
Wer etwas übrig hat für tolle Parfums, wird auch von diesem natürlichen »Parfum« begeistert und erfrischt sein.

GRAF **NEIPPERG** – Schwaigern/Württemberg/D
Weingut Tel.: +49 (0)71 38/94 14 00, E-Mail: neipperg@t-online.de
Rivaner trocken
Preis: €! Pigott-Punkte: PPP Meine Punkte: ___
Richtig fein und filigran wirkt dieser Ausnahme-Müller-Thurgau.
Neipperger Schlossberg Riesling Kabinett trocken
Preis: € Pigott-Punkte: PPP Meine Punkte: ___
Neipperger Schlossberg Riesling Spätlese trocken
Preis: € Pigott-Punkte: PPPP Meine Punkte: ___
Schwaigerner Ruthe Riesling »Großes Gewächs«
Preis: €€€ Pigott-Punkte: PPPPP Meine Punkte: ___
Die »Schlossberg«-Weine verleihen der schwungvollen, farbenprächtigen Seite des Barocks eine hochaktuelle Form, während der »Ruthe« souverän über allem thront.

NIGL – Senftenberg/Kremstal/A
Weingut Tel.: +43 (0)27 19/26 09,
E-Mail: info@weingutnigl.at
D: Enoteca Blanck & Weber Tel.: +49 (0)30/88 67 99 60,
E-Mail: mail@enoteca-blanck.de
Grüner Veltliner Senftenberger Piri
Preis: €€ Pigott-Punkte: PPP Meine Punkte: ___
Grüner Veltliner »Alte Reben«
Preis: €€ Pigott-Punkte: PPPP Meine Punkte: ___
Grüner Veltliner »Privat«
Preis: €€€ Pigott-Punkte: PPPPP Meine Punkte: ___
Vom kleinsten Wein bis zu diesen hohen Spitzen sind Nigls Weißweine kristallklar und extrem präzise in Duft und Geschmack. Hier vereinen sich fast unanständiger Reiz und große Eleganz; einfach genial!

ODINSTAL – Wachenheim/Pfalz/D
Weingut Tel.: +49 (0)7 00/63 46 78 25, E-Mail: mail@odinstal.de
»350 N. N.« Silvaner trocken
Preis: €€ Pigott-Punkte: PPP Meine Punkte: ___
»Muschelkalk« Silvaner trocken
Preis: €€€€ Pigott-Punkte: PPPP Meine Punkte: ___
Energiegeladener Silvaner mit viel Rasse und Bergfrische.
»350 N. N.« Weißburgunder trocken
Preis: €€ Pigott-Punkte: PPPP Meine Punkte: ___
Ein enorm vielfältiges Aromaspektrum, das von Blüten und Kräutern bis zur reifen Birne reicht, und eine sagenhafte Brillanz besitzt.
»350 N. N.« Riesling trocken
Preis: €€ Pigott-Punkte: PPPP Meine Punkte: ___
Riesling trocken »Basalt«
Preis: €€€€ Pigott-Punkte: PPPPP! Meine Punkte: ___
Waghalsige Riesling-Säurefrische im Zeitalter des Weichei-Weins, aber auch unendliche mineralische Charakterstärke.

VON **OTHEGRAVEN** – Kanzem/Mosel/D
Weingut Tel.: +49 (0)65 01/15 00 42,
E-Mail: von-othegraven@t-online.de
»Maximus« Riesling
Preis: € Pigott-Punkte: PPP (Ausnahme '07: PPPP) Meine Punkte: ___
Altenberg Riesling »Großes Gewächs«
Preis: €€ Pigott-Punkte: PPPP Meine Punkte: ___
Michelle Pfeiffer ist ziemlich in Vergessenheit geraten, aber diese Rieslinge erinnern mich daran, wie schön, stilvoll und strahlend sie war (und vielleicht noch ist).

OTT – Feuersbrunn/Donauland/A
Weingut Tel.: +43 (0)27 38/22 57, E-Mail: bernhard@ott.at
D: Wein & Glas Tel.: +49 (0)30/2 35 15 20,
E-Mail: info@weinundglas.com

»Am Berg« Grüner Veltliner
Preis: € Pigott-Punkte: PPP Meine Punkte: ___
»Fass 4« Grüner Veltliner
Preis: € Pigott-Punkte: PPPP Meine Punkte: ___
Rosenberg Grüner Veltliner
Preis: €€€ Pigott-Punkte: PPPPP Meine Punkte: ___
Die Ott-Veltliner warten nicht auf den Startschuss, sondern schießen sofort los und springen aus dem Glas. Trotz sehr viel von allem (Frucht, Körper, Energie) wirkt gar nichts überdreht oder übertrieben. Der Fat Boy Slim des Veltliners!

PAWIS – Zscheiplitz/Saale-Unstrut/D
Weingut Tel.: +49 (0)3 44 64/2 83 15, E-Mail: info@weingut-pawis.de
Müller-Thurgau
Preis: € Pigott-Punkte: PPP Meine Punkte: ___
Duft, Duft, Duft! Stärker nach Holunderblüte kann Wein nicht riechen. Ein echter Leichtwein trotz seiner großen Saftigkeit.
Riesling Kabinett trocken Großjenaer Blütengrund
Preis: € Pigott-Punkte: PPP Meine Punkte: ___
Riesling Spätlese trocken Großjenaer Blütengrund
Preis: € Pigott-Punkte: PPP Meine Punkte: ___
Schlanke Schönheiten aus dem hohen Norden, die mächtig erfrischen.
Grauburgunder Spätlese trocken Freyburger Edelacker
Preis: € Pigott-Punkte: PPP Meine Punkte: ___
Für so viel Milch und Honig erstaunlich herb und elegant!

PFAFFL – Stetten/Waldviertel/A
Weingut Tel.: +43 (0)22 62/67 34 23,
E-Mail: pfaffl-weingut@netway.at
D: Thomas Späth Tel.: +49 (0)89/34 47 61,
E-Mail: office@thomasspaeth.de
Grüner Veltliner Zeiseneck
Preis: € Pigott-Punkte: PP Meine Punkte: ___
Grüner Veltliner Haidviertel
Preis: € Pigott-Punkte: PPP Meine Punkte: ___
Grüner Veltliner Hundsleiten-Sandtal
Preis: €€ Pigott-Punkte: PPPP Meine Punkte: ___
Straffe, extrem reintönige und animierende Veltliner ohne eine Spur von Wucht. Der »Hundsleiten-Sandtal« zeigt dazu eine gekonnt gezügelte Kraft.

ROLF **PFAFFMANN** – Frankweiler/Pfalz/D
Weingut Tel.: +49 (0)63 45/13 64,
E-Mail: R-T-Pfaffmann@t-online.de
Silvaner Kabinett trocken
Preis: €! Pigott-Punkte: PP Meine Punkte: ___
Silvaner »Exclusiv«
Preis: € Pigott-Punkte: PPP Meine Punkte: ___

Der »Exclusiv« ist ein cremig-wuchtiger Gigant, der trotzdem die Balance behält und es mit vielen anerkannten Größen aufnehmen kann, der Kabinett saftig und frisch, aber keinen Deut erdig.

***Weißburgunder* Kabinett trocken**
Preis: €! Pigott-Punkte: PP Meine Punkte: ___

***Weißburgunder* »Exclusiv«**
Preis: € Pigott-Punkte: PPP Meine Punkte: ___

***Grauburgunder* Kabinett trocken**
Preis: €! Pigott-Punkte: PP Meine Punkte: ___

***Grauburgunder* »Exclusiv«**
Preis: € Pigott-Punkte: PPP Meine Punkte: ___

Die begabte Jungwinzerin Tina Pfaffmann mag es opulent und seidig, und dieses Quartett besitzt alle diese Eigenschaften. Aber Vorsicht! Den reichlich vorhandenen Alkohol schmeckt man kaum!

***Riesling* Kabinett trocken**
Preis: €! Pigott-Punkte: PP Meine Punkte: ___

***Riesling* »Exclusiv«**
Preis: € Pigott-Punkte: PPP Meine Punkte: ___

Tina Pfaffmann mag es schon ausdrucksstark, aber diese Weine haben auch eine wunderbare rassige Frische. Noch beeindruckender ist der seltene »Steingut«-Riesling (€€€), der gleichzeitig kühler und cremiger wirkt.

»T« Riesling/Grauburgunder/Weißburgunder/Silvaner
Preis: €€ Pigott-Punkte: PPPP Meine Punkte: ___

Nach frischen Nüssen und feinsten Kräutern schmeckt diese schmelzige Cuvée, die auf überzeugende Weise komplett den Rahmen sprengt.

F. X. **PICHLER** – Oberloiben/Wachau/A

Weingut Tel.: +43 (0)27 32/8 53 75,
E-Mail: winery@fx-pichler.at
D: Thomas Späth Tel.: +49 (0)89/34 47 61,
E-Mail: office@thomasspaeth.de

»Von den Terrassen« Grüner Veltliner Smaragd
Preis: €€€€ Pigott-Punkte: PPPP Meine Punkte: ___

Dürnsteiner Kellerberg Grüner Veltliner Smaragd
Preis: €€€€€ Pigott-Punkte: PPPPP! Meine Punkte: ___

Randvoll mit exotischen Früchten und fernöstlicher Würze vollgestopft und trotz dieser enormen Geschmacksdichte immer noch lebendig und belebend sind diese Weine. Der »Kellerberg« treibt dieses Wahnsinnsspiel bis zum äußersten Punkt der Eleganz.

»Von den Terrassen« Riesling Federspiel
Preis: €€€ Pigott-Punkte: PPPP Meine Punkte: ___

Dürnsteiner Kellerberg Riesling Smaragd
Preis: €€€€€ Pigott-Punkte: PPPPP! Meine Punkte: ___

Zwischen dem kühlen, lebhaften »Federspiel« und dem exotischen, monumentalen »Kellerberg« reicht das farbenreiche Spektrum der Pichler'schen Rieslinge.

RUDI **PICHLER** – Wösendorf/Wachau/A
Weingut Tel.: +43(0)27 15/22 67,
E-Mail: weingut@rudipichler.at
D: FUB Fegers & Berts Tel.: +49 (0)2 11/13 33 41,
E-Mail: britta.thomas@fub-weine.de
Diverse Lagennamen Grüner Veltliner Smaragd
Preis: €€€€ Pigott-Punkte: PPPP Meine Punkte: ___
Sehr saftig, schmelzig und würzig: Das sind Langläufer, die nicht unbedingt in der frühsten Jugend ihr Bestes geben, aber mit der Zeit zu Breitleinwand-Format aufblühen.

PIEROPAN – Soave/Veneto/I
Enoteca Blanck & Weber Tel.: +49 (0)30/88 67 99 60,
E-Mail: mail@enoteca-blanck.de
Soave Classico
Preis: € Pigott-Punkte: PP Meine Punkte: ___
Soave Classico Calvarino
Preis: €€ Pigott-Punkte: PPP Meine Punkte: ___
Soave Classico La Rocca
Preis: €€€ Pigott-Punkte: PPPP Meine Punkte: ___
Weine, die beweisen, dass Soave auch eine starke Wein-Persönlichkeit sein kann. Hier blüht eine ganze Wiese voll mit seltenen Blumen, die ein entspanntes Vergnügen bereiten.

PRAGER (Ilse & Toni Bodenstein) – Weissenkirchen/Wachau/A
Weingut Tel.: +43 (0)27 15/22 48, E-Mail: prager@weissenkirchen.at
D: Mövenpick Weinland Tel.: +49 (0)2 31/9 65 15 60,
E-Mail: weinland.dortmund@moevenpick.com
Riesling Federspiel Steinriegl
Preis: €€ Pigott-Punkte: PPP Meine Punkte: ___
Ein halbwegs leichter Wachauer (was heutzutage eine Ausnahme ist), der eine sehr angenehme Frische besitzt.

VON **RACKNITZ** – Odernheim/Nahe/D
Weingut Tel.: +49 (0)67 55/2 85, E-Mail: weingut@von-racknitz.com
Riesling trocken
Preis: € Pigott-Punkte: PPP Meine Punkte: ___
»Schieferboden«/»Vulkanstein« Riesling trocken
Preis: €€ Pigott-Punkte: PPP Meine Punkte: ___
Keine Marketing-Produkte, sondern stark vom Bodentyp geprägte Rieslinge, die eine wunderbar kühle Frische aufweisen.
Kloster Disibodenberg Riesling »Alte Reben«
Preis: €€ Pigott-Punkte: PPPP Meine Punkte: ___
Schlossböckelheimer Königsfels Riesling
Preis: €€€ Pigott-Punkte: PPPP Meine Punkte: ___
Luise von Racknitz und Matthias Adams erzeugen mit die spannendsten und originellsten Lagen-Rieslinge der Nahe. Enorme Würze und Mineralik sind in erstaunlich schlanke Körper gepackt.

REBENHOF (Johannes Schmitz) – Ürzig/Mosel/D
Weingut Tel.: +49 (0)65 32/45 46,
E-Mail: info@rebenhof.de
Ürziger Würzgarten Riesling Spätlese trocken »Alte Reben«
Preis: €€ Pigott-Punkte: PPPP Meine Punkte: ___
Ürziger Würzgarten Riesling Spätlese feinherb »Alte Reben«
Preis: €€ Pigott-Punkte: PPPP Meine Punkte: ___
Ürziger Würzgarten Riesling Auslese feinherb »Herzstück«
Preis: €€€ Pigott-Punkte: PPPPP Meine Punkte: ___
Ein Tanz von Ananas, Walderdbeeren und frischen Kräutern in den wunderbar saftigen Weinen, die auch viel Tiefe und Spannung besitzen!

ÖKONOMIERAT **REBHOLZ** – Siebeldingen/Pfalz/D
Weingut Tel.: +49 (0)63 45/34 39,
E-Mail: wein@oekonomierat-rebholz.de
»Vom Buntsandstein«/»Vom Rotliegenden« Riesling Kabinett trocken
Preis: € Pigott-Punkte: PPP Meine Punkte: ___
Zwei expressive Vertreter der Pfälzer Liebe zur Leichtigkeit ohne einen Hauch von Leichtsinnigkeit. Der Wein »Vom Buntsandstein« ist direkter, der »Vom Rotliegenden« verspielt wie Vivaldis Frühling.
Ganshorn Riesling »Großes Gewächs«
Preis: €€€€ Pigott-Punkte: PPPPP Meine Punkte: ___
Kastanienbusch Riesling »Großes Gewächs«
Preis: €€€€€ Pigott-Punkte: PPPPP! Meine Punkte: ___
Auf einer wesentlich höheren Energiestufe wiederholt sich das Spiel mit den Steinen. Der leicht gebräunte Geschmack des »Im Sonnenschein« beweist, dass dieser Name keine Angeberei ist; der »Kastanienbusch« wirkt wie eine Duftessenz aus dem ersten Frühling und dem ersten Sommer nach der Eiszeit.
Weißburgunder Spätlese trocken
Preis: €€ Pigott-Punkte: PPPP Meine Punkte: ___
Im Sonnenschein Weißburgunder »Großes Gewächs«
Preis: €€€€ Pigott-Punkte: PPPPP! Meine Punkte: ___
Kein Rauch ohne Feuer, und trotz des reichlich vorhandenen Feuers in diesen Weinen brennen sie nicht, besitzen vielmehr auch eine kühle Schattenseite.

RIFFEL – Bingen-Büdesheim/Rheinhessen/D
Weingut Tel.: +49 (0)67 21/99 46 90, E-Mail: service@weingut-riffel.de
Silvaner »Quarzit« trocken
Preis: € Pigott-Punkte: PPPP Meine Punkte: ___
Silvaner »Turm«
Preis: €€€ Pigott-Punkte: PPPPP Meine Punkte: ___
Silvaner mit enormer Reife und Tiefe, der Turm nicht ganz trocken, aber mit enormem Entwicklungspotential.
Riesling trocken
Preis: €! Pigott-Punkte: PPP Meine Punkte: ___

Viel Rieslingfrucht, Rieslingfrische und Rieslingphantasie für einen sehr freundlichen Preis!

Riesling »Quarzit« trocken

Preis: € Pigott-Punkte: PPPP Meine Punkte: ___

Riesling »Turm«

Preis: €€€ Pigott-Punkte: PPPPP Meine Punkte: ___

Das sind für diese große Konzentration und Kraft ungewöhnlich feine, elegante Weine. Der Riesling »Quarzit« ist delikat-tropisch. Dagegen fällt der »Turm« ungewöhnlich mineralisch für Rheinhessen aus.

JOHANN **RUCK** – Iphofen/Franken/D

Weingut Tel.: +49 (0)93 23/80 08 80,
E-Mail: info@ruckwein.de

Iphöfer Kalb Silvaner trocken

Preis: € Pigott-Punkte: PPP Meine Punkte: ___

Echter Frankenwein in moderner Manier, aber alles andere als glatt!

Julius-Echter-Berg Silvaner »Großes Gewächs«

Preis: €€€€ Pigott-Punkte: PPPPP Meine Punkte: ___

Eine ganz erstaunliche Würze durchdringt diesen muskulösen Wein, der keine Spur Süße irgendwo in einem seiner zahlreichen Winkel versteckt hat.

Iphöfer Julius-Echter-Berg Riesling trocken

Preis: € Pigott-Punkte: PPP Meine Punkte: ___

Riesling-Stärke ohne jegliche Wucht.

Julius-Echter-Berg Riesling »Großes Gewächs«

Preis: €€€€ Pigott-Punkte: PPPPP Meine Punkte: ___

In dieser Preisklasse betreten nur äußerst selten solche Riesling-Helden die Bühne mit derart selbstsicheren Schritten wie dieser dunkle Ritter vom Steigerwald.

»Estheria« Scheurebe trocken

Preis: €€€ Pigott-Punkte: PPPPP Meine Punkte: ___

Ein gigantischer Wein in jeder Hinsicht; ein erotischer Wein in jeder Hinsicht!

SALOMON UNDHOF – Krems-Stein/Kremstal/A

Weingut Tel. +43 (0)27 32/8 32 26,
E-Mail: salomon@undhof.at
D: Mövenpick Weinland +49 (0)2 31/9 65 15 60,
E-Mail: weinland.dortmund@moevenpick.com

Kremser Kögl Riesling

Preis: €€ Pigott-Punkte: PPPP (Ausnahme 2006: PPP)
Meine Punkte: ___

Kremser Kögl Riesling »Reserve«

Preis: €€€ Pigott-Punkte: PPPPP (Ausnahme 2006: PPP)
Meine Punkte: ___

Weil sie keine Verkostungs-Sieger bei den Journalisten und keine Prunk-Weine für die Sammler sind, bleiben diese sehr charaktervollen starken Typen uns Trinkern erhalten.

Kremser Wachtberg Gelber Traminer »Reserve«
Preis: €€€ Pigott-Punkte: PPPP Meine Punkte:
Die gelben Rosen und die gelben Pfirsiche rufen, und es ist nicht leicht, sich ihren zarten Lockungen zu entziehen.

SANDER – Mettenheim/Rheinhessen/D
Weingut Tel.: +49 (0)62 42/15 83,
E-Mail: info@weingut-sander.de

Silvaner trocken
Preis: € Pigott-Punkte: PPP Meine Punkte:

Weißburgunder trocken
Preis: €€ Pigott-Punkte: PPP Meine Punkte:
Die neue Generation beim Ur-Öko-Weinproduzenten Deutschlands tischt eine tolle Überraschung auf: Silvaner und Weißburgunder mit faszinierender Würze und schöner Frische trotz ordentlicher Fülle.

QUINTA DE SANTA CRUZ – Minho/P
Cabernet & Co. Tel.: +49 (0)2 31/1 20 64 20,
E-Mail: wein@cabernet-und-co.de

»Encosta da Mana« Loueiro/Trajadura
Preis: € Pigott-Punkte: PPP Meine Punkte:
Der leichteste trockene Wein im kleinen genialen Weinführer ist keinesfalls der am wenigsten empfohlene Wein. Dicht an der Küste Portugals gewachsen, hat dieser knackige, zitronig-frische Wein viel Säure, ist aber überhaupt nicht scharf oder kantig; man glaubt die Brandung zu hören!

HORST SAUER – Escherndorf/Franken/D
Weingut Tel.: +49 (0)93 81/43 64,
E-Mail: Mail@weingut-horst-sauer.de

Escherndorfer Lump Silvaner Kabinett trocken
Preis: € Pigott-Punkte: PPP (Ausnahme 2008: PPPP)
Meine Punkte:

Escherndorfer Lump Silvaner Spätlese trocken
Preis: € Pigott-Punkte: PPPP Meine Punkte:

Lump Silvaner »Großes Gewächs«
Preis: €€€ Pigott-Punkte: PPPPP Meine Punkte:
Solch eine fast (aber nur fast!) blendende aromatische Brillanz gibt es sonst nirgendwo aus dieser allzu oft dumpfbackenen Traubensorte. Aber die versteckte Power ist auch beachtlich – diese Weine packen auch scharfgewürzte Gerichte mit links!

Escherndorfer Lump Riesling Kabinett trocken
Preis: € Pigott-Punkte: PPP Meine Punkte:

Escherndorfer Lump Riesling Spätlese trocken
Preis: €€ Pigott-Punkte: PPPP Meine Punkte:

Lump Riesling »Großes Gewächs«
Preis: €€€ Pigott-Punkte: PPPPP Meine Punkte:
So strahlend wie eine Sternengeburtsexplosion in einer fernen Galaxis leuchten die farbenprächtigen Aromen, die aus dem Glas strömen.

RAINER **SAUER** – Escherndorf/Franken/D
Weingut Tel.: +49 (0)93 81/25 27,
E-Mail: info@weingut-rainer-sauer.de
»Frank & Frei« Müller-Thurgau
Preis: € Pigott-Punkte: PP Meine Punkte: ___
Ein verdammt saftiger Wein für kleines Geld (ab Weingut knapp über 5 €) und so harmonisch, dass er quasi immer passend ist.
Escherndorfer Lump Silvaner Kabinett trocken
Preis: € Pigott-Punkte: PPP Meine Punkte: ___
»Freiraum« Silvaner trocken
Preis: € Pigott-Punkte: PPPP Meine Punkte: ___
Escherndorfer Lump Silvaner »L« Spätlese trocken
Preis: €€ Pigott-Punkte: PPPPP Meine Punkte: ___
»Erdig« sollen die Franken-Weine angeblich sein, was oft nur derb und dumpf bedeutet. Hier jedoch ist eine richtig feine erdige Note unter den großzügigen Apfel- und Birnenaromen zu spüren. Mit dem »Freiraum« hat der »L« starke Konkurrenz im eigenen Haus bekommen.

SCHÄFER-FRÖHLICH – Bockenau/Nahe/D
Weingut Tel.: +49 (0)67 58/65 21,
E-Mail: info@weingut-schaefer-froehlich.de
Riesling trocken
Preis: € Pigott-Punkte: PPP Meine Punkte: ___
Bockenauer Felseneck Riesling trocken
Preis: € Pigott-Punkte: PPPP Meine Punkte: ___
Felseneck Riesling »Großes Gewächs«
Preis: €€€ Pigott-Punkte: PPPPP Meine Punkte: ___
Wer Spannung lieber aus dem Wege geht, ist bei dieser ungewöhnlichen Veranstaltung unerwünscht. Wer Aufregung sucht und »sauer macht lustig«, findet hier herrliche Frische und energiegeladene Aromen, die die Lust aufs Leben steigern.

SCHEU – Schweigern-Rechtenbach/Pfalz/D
Weingut Tel.: +49 (0)63 42/72 29, E-Mail: weinhof.scheu@t-online.de
Riesling trocken
Preis: €! Pigott-Punkte: PP Meine Punkte: ___
Riesling feinherb
Preis: €! Pigott-Punkte: PPP Meine Punkte: ___
Schlank mit erfrischender Zitrusnote der trockene Literwein, hoch aromatisch, saftig und verspielt der Feinherb.
Roedling Riesling Spätlese trocken
Preis: € Pigott-Punkte: PPPP Meine Punkte: ___
Hier dominiert das Mineralische, und ich unterwerfe mich dieser starken Herrin.
Weißburgunder Kabinett trocken
Preis: €! Pigott-Punkte: PP Meine Punkte: ___
Raedling Weißburgunder Spätlese trocken
Preis: € Pigott-Punkte: PPPP Meine Punkte: ___

Strohlenberg Weißburgunder Spätlese trocken
Preis: € Pigott-Punkte: PPPP Meine Punkte: ___
Starke und gestandene Weine, aber geschmacklich dominiert der Charakter – beim Kabinett eine heftige Cremigkeit, beim »Raedling« kühle Kräuternoten, beim »Strohlenberg« exotische Früchte.

SCHNEIDER – Ellerstadt/Pfalz/D
Weingut Tel.: +49 (0)62 37/72 88,
E-Mail: weingut.schneider@t-online.de
»Bergel« Riesling
Preis: € Pigott-Punkte: PPP Meine Punkte: ___
Ellerstadter Kirchenstück Riesling
Preis: €€ Pigott-Punkte: PPPP Meine Punkte: ___
»Terrassen« Riesling
Preis: €€€ Pigott-Punkte: PPPP Meine Punkte: ___
Vom schlank-pikanten »Bergel« über den kräftigen und lange anhaltenden »Kirchenstück« bis hin zum seidig-geschmeidigen »Terrassen« spannt sich der große Bogen von Markus Schneiders Rieslingen.
Chardonnay
Preis: € Pigott-Punkte: PPP Meine Punkte: ___
Weißburgunder
Preis: € Pigott-Punkte: PPP Meine Punkte: ___
Grauburgunder
Preis: € Pigott-Punkte: PPP Meine Punkte: ___
Ganz trockene Weine, die Frische und zarten Schmelz vermählen.

VON **SCHUBERT** (Maximin Grünhaus) – Mertesdorf/Mosel/D
Weingut Tel.: +49 (0)6 51/51 11,
E-Mail: info@vonschubert.com
Maximin Grünhäuser Herrenberg/Abtsberg Riesling trocken
Preis: € Pigott-Punkte: PPP Meine Punkte: ___
Maximin Grünhäuser Abtsberg Riesling Kabinett feinherb
Preis: €€ Pigott-Punkte: PPPP Meine Punkte: ___
Maximin Grünhäuser Abtsberg Riesling »Superior«
Preis: €€€ Pigott-Punkte: PPPPP Meine Punkte: ___
Neu an der Spitze der herben Weine des Traditionsguts steht der vielschichtige, zart kolorierte »Superior«, aber die kleinen Gewächse sind keinesfalls »inferior«, sondern auch zugleich schlank und muskulös.

DR. **SIEMENS** – Serrig/Mosel (Saar)/D
Weingut Tel.: +49 (0)65 81/9 20 09 92,
E-Mail: weingut@dr-siemens.de
»Scivaro« Riesling
Preis: € Pigott-Punkte: PPP Meine Punkte: ___
Serriger Würtzberg Riesling Kabinett feinherb
Preis: €€ Pigott-Punkte: PPPP Meine Punkte: ___
Serriger Herrenberg Riesling Spätlese feinherb
Preis: €€ Pigott-Punkte: PPPP Meine Punkte: ___

Feinduftig, rassig und blitzig sind diese klassischen Saarweine – eine erstaunliche Leistung für die Quereinsteiger Dr. Jochen und Karen Siemens.

SIENER – Birkweiler/Pfalz/D
Weingut Tel.: +49 (0)63 45/35 39, E-Mail: info@weingutsiener.de
Riesling trocken
Preis: €! **(Liter)** Pigott-Punkte: PPP Meine Punkte: ___
Ganz trocken und ganz pikant wirkt dieser ausdrucksstarke Riesling.
Riesling »Vom Buntsandstein«/»Vom Rotliegenden«
Preis: € Pigott-Punkte: PPP Meine Punkte: ___
Birkweiler Kastanienbusch Riesling »Schiefer«
Preis: €€ Pigott-Punkte: PPPP Meine Punkte: ___
Sehr überzeugende Retro-Weine mit viel Stoff und Würze, aber nicht weniger Leben und Energie. Hier trägt kein Wein eine schwere Alkohollast; mit einem kleinen Rucksack und mit viel jugendlichem Elan besteigt die Riesling-Traube die Berge!

RUDOLF **SINSS** – Widesheim/Nahe/D
Weingut Tel.: +49 (0)67 07/2 53, E-Mail: rudolf.sinss@t-online.de
Weißburgunder trocken »S«
Preis: € Pigott-Punkte: PPP Meine Punkte: ___
Riesling trocken »S«
Preis: € Pigott-Punkte: PPPP Meine Punkte: ___
Für diese Preisklasse zwei sehr ausdrucksstarke, rassige Weine mit viel Charakter, der Weißburgunder ungewöhnlich spannungsgeladen, der Riesling sehr pikant und mineralisch mit verspielten Fruchtaromen und einer wunderbaren Leichtigkeit.

SPREITZER – Oestrich/Rheingau/D
Weingut Tel.: +49 (0)67 23/26 25,
E-Mail: weingut-spreitzer@t-online.de
Oestricher Lenchen Riesling Kabinett trocken
Preis: € Pigott-Punkte: PPP Meine Punkte: ___
Im Zeitalter fetter Weine ein echter Leichtwein; verspielt mit nachhaltig zitroniger Frische.
Hattenheimer Wisselbrunnen Riesling »Charta«
Preis: € Pigott-Punkte: PPP Meine Punkte: ___
Hattenheimer Wisselbrunnen Riesling »Großes Gewächs«
Preis: €€€ Pigott-Punkte: PPPPP Meine Punkte: ___
Eines der stärksten Paare im Rheingau, der »Charta« im besten Sinne des Wortes eine Miniatur-Ausführung des wahrhaft »Großen Gewächs«, aber auch hier gibt's keine Spur Alkohol oder Bombast.

SPRINGFIELD ESTATE – Robertson/ZA
Wein & Glas Tel.: +49 (0)30/2 35 15 20, E-Mail: info@weinundglas.com
Sauvignon Blanc »Life from Stone«
Preis: €€ Pigott-Punkte: PPPP Meine Punkte: ___

Paradoxerweise kommt dieser nahezu übernatürlich frische Wein aus einer steinigen Halbwüste! Seine Aromen (schwarze Johannisbeeren und frischer grüner Spargel) überzeugen auf Anhieb, und er gibt noch viel mehr, wenn man seine Tiefen erforscht.

Chardonnay »Méthode Ancienne«

Preis: €€€€ Pigott-Punkte: PPPPP Meine Punkte: ___

Nur wenige Jahrgänge gab es bisher von diesem genialen Stoff – ist das Samt oder ist es gewoben? – mit seinem enorm geschmeidigen Körper und einhüllenden Duft.

WINZERHOF **STAHL** – Auernhofen/Franken/D

Weingut Tel.: +49 (0)98 48/9 68 96, E-Mail: mail@winzerhof-stahl.de

»Feder-Stahl« Müller-Thurgau

Preis: € Pigott-Punkte: PP Meine Punkte: ___

Ein leichter, blitzig frischer Weißwein, der viel Geschmack für 5 € bietet.

Herrschaftsberg Müller-Thurgau

Preis: € Pigott-Punkte: PPPP Meine Punkte: ___

Hasennest Müller-Thurgau

Preis: € Pigott-Punkte: PPPP Meine Punkte: ___

Der übliche Rahmen für Müller-Thurgau wird durch Kraft und Nachdruck (Herrschaftsberg), sowie durch mineralische Rasse und aromatische Feinheit (Hasennest) komplett gesprengt.

»Da-mas-ze-ner« Silvaner

Preis: € Pigott-Punkte: PPP Meine Punkte: ___

»Edelstahl« Silvaner

Preis: € Pigott-Punkte: PPPP Meine Punkte: ___

»Edelstahl – Best of« Silvaner

Preis: €€ Pigott-Punkte: PPPPP Meine Punkte: ___

Der »Da-mas-ze-ner« ist ein Stahl-Silvaner in gewohnt frechem, lebhaftem Stil, aber die Edelstahl-Weine stellen eine neue Dimension in puncto Kraft und Konzentration dar; bei der »Best of« handelt es sich um einen Wein mit der Ausstrahlung und Anziehungskraft von Marlene Dietrich!

»Da-mas-ze-ner« Scheurebe

Preis: € Pigott-Punkte: PPP Meine Punkte: ___

»Edelstahl« Pinot-Cuveé

Preis: €€ Pigott-Punkte: PPPP Meine Punkte: ___

Zwei neue starke Statements von Christian Stahl, die auch eine blitzige Frische aufweisen. Dank des Einsatzes des neuen Außenbetriebsleiters »der Dr.« haben die 2008er noch mehr Mineralität als die Vorjahrgänge.

AM **STEIN** (Knoll) – Würzburg/Franken/D

Weingut Tel.: +49 (0)9 31/2 58 08,
E-Mail: mail@weingut-am-stein.de

Würzburger Stein Silvaner Kabinett trocken

Preis: € Pigott-Punkte: PP Meine Punkte: ___

Stettener Stein Silvaner Spätlese trocken
Preis: €€ Pigott-Punkte: PPP Meine Punkte: ___
Das moderne Franken lässt mit einer Ladung reifer Früchte und einem verspielten Stil grüßen. Klar und direkt in der Anrede sind sie schwer abzuweisen.
Würzburger Innere Leiste Riesling Kabinett trocken
Preis: € Pigott-Punkte: PPP Meine Punkte: ___
Würzburger Innere Leiste Riesling Spätlese trocken »Großes Gewächs«
Preis: €€€ Pigott-Punkte: PPPP Meine Punkte: ___
Hier gilt das Gleiche, und wir befinden uns erfreulich weit weg vom rustikalen alten Franken mit seinen Säurekrachern.

OBSTHOF AM **STEINBERG** (Andreas Schneider) – Nieder-Erlenbach/D
Obstgut Tel.: +49 (0)61 01/4 15 22,
E-Mail: info@obsthof-am-steinberg.de
Schneiders Apfelwein diverse Sorten
Preis: €!–€ Pigott-Punkte: PP–PPPP Meine Punkte: ___
Wie beim Perlwein hat Andreas Schneider ein tolles Gespür für alte Apfelsorten, deren ganze Aromatik und Eigenart er einfängt. Jeder € mehr investiert, bringt mehr Qualität!
»Schneiders Libatio«
Preis: € Pigott-Punkte: PPPP Meine Punkte: ___
Mit der Hilfe von einem kleinen Hauch natürlicher Süße zeigt die Birne ihre bisher unentdeckte erotische Seite.
»Schneiders Goldparmäne«
Preis: € Pigott-Punkte: PPPPP Meine Punkte: ___
Mit seiner tiefen Goldparmäne-Aromatik (golden und nussig, und, und, und) zeigt er, dass ein Apfelwein auch genauso großartig schmecken kann wie ein hochwertiger Traubenwein. Hier sind 10 € sehr gut investiert!

STEITZ – Stein-Bockenheim/Rheinhessen/D
Weingut Tel.: +49 (0)67 03/9 30 80, E-Mail: mail@weingut-steitz.de
Riesling »S« trocken
Preis: € Pigott-Punkte: PPP Meine Punkte: ___
Siefersheimer Heertretz Grauburgunder trocken
Preis: € Pigott-Punkte: PPP Meine Punkte: ___
Schlank, filigran und mineralisch ist Christian Steitzes Riesling »S« aus Siefersheim. Dagegen ist der nach Honig duftende Grauburgunder ein üppiger, äußerst geschmeidiger Wein, der nach Kalbsleber schreit.

ST. URBANSHOF – Leiwen/Mosel/D
Weingut Tel.: +49 (0)65 07/9 37 70,
E-Mail: st.Urbans-Hof@t-online.de
Wiltinger Riesling Kabinett feinherb
Preis: € Pigott-Punkte: PPP Meine Punkte: ___

Ockfener Bockstein Riesling Spätlese feinherb
Preis: €€€ Pigott-Punkte: PPPP Meine Punkte: ___
Im Zeitalter der Schwergewichtler schmeckt der federleichte Kabinett so überraschend und erhellend wie ein Blitz aus heiterem Himmel. An Opulenz spart die Spätlese nicht gerade, aber die Harmonie stimmt und der Saft fließt!

SUMARIDGE – Walker Bay/ZA
Rindchens Weinkontor Tel.: +49 (0)40/5 56 20 20,
E-Mail: info@rindchen.de
Sauvignon Blanc
Preis: € Pigott-Punkte: PPPP Meine Punkte: ___
Ein wahrer Luxus-Fruchtkorb, groß und voll gepackt; Düfte, Farben und eine wahnsinnig nachhaltige Geschmacksfülle!

DOMAINE DU **TARIQUET** – Gascogne/F
Vinalia Tel.: +49 (0)30/34 70 90 90,
E-Mail: info@vinalia-Berlin.de
Vin de Pays des Côtes de Gascogne Ugni blanc & Colombard
Preis: €! Pigott-Punkte: PP Meine Punkte: ___
Betonte Frische und eine ausgeprägte grüne Apfelnote machen diesen ausgesprochenen Leichtwein (10,5 % Alkohol) zu einem mächtigen Durstlöscher.

TEMENT – Berghausen/Südsteiermark/A
Weingut Tel.: +43 (0)34 53/4 10 10, E-Mail: weingut@tement.at
D: Thomas Späth Tel.: +49 (0)89/34 47 61,
E-Mail: office@thomasspaeth.de
Sauvignon Blanc »Steirische Klassik«
Preis: €€ Pigott-Punkte: PPP Meine Punkte: ___
Theoretisch sind die steirischen Weine der Inbegriff der Leichtigkeit, doch schon Manfred Tements Sauvignon Blanc ist ein starkes Stück mit ausgeprägten Holunderblüten- und Stachelbeernoten.

TESCH – Langenlonsheim/Nahe/D
Weingut Tel.: +49 (0)67 04/9 30 40, E-Mail: info@weingut-tesch.de
Riesling »Unplugged«
Preis: € Pigott-Punkte: PPPP Meine Punkte: ___
Martin Tesch wagt es, uns in diesem ganz trockenen, aber wohlproportionierten echten Trinkwein die nackten Tatsachen des Rieslings zu zeigen.
Krone Riesling (gelbes Etikett)
Preis: € Pigott-Punkte: PPPP Meine Punkte: ___
Löhrer Berg Riesling (grünes Etikett)
Preis: € Pigott-Punkte: PPPP Meine Punkte: ___
Königsschild Riesling (blaues Etikett)
Preis: € Pigott-Punkte: PPPP Meine Punkte: ___
Karthäuser Riesling (rot-braunes Etikett)

Preis: € Pigott-Punkte: PPPPP Meine Punkte: ___

St. Remigiusberg Riesling (rotes Etikett)

Preis: €€ Pigott-Punkte: PPPPP Meine Punkte: ___

Fünf weitere Facetten der Tesch'schen trockenen Riesling-Revolution. Die Farben sind nicht aufgesetzt, sondern spiegeln ziemlich genau die Stimmung jedes einzelnen Quintettmitglieds wider. Welcher am besten schmeckt, hängt von der eigenen Stimmung ab. Der »St. Remigiusberg« tanzt auf dem Vulkan!

MICHAEL **TESCHKE** – Gau-Algesheim/Rheinhessen/D

Weingut Tel.: +49 (0)67 25/23 31, E-Mail: michaelteschke@web.de

Sylvaner Classic

Preis: €! Pigott-Punkte: PP Meine Punkte: ___

Ein super-saftiger und sehr animierender Silvaner, der nach Salat, Spargel oder Sushi schreit!

»Von der Dünnbach« Silvaner trocken

Preis: €! Pigott-Punkte: PPP Meine Punkte: ___

»Vom langen Sterk« Silvaner trocken

Preis: €€ Pigott-Punkte: PPPP Meine Punkte: ___

Neue Silvaner-Sterne am Rheinhessischen Weinhimmel, der »Dünnbach« nach Goldparmänen duftend, voll und geschmeidig, der »Sterk« mit großer Spannkraft und einem subtilen Duft nach Orangenschale.

THÖRLE – Saulheim/Rheinhessen/D

Weingut Tel.: +49 (0)67 32/54 43, E-Mail: info@winzerhof-thoerle.de

Saulheimer Riesling trocken

Preis: € Pigott-Punkte: PPP Meine Punkte: ___

Saulheimer Silvaner trocken

Preis: € Pigott-Punkte: PPPP Meine Punkte: ___

Auch wenn die Thörle-Brüder Christoph und Johannes gute und günstige Weine erzeugen, bei diesem Paar ist die Preis-Leistung am besten. Großzügige Weine mit üppigen Kurven, aber auch einer sehr stimmigen Harmonie.

TINHOF – Eisenstadt/Burgenland/A

Weingut Tel.: +43 (0)26 82/6 26 48, E-Mail: wein@tinhof.at

D: K & M Gutsweine Tel.: +49 (0)69/71 71 34 30,
E-Mail: info@gutsweine.com

Neuburger

Preis: € Pigott-Punkte: PPP Meine Punkte: ___

Eine ganz ungewöhnliche Leichtigkeit und Kräuterfrische für eine Sorte, die oft breit wirkt.

Leithaberg Neuburger/Weissburgunder

Preis: €€ Pigott-Punkte: PPPP Meine Punkte: ___

Enorm weinig und geschmeidig, aber auch überraschend schwerelos wirkt dieses Novum, das fast genau das ist, was teure Weißweine aus Burgund sein sollten (aber nur selten sind) – mit einer ganz eigenen Note.

CANTINA **TRAMIN** – Tramin/Südtirol-Alto Adige/I
Fischer & Trezza Tel.: +49 (0)7 11/4 60 67 00,
E-Mail: info@fischer-trezza.de
Pinot Bianco
Preis: € Pigott-Punkte: PP Meine Punkte: ___
Pinot Grigio
Preis: € Pigott-Punkte: PP Meine Punkte: ___
Italienische »Standard-Weißweine« mit ungewöhnlich viel Frische und Saftigkeit.
Gewürztraminer
Preis: € Pigott-Punkte: PPP Meine Punkte: ___
Nussbaumerhof Gewürztraminer
Preis: €€ Pigott-Punkte: PPPP Meine Punkte: ___
Schon der einfache Gewürztraminer von den Traminer Genossen ist ein heiterer und geschmeidiger Wein, der »Nussbaumerhof« jedoch wie eine gewaltige Wolke von Rosenduft, in die man sich fallen lassen kann.

RITA & RUDOLF **TROSSEN** – Kinheim-Kindel/Mosel/D
Weingut Tel.: +49 (0)65 32/27 14,
E-Mail: trossenwein@web.de
»Schieferblume« Riesling trocken
Preis: € Pigott-Punkte: PPP Meine Punkte: ___
»Schieferstern« Riesling Spätlese trocken
Preis: € Pigott-Punkte: PPPP Meine Punkte: ___
Aus den steinigen Böden dieses Teils der Mosel wachsen zierliche Blumen, die ganz zart duften und ihre Geheimnisse nur langsam preisgeben.

VAN VOLXEM – Willtingen/Mosel/D
Weingut Tel.: +49 (0)65 01/1 65 10, E-Mail: vanvolxem@t-online.de
Saar Riesling trocken »Alte Reben«
Preis: €€ Pigott-Punkte: PPPP Meine Punkte: ___
Tendenziell üppig im Duft, geschmeidig und nachhaltig – das sind alle Van-Volxem-Weine. Dieser aber vereint diese Eigenschaften mit einer nachhaltigen Eleganz und kommt in puncto Ausdrucksstärke fast an die deutlich teureren Lagenweine des Hauses heran.

VELICH – Apetlon/Neusiedlersee/A
Weingut Tel.: +43 (0)21 75/31 87, E-Mail: weingut@velich.at
D: K & U (Die Weinhalle) Tel.: +49 (0)9 11/52 51 53,
E-Mail: info@weinhalle.de
»Darscho« Chardonnay
Preis: €€€ Pigott-Punkte: PPPP Meine Punkte: ___
Tiglat Chardonnay
Preis: €€€€ Pigott-Punkte: PPPPP! Meine Punkte: ___
Verführerisch wie Mae West ist der »Tiglat« und nicht weniger opulent oder überraschend oder zeitlos. »Darscho« bietet das Ganze in etwas simplifizierter Form.

WAGECK PFAFFMANN – Bissersheim/Pfalz/D
Weingut Tel.: +49 (0)63 59/22 16,
E-Mail: weingut@wageck-pfaffmann.de
»In der Halde« Riesling trocken
Preis: €€ Pigott-Punkte: PPP Meine Punkte: ___
»Schützenhaus« Riesling trocken
Preis: €€€ Pigott-Punkte: PPPP Meine Punkte: ___
Starke Charaktere aus der noch unterschätzten Nord-Pfalz, der »Schützenhaus« noch üppiger als der schon imposante »Halde«, aber Kraft und Lebendigkeit halten sich wunderbar die Waage.

WAGNER-STEMPEL – Siefersheim/Rheinhessen/D
Weingut Tel.: +49 (0)67 03/96 03 30, E-Mail: info@wagner-stempel.de
Riesling trocken
Preis: € Pigott-Punkte: PPP Meine Punkte: ___
»Vom Porphyr« Riesling
Preis: € Pigott-Punkte: PPPP Meine Punkte: ___
Höllberg Riesling »Großes Gewächs«
Preis: €€€ Pigott-Punkte: PPPPP Meine Punkte: ___
Heerkretz Riesling »Großes Gewächs«
Preis: €€€€ Pigott-Punkte: PPPPP! Meine Punkte: ___
Geniale Weine aus einer der schönsten unbekannten Landschaften Deutschlands, die eine vibrierende Frische und kaleidoskopische Aromen besitzen – welche Früchte sind nicht hier zu finden?
Silvaner trocken
Preis: € Pigott-Punkte: PPPP Meine Punkte: ___
Silvaner »Siefersheim«
Preis: € Pigott-Punkte: PPPPP Meine Punkte: ___
Die elegantesten Weine der Welt aus dieser Traubensorte!

WALTER – Briedel/Mosel/D
Weingut Tel.: +49 (0)65 42/9 86 90,
E-Mail: info@weingut-walter.de
Riesling »G« trocken
Preis: € Pigott-Punkte: PPPP Meine Punkte: ___
Ganz neu im Jahrgang 2008 der ausdrucksstarke, dabei enorm trinkbare »G«. »G« steht für Gerrit, vielleicht aber auch für genial.
Riesling Kabinett trocken
Preis: €! Pigott-Punkte: PPP Meine Punkte: ___
Herrlich frischer, spritziger und schlanker Riesling, der immens viel Spaß macht.

DR. **WEHRHEIM** – Birkweiler/Pfalz/D
Weingut Tel.: +49 (0)63 45/35 42, E-Mail: dr.wehrheim@t-online.de
»Rotliegendes« Riesling Spätlese trocken
Preis: €€ Pigott-Punkte: PPPP Meine Punkte: ___
Kastanienbusch Riesling »Großes Gewächs«
Preis: €€€€ Pigott-Punkte: PPPPP! Meine Punke: ___

Exotische Träume – frische Maracuja und Guave neben Sandelholz-Räucherstäbchen und einem goldenen Buddha auf dem Altar; tatsächlich weitab der Pfälzer Norm. Der neue »Großes Gewächs« aus dem Rotliegenden Teil des Kastanienbuschs ist einer der großartigsten Rieslinge der Pfalz, ja der Welt; ein mineralischer Mikrokosmos im Glas.

»Buntsandstein« Riesling Spätlese trocken

Preis: €€ Pigott-Punkte: PPP Meine Punkte: ___

Kastanienbusch Köppel Riesling »Großes Gewächs«

Preis: €€€€ Pigott-Punkte: PPPPP! Meine Punke: ___

Kleiner und großer Bruder sind aus einem (dicht verwobenen, aber nicht schweren) Stoff. Hier sitzt der Pfirsich auf dem Kaiserthron und regiert ganz souverän.

»Buntsandstein« Weißburgunder Spätlese trocken

Preis: €€ Pigott-Punkte: PPPP Meine Punkte: ___

Für einen angeblich runden, erdverbundenen Wein streben seine floralen Aromen ganz weit nach oben.

»Muschelkalk« Weißburgunder Spätlese trocken

Preis: €€ Pigott-Punkte: PPPP Meine Punkte: ___

Mandelberg Weißburgunder »Großes Gewächs«

Preis: €€€€ Pigott-Punkte: PPPPP! Meine Punkte: ___

Wieder eine »kleiner und großer Bruder«-Konstellation. Beide haben genauso viel Energie und Feinheit wie Gewicht. Der »Mandelberg« bietet die ideale Grundlage für ein Tête-à-tête-Diner; dazu muss man nur etwas Leckeres kochen.

WEISER-KÜNSTLER – Traben-Trarbach/Mosel/D

Tel.: +49 (0)65 41/81 99, E-Mail: info@weiser-riesling.de

Riesling feinherb

Preis: € Pigott-Punkte: PPP Meine Punkte: ___

Der selbstbewusste Aufsteiger Konstantin Weiser verlangt schon richtig Geld für seine Top-Weine, aber dieser Wein bietet eine geniale Mosel-Riesling-Leichtigkeit auch für leichtgewichtiges Geld.

WIENINGER – Wien/A

Weingut Tel.: +43 (0)1/2 90 10 12, E-Mail: weingut@wieninger.at
D: Mövenpick Weinland Tel.: +49 (0)2 31/9 65 15 60,
E-Mail: Weinland.Dortmund@moevenpick.com

Nussberg »Alte Reben« gemischter Satz

Preis: €€ Pigott-Punkte: PPPP Meine Punkte: ___

Dieses Wiener Orchester aus zahlreichen Rebsorten spielt mit einer schier unglaublichen vielschichtigen Würze. Ein genialer Wein zur Wiener Küche, aber auch zu zahlreichen anderen Kochstilen!

WILLEMS-WILLEMS – Oberemmel/Mosel/D

Weingut Tel.: +49 (0)67 25/30 00 63,
E-Mail: info@weingut-willems.de

Weißburgunder trocken

Preis: € Pigott-Punkte: PPP Meine Punkte: ___

Zugleich geschmeidig und frisch, weinig und lebendig, ein Saarwein für Weinfreunde, die keine Säurefreunde sind.

Riesling trocken »Schiefer«
Preis: € Pigott-Punkte: PPP Meine Punkte: ___

»Auf der Mauer« Riesling feinherb
Preis: € Pigott-Punkte: PPPP Meine Punkte: ___

Altenberg Riesling
Preis: €€ Pigott-Punkte: PPPPP Meine Punkte: ___

Herrenberg Riesling
Preis: €€ Pigott-Punkte: PPPPP Meine Punkte: ___

Carolin Hoffmanns »Schiefer« schmeckt mächtig nach dem edlen Stein des nördlichen Rieslings, ist wunderbar lebendig und belebend. Fast konträr fallen der sehr zart-duftige und filigrane »Altenberg« und der kräftige, würzige »Herrenberg« aus; zwei großartige Saar-Unikate! Eine geniale Preis-Leistung stellt der hocharomatische und wunderbar verspielte »Auf der Mauer« dar. Gründe genug, Carolin Hoffmann **Jungwinzerin des Jahres** zu nennen!

WINTER – Dittelsheim-Hessloch/Rheinhessen/D
Weingut Tel.: +49 (0)62 44/74 46,
E-Mail: info@weingut-winter.de

Scheurebe trocken
Preis: € Pigott-Punkte: PPPP Meine Punkte: ___
Unverschämt viel Grapefruitsaft und Grapefruitkraft für kleines Geld!

Grauburgunder »S«
Preis: € Pigott-Punkte: PPPP Meine Punkte: ___
Trägt seinen mächtigen Körper, als sei es ein maßgeschneiderter Anzug, und was für eine herrlich helle Duftigkeit!

Riesling trocken
Preis: €! Pigott-Punkte: PPP Meine Punkte: ___
Viel Saft ganz ohne Kitsch und mit einem gigantischen Preis-Leistungs-Verhältnis!

Riesling Kalkstein
Preis: € Pigott-Punkte: PPPP Meine Punkte: ___

Riesling Leckerberg »S«
Preis: €€ Pigott-Punkte: PPPPP Meine Punkte: ___

Zwei geniale Riesling-Innovationen, der »Kalkstein« fester und herber, der »Leckerberg« so einnehmend wie ein großes Kino-Erlebnis. Hier spürt man den ganzen geilen Wahnsinn des neuen Rheinhessen.

WITTMANN – Westhofen/Rheinhessen/D
Weingut Tel.: +49 (0)62 44/90 50 36,
E-Mail: info@wittmannweingut.com

Silvaner trocken
Preis: € Pigott-Punkte: PPP Meine Punkte: ___
Ein unkomplizierter, aber sofort ansprechender ländlicher Typ.

Riesling trocken
Preis: € Pigott-Punkte: PPP Meine Punkte: ___

Ansprechend, ausgewogen und elegant, ein prototypischer moderner trockener Riesling.

Riesling »S«

Preis: €€ Pigott-Punkte: PPPP Meine Punkte: ___

Kirchspiel Riesling »Großes Gewächs«

Preis: €€€€ Pigott-Punkte: PPPPP Meine Punkte: ___

Morstein Riesling »Großes Gewächs«

Preis: €€€€€ Pigott-Punkte: PPPPP! Meine Punkte: ___

Hier kommt nicht nur eine größere Farbintensität ins Bild, sondern auch unglaublich feine Farbschattierungen. Der »Kirchspiel« ist aufstrebend und filigran wie ein spitzer Kirchturm und der »Morstein« selbstbewusst profund; entweder ist man ihm gewachsen oder nicht.

J. L. **WOLF** – Wachenheim/Pfalz/D

Weingut Tel.: +49 (0)63 22/98 97 95, E-Mail: j.l.wolf@drloosen.de

»Villa Wolf« Riesling

Preis: € **(Liter)** Pigott-Punkte: PPP Meine Punkte: ___

Wachenheim Forst Riesling

Preis: € Pigott-Punkte: PPP Meine Punkte: ___

Freundliche Kumpels mit viel Schwung und Charme, die sich über fast jede Gesellschaft auf dem Teller freuen.

Wachenheimer Pechstein Riesling

Preis: €€€ Pigott-Punkte: PPPP Meine Punkte: ___

Forster Ungeheuer Riesling

Preis: €€€ Pigott-Punkte: PPPP Meine Punkte: ___

Forster Jesuitengarten Riesling

Preis: €€€ Pigott-Punkte: PPPPP Meine Punkte: ___

Majestätisch kommt der »Jesuitengarten« daher, mit offensichtlicher Kraft präsentiert sich der »Ungeheuer«, während der »Pechstein« für einen gestandenen Pfälzer erstaunlich schlank und rassig wirkt.

ZIEREISEN – Efringen-Kirchen/D

Weingut Tel.: +49 (0)76 28/28 48, E-Mail: ziereisen@t-online.de

»Heugumber« Gutedel trocken

Preis: €! Pigott-Punkte: PP Meine Punkte: ___

»Steingrüble« Gutedel trocken

Preis: € Pigott-Punkte: PPP Meine Punkte: ___

Ja, Pigott jubelt Gutedel! Hans-Peter und Edeltraud Ziereisens »Heugumber« ist eher der leichte Sommerwein, aber in makelloser Form, ihr »Steingrüble« wirkt dagegen überraschend würzig und tief für die Sorte.

ZILLIKEN – Saarburg/Mosel/D

Weingut Tel.: +49 (0)65 81/24 56, E-Mail: info@zilliken-vdp.de

»Butterfly« Riesling

Preis: € Pigott-Punkte: PPP Meine Punkte: ___

Von der Saar flattert eine neue Definition von Leichtigkeit und Heiterkeit her.

OTTO **ZIMMER** – Engelstadt/Rheinhessen/D
Weingut Tel.: +49 (0)61 30/17 88,
E-Mail: info@weingut-otto-zimmer.de
Riesling trocken
Preis: €! **(Liter)** Pigott-Punkte: PP Meine Punkte: ___
Viel Zitrusfrische und eine schöne Saftigkeit ohne Schwere oder Säurespitze machen diesen Riesling zum optimalen Alltagswein.

ZIMMERLING – Dresden-Pillnitz/Sachsen/D
Weingut Tel.: +49 (0)3 51/2 61 87 52
Riesling »R«
Preis: €€ **(Halbliter)** Pigott-Punkte: PPPP Meine Punkte: ___
Weißburgunder »R«
Preis: €€ **(Halbliter)** Pigott-Punkte: PPPP Meine Punkte: ___
Gewürztraminer/Traminer
Preis: €€ **(Halbliter)** Pigott-Punkte: PPPP Meine Punkte: ___
Die starken, aber rätselhaft duftenden (überall Rosen oder?) trockenen Weine von Klaus Zimmerling bleiben unangepasst. Wer sich mit diesen Rätseln länger beschäftigt, lernt den neuen Orient des Weines kennen.

ZIPF – Löwenstein/Württemberg/D
Weingut Tel.: +49 (0)71 30/61 65, E-Mail: weingut@zipf.com
Riesling ****
Preis: € Pigott-Punkte: PPP Meine Punkte: ___
Riesling ******
Preis: €€ Pigott-Punkte: PPPP Meine Punkte: ___
Schlank und rassig mit betonter Bergfrische sprengen diese Weine den Rahmen für Riesling in einem Gebiet, wo die meisten Weine der Sorte oft noch oberflächlich-konstruiert oder schlichtweg lahm wirken. Der ** kostet gerade 5 € und der **** besitzt eine beachtliche Konzentration und Tiefe.

Süße Weißweine

J. B. **BECKER** – Walluf/Rheingau/D
Weingut Tel.: +49 (0)61 23/7 25 23,
E-Mail: h.j.becker@justmail.de
Wallufer Walkenberg Riesling Spätlese
Preis: €€€ Pigott-Punkte: PPPP Meine Punkte: ___
Wallufer Walkenberg Riesling Auslese
Preis: €€€ Pigott-Punkte: PPPPP Meine Punkte: ___
Die Süße ist wunderbar zart im heutigen (überdrehten) Rheingau-Kontext, aber es ist die Kombination von atemberaubender Geschmacksdichte und kompromissloser Originalität, was die Weine über den konventionellen Rheingau-Kontext stellt.

BEURER – Kernen-Stetten/Württemberg/D
Weingut Tel.: +49 (0)71 51/4 21 90,
E-Mail: info@weingut-beurer.de
Riesling Auslese
Preis: €€ **(halbe Flasche)** Pigott-Punkte: PPPP Meine Punkte: ___
Ungewöhnlich feinduftiger Wein für Württemberg mit zarter Süße und wunderbarer Frische – Tür schließen, Telefon ausschalten und Korken raus!

BRUKER – Großbottwar/Württemberg/D
Weingut Tel.: +49 (0)71 48/92 10 50,
E-Mail: info@weingut-bruker.de
»Von Buntsandstein« Riesling
Preis: € Pigott-Punkte: PPP Meine Punkte: ___
»Von Rotkeuper« Riesling
Preis: € **(halbe Flasche)** Pigott-Punkte: PPPP Meine Punkte: ___
Hier gibt's Saft und Kraft in rauen Mengen, aber diese revolutionären Württemberger Rieslinge haben dazu auch noch einen geradezu erotischen Kitzel; bei dem »Buntsandstein« ist die Süße viel dezenter als beim noch spannenderen »Rotkeuper«.

CLEMENS **BUSCH** – Pünderich/Mosel/D
Weingut Tel.: +49 (0)65 42/2 21 80,
E-Mail: weingut@clemens-busch.de
Pündericher Marienburg Riesling Spätlese
Preis: €€ Pigott-Punkte: PPPP Meine Punkte: ___
Pündericher Marienburg Riesling Auslese **/***
Preis: €€€€ **(halbe Flasche)** Pigott-Punkte: PPPPP
Meine Punkte: ___
Wagnerische Moselweine zum Abheben! Wer der fundamentalistischen Seite des Rieslings nicht abgeneigt ist, kann hier mit den Walküren reiten.

MARIE-THÉRÈSE **CHAPPAZ** – Fully/Wallis/CH
Bernd Kreis Tel.: +49 (0)7 11/76 28 39, E-Mail: b.kreis@wein-kreis.de
Grain Noble Marsanne Blanche
Preis: €€€€€ **(Halbliter)** Pigott-Punkte: PPPPP Meine Punkte: ___
Grain Noble Petite Arvine
Preis: €€€€€ **(Halbliter)** Pigott-Punkte: PPPPP Meine Punkte: ___
Genial anders und wahrhaft edel sind die edelsüßen Weine von Madame Chappaz, sehr üppig und cremig der »Marsanne Blanche«, pikanter mit nachhaltigem Limette- und Ananasaroma der »Petite Arvine«.

CHÂTEAU **CLOSIOT** – Barsac/Sauternes/Bordeaux/F
Wein-Weber Tel.: +49 (0)61 51/6 37 80,
E-Mail: info@der-wein-weber.de
Château Closiot
Preis: €€€ **(Halbliter)** Pigott-Punkte: PPPP Meine Punkte: ___
Françoise Sirot-Soizeau erzeugt einen der elegantesten Weine von Sauternes. Er duftet nach getrockneten Aprikosen und getoasteten Mandeln, schmeckt reichhaltig, aber auch mit nachhaltiger Frische.

ANSGAR **CLÜSSERATH** – Trittenheim/Mosel/D
Weingut Tel.: +49 (0)65 07/22 90,
E-Mail: weingut@ansgar-cluesserath.de
Trittenheimer Apotheke Riesling Spätlese
Preis: €€€ Pigott-Punkte: PPPP Meine Punkte: ___
Prototypische Mosel-Rieslinge mit Saft, Kraft und Pikanz. Wer meint, dass Mosel-Wein einfach süß sei, muss diesen eleganten Wahnsinn einfach erleben.

SCHLOSSGUT **DIEL** – Burg Layen/Nahe/D
Weingut Tel.: +49 (0)67 21/9 69 50, E-Mail: info@schlossgut-diel.com
Dorsheimer Pittermännchen Riesling Spätlese
Preis: €€€ Pigott-Punkte: PPPPP Meine Punkte: ___
Dorsheimer Goldloch Riesling Spätlese
Preis: €€€ Pigott-Punkte: PPPPP Meine Punkte: ___
Dorsheimer Burgberg Riesling Kabinett
Preis: €€ Pigott-Punkte: PPPP Meine Punkte: ___
Dorsheimer Burgberg Riesling Spätlese
Preis: €€€ Pigott-Punkte: PPPPP Meine Punkte: ___
In den letzten Jahren ist hier einiges passiert, und die »untrocknen« Rieslinge von Diel haben deutlich an Spannung und Spiel gewonnen. Ein kleines Meisterwerk: der super-elegante Kabinett aus dem Burgberg!

H. **DÖNNHOFF** – Oberhausen/Nahe/D
Weingut Tel.: +49 (0)67 55/2 63, E-Mail: weingut@doennhoff.com
Oberhäuser Leistenberg Riesling Kabinett
Preis: €€ Pigott-Punkte: PPPP Meine Punkte: ___

Sehr viel Charme und Charakter auf wenig Raum konzentriert, ein tänzerischer Wein, der auch zum Tanzen toll ist.

Oberhäuser Brücke Riesling Spätlese
Preis: €€€€ Pigott-Punkte: PPPPP Meine Punkte: ___

Oberhäuser Brücke Riesling Auslese
Preis: €€€€€ Pigott-Punkte: PPPPP Meine Punkte: ___

Die Weine aus der »Brücke« sind die kräftigsten Dönnhoff-Weine, besitzen aber gleichzeitig wunderbar subtile und originelle Fruchtaromen.

Niederhäuser Hermannshöhle Riesling Spätlese
Preis: €€€€ Pigott-Punkte: PPPPP! Meine Punkte: ___

Niederhäuser Hermannshöhle Riesling Auslese »Goldkapsel«
Preis: €€€ **(halbe Flasche)** Pigott-Punkte: PPPPP! Meine Punkte: ___

So fein wie die teuerste Spitze, aber auch felsenfest; der Gipfel an Subtilität entweder zum Trinken oder lange Weglegen und gesund leben, nur als gereifter Wein zu erleben.

EMRICH-SCHÖNLEBER – Monzingen/Nahe/D
Weingut Tel.: +49 (0)67 51/27 33,
E-Mail: weingut@emrich-schoenleber.com

Monzinger Frühlingsplätzchen Riesling Kabinett
Preis: € Pigott-Punkte: PPP Meine Punkte: ___

Der Charme des Frühlings in Wein-Form, herrlich lebendig und überschwänglich.

Monzinger Halenberg Riesling Spätlese
Preis: €€€ Pigott-Punkte: PPPPP Meine Punkte: ___

Monzinger Halenberg Riesling Auslese
Preis: €€€€ Pigott-Punkte: PPPPP! Meine Punkte: ___

So schlank und elegant wie Rennpferde, die Säure wie das Skelett unter der genau dazu passenden Muskulatur aus Pfirsicharomen und natürlicher Süße.

FEILER-ARTINGER – Rust/Neusiedlersee-Hügelland/A
Weingut Tel.: +43 (0)26 85/2 37,
E-Mail: office@feiler-artinger.at
D: Thomas Späth Tel.: +49 (0)89/34 47 61,
E-Mail: office@thomasspaeth.de

Welschriesling Ruster Ausbruch
Preis: €€€€ **(halbe Flasche)** Pigott-Punkte: PPPPP
Meine Punkte: ___

Pinot Cuvée Ruster Ausbruch
Preis: €€€€ **(halbe Flasche)** Pigott-Punkte: PPPPP
Meine Punkte: ___

Richtige Dessertweine bzw. Weine mit feiner Honigsüße und einem zarten Schmelz, die ein tolles Dessert ersetzen können, mit einer vielschichtigen, faszinierenden Würze, die lange nachhallt.

JOACHIM **FLICK** – Flörsheim-Wicker/Rheingau/D
Weingut Tel.: +49 (0)61 45/76 86, E-Mail: info@flick-wein.de
Wickerer Nonnberg Riesling Spätlese
Preis: €€ Pigott-Punkte: PPPP Meine Punkte: ___
Wickerer Nonnberg Riesling Auslese
Preis: €€€ Pigott-Punkte: PPPPP Meine Punkte: ___
Die energiegeladenen Nonnberg-Rieslinge mit natürlicher Traubensüße haben eine geniale mineralische Frische, die reine Freude spendet!

GARAGE WINERY (Anthony Hammond) – Oestrich-Winkel/Rheingau/D
Weingut Tel.: +49 (0)67 23/60 33 40, E-Mail: info@garage-winery.com
»Sugar Babe« Riesling
Preis: € Pigott-Punkte: PPP Meine Punkte: ___
»Diese Süße verführt Frauen zum Tanzen auf dem Tisch!«, sagt Anthony Hammond. »Nackt?«, fragt der Besucher. Die Dame auf dem Etikett jedenfalls trägt schöne Dessous.

MANUFAKTUR JÖRG **GEIGER** – Schlat bei Göppingen/Württemberg/D
Obstweingut Tel.: +49 (0)71 61/9 99 02 24,
E-Mail: info@manufaktur-joerg-geiger.de
»Eisapfel«
Preis: €€€ **(halbe Flasche)** Pigott-Punkte: PPPPP Meine Punkte: ___
Eine Essenz aus Bitterfelder Äpfeln, die mindestens so stark nach exotischen Früchten wie nach Äpfeln duftet, geradezu erotisch-saftig schmeckt und nur 3,5 % Alkoholgehalt hat. Auch diese Innovation macht Jörg Geiger zum **Obstweinerzeuger des Jahres!**

GEIL (Geil-Bierschenk) – Bechtheim/Rheinhessen/D
Weingut Tel.: +49 (0)62 42/15 46, E-Mail: info@weingut-geil.de
Rieslaner Auslese
Preis: €€ Pigott-Punkte: PPPP Meine Punkte: ___
Huxelrebe Trockenbeerenauslese
Preis: €€€ **(halbe Flasche)** Pigott-Punkte: PPPPP Meine Punkte: ___
Die Geil'schen Dessertweine bieten eine Saftigkeit und Nachhaltigkeit, die tatsächlich geil ist. Die Trockenbeerenauslesen sind dank ihrer wunderbaren Klarheit dicht und delikat statt dick und doof.

MAXIMIN **GRÜNHAUS** – siehe C. VON **SCHUBERT**

GUNDERLOCH – Nackenheim/Rheinhessen/D
Weingut Tel.: +49 (0)61 35/23 41, E-Mail: info@gunderloch.de
»Jean Baptiste« Riesling Kabinett
Preis: € Pigott-Punkte: PPP Meine Punkte: ___
Sensationell fröhlich und lecker, wenn man kein verbissener Trockenwein-Fanatiker ist, saftig und sehr lebendig; ein perfekter Wein zur Thai-Küche.

Nackenheim Rothenberg Riesling Auslese
Preis: €€€€ Pigott-Punkte: PPPPP Meine Punkte: ___
Nackenheim Rothenberg Riesling Auslese »Goldkapsel«
Preis: €€€€€ Pigott-Punkte: PPPPP! Meine Punkte: ___
Eigentlich zusammen mit der deutlich herberen Riesling Auslese *** ein Trio von Diven in weißen rückenfreien Abendkleidern mit tiefen Dekolletés auf rotem Teppich. Jede von ihnen verdient einen Oscar!

GYSLER – Alzey-Weinheim/Rheinhessen/D
Weingut Tel.: +49 (0)67 31/4 12 66, E-Mail: alex.gysler@t-online.de
Huxelrebe Spätlese
Preis: € Pigott-Punkte: PPP Meine Punkte: ___
Huxelrebe Beerenauslese
Preis: €€ **(halbe Flasche)** Pigott-Punkte: PPPP Meine Punkte: ___
Obwohl aus der gleichen »Mega Out«-Rebsorte Huxel, sind diese Weine sehr unterschiedlich. Die Spätlesen sind pikant und aufregend, die Beerenauslesen dagegen cremig, geschmeidig und ideal zum »Chill-Out«.
Weinheimer Hölle Riesling Spätlese
Preis: € Pigott-Punkte: PPPP Meine Punkte: ___
So leichtfüßig und verspielt wie hochwertige Moselweine – Alex Gyslers Rieslinge mit natürlicher Traubensüße sind einmalig in Rheinhessen.

FRITZ **HAAG** – Brauneberg/Mosel/D
Weingut Tel.: +49 (0)65 34/4 10,
E-Mail: weingut-fritz-haag@t-online.de
Brauneberger Juffer-Sonnenuhr Riesling Kabinett
Preis: € Pigott-Punkte: PPPP Meine Punkte: ___
Brauneberger Juffer-Sonnenuhr Riesling Spätlese
Preis: €€ Pigott-Punkte: PPPP Meine Punkte: ___
Brauneberger Juffer-Sonnenuhr Riesling Auslese
Preis: €€€€ Pigott-Punkte: PPPPP Meine Punkte: ___
Oliver Haag bleibt der filigranen Stilistik seines Vaters treu, und seine Weine besitzen eine in Deutschland einmalige Delikatesse.

REINHOLD **HAART** – Piesport/Mosel/D
Weingut Tel.: +49 (0)64 34/20 15, E-Mail: info@haart.de
»Haart to Heart« Riesling
Preis: € Pigott-Punkte: PPP Meine Punkte: ___
Wer ein offenes Herz für den Riesling hat, wird viel übrig haben für diesen Wein, der spielend in sich Herbe und Süße, Leichtigkeit und Stärke vereint.
Piesporter Goldtröpfchen Riesling Kabinett
Preis: € Pigott-Punkte: PPPP Meine Punkte: ___
Piesporter Goldtröpfchen Riesling Spätlese
Preis: €€ Pigott-Punkte: PPPPP Meine Punkte: ___
Piesporter Goldtröpfchen Riesling Auslese
Preis: €€€€ Pigott-Punkte: PPPPP! Meine Punkte: ___

Überschwängliche, aber feine Aromatik zusammen mit viel Stoff und Energie eröffnen ein Barockfest des Mosel-Rieslings, aber erst nach einer gewissen Flaschenreife (mindestens 1 Jahr für Spätlesen und 2 Jahre für Auslesen) entfalten die Weine sich richtig.

HEDDESHEIMER HOF (Michael Beck) – Stadecken-Elsheim/Rheinhessen/D
Weingut Tel.: +49 (0)61 36/24 87,
E-Mail: weingut@heddesheimer-hof.de
Riesling Spätlese »Late Night«
Preis: € Pigott-Punkte: PPPP Meine Punkte: ___
Duftet wie der geilste Cocktail der Welt, schmeckt supersaftig, aber keine Spur sättigend, mit einem superklaren Finale, das einen zurück zum Glas zieht. Der **Edelsaufwein des Jahres!**

HENSEL & SCHNEIDER – Bad Dürkheim & Ellerstadt/Pfalz/D
Weingut Tel.: +49 (0)62 37/72 88,
E-Mail: weingut.schneider@t-online.de
»Übermut« Muskat-Ottonel
Preis: €€€€ **(Halbliter)** Pigott-Punkte: PPPP Meine Punkte: ___
Wer einen deutschen Süßwein im üblichen Stil erwartet, wird ins Wein-All geschleudert! Wer Quittengelee, bittere Orangenmarmelade oder weißen Port mag, wird diese radikale Innovation mögen. Vorsicht beim Andocken!

HEXAMER – Meddersheim/Nahe/D
Weingut Tel.: +49 (0)67 51/22 69,
E-Mail: info@weingut-hexamer.de
Meddersheimer Rheingrafenberg Riesling Spätlese*
Preis: € Pigott-Punkte: PPP Meine Punkte: ___
Meddersheimer Rheingrafenberg Riesling Spätlese **
Preis: €€ Pigott-Punkte: PPPP Meine Punkte: ___
Ungemein pikant und rassig schmecken mir diese Riesling-Energiebomben aus dem All. Warum viele Deutsche so was immer noch als »einfach süß« verunglimpfen, ist mir ein echtes Rätsel.

VON **HÖVEL** – Oberemmel/Mosel/D
Weingut Tel.: +49 (0)65 01/15 38,
E-Mail: weingutvonhoevel@t-online.de
Oberemmeler Hütte Riesling Spätlese
Preis: €€ Pigott-Punkte: PPPP Meine Punkte: ___
Oberemmeler Hütte Riesling Auslese
Preis: €€€ Pigott-Punkte: PPPP Meine Punkte: ___
Vielleicht sind sie nicht die allerfeinsten Rieslinge Deutschlands, aber diese wahren Saftbomben bieten enorm viel Wein für moderates Geld und sind trotzdem verspielt anstatt bombastisch.
Kanzemer Hörecker Riesling Spätlese/Auslese »Erste Lage«
Preis: €€ Pigott-Punkte: PPPPP Meine Punkte: ___

Der edelsteinharte Kern wird umhüllt von schwereloser Riesling-Feinheit.

JOHANNISHOF – Johannisberg/Rheingau/D
Weingut Tel.: +49 (0)67 22/82 16,
E-Mail: weingut.johannishof@t-online.de
Johannisberger Klaus Riesling Spätlese
Preis: €€ Pigott-Punkte: PPPP Meine Punkte: ___
Rüdesheimer Berg Rottland Riesling Spätlese
Preis: €€ Pigott-Punkte: PPPP Meine Punkte: ___
Rüdesheimer Berg Rottland Riesling Auslese
Preis: €€ **(halbe Flasche)** Pigott-Punkte: PPPP Meine Punkte: ___
Viele scharfe Kurven sorgen für ein heißes Rennen, trotzdem wirkt die hocharomatische Süße eher zart; die Größe des Rieslings in völlig unbeschwerter Form.

TONI **JOST** – Bacharach/Mittelrhein/D
Weingut Tel.: +49 (0)67 43/12 16, E-Mail: tonijost@debitel.net
Bacharacher Hahn Riesling Spätlese
Preis: €€ Pigott-Punkte: PPP Meine Punkte: ___
Prall und satt, ohne drall oder sättigend. Die hochreifen Pfirsiche lassen grüßen, und saftig sprießt es überall!

KARLSMÜHLE (Peter Geiben) – Mertesdorf/Mosel/D
Weingut Tel.: +49 (0)6 51/51 24,
E-Mail: anfrage@weingut-karlsmuehle.de
Lorenzhöfer Riesling Spätlese
Preis: € Pigott-Punkte: PPPP Meine Punkte: ___
Wein mit pulsierenden Aromen und elektrisierendem Süße-Säure-Spiel – nichts für Harmoniesüchtige oder Weintrinker, denen es an Abenteuerlust mangelt. Die Karlsmühle-Rieslinge aus anderen Lagen sind kaum weniger berauschend!

KARTHÄUSERHOF (Christoph Tyrell) – Eitelsbach/Mosel/D
Weingut Tel.: +49 (0)6 51/51 21, E-Mail: mail@karthaeuserhof.com
Eitelsbacher Karthäuserhof Riesling Kabinett
Preis: € Pigott-Punkte: PPP Meine Punkte: ___
Eitelsbacher Karthäuserhofberg Riesling Spätlese
Preis: €€ Pigott-Punkte: PPPP Meine Punkte: ___
Eitelsbacher Karthäuserhofberg Riesling Auslese
Preis: €€€ Pigott-Punkte: PPPP Meine Punkte: ___
Obwohl bekannter für trockene Weine, sind auch die Süßweine dieses Gutes schlank, pikant und energiegeladen. Die Auslesen mit Fass-Nummer (ab etwa 30 €) sind oft beeindruckend filigran.

RANDOLF **KAUER** – Bacharach/Mittelrhein/D
Weingut Tel.: +49 (0)67 43/22 72,
E-Mail: weingut-dr-kauer@t-online.de

Oberdiebacher Fürstenberg Riesling Spätlese
Preis: €€ Pigott-Punkte: PPPP Meine Punkte: ___
Trotz viel Frucht und Substanz schmecken diese Weine straff und diskret anstatt laut oder ausladend.

KELLER – Flörsheim-Dalsheim/Rheinhessen/D
Weingut Tel.: +49 (0)62 43/4 56, E-Mail: info@keller-wein.de
Dalsheimer Hubacker Riesling Auslese
Preis: €€€€ Pigott-Punkte: PPPP Meine Punkte: ___
Dalsheimer Hubacker Riesling Auslese »Goldkapsel«
Preis: €€€€€ **(halbe Flasche)** Pigott-Punkte: PPPPP
Meine Punkte: ___
Wer will die ultimative Saftbombe mittig auf der Zunge zünden? Wer will so viele exotische Fruchtaromen auf einmal wie nur möglich?

REICHSGRAF VON **KESSELSTATT** – Morscheid/Mosel/D
Weingut Tel.: +49 (0)65 00/9 16 90, E-Mail: weingut@kesselstatt.de
Scharzhofberger Riesling Spätlese
Preis: €€€ Pigott-Punkte: PPPP Meine Punkte: ___
Josephshöfer Riesling Spätlese
Preis: €€€ Pigott-Punkte: PPPPP Meine Punkte: ___
Schlank, hochelegant und makellos die »Scharzhofberger«, tief, ausdrucksstark und eigensinnig die genialen »Josephshöfer«. Die Bezeichnung »Spätlese« sagt nur, dass sie – glücklicherweise – nicht trocken sind.

REINHARD **KNEBEL** – Winningen/Mosel/D
Weingut Tel.: +49 (0)26 06/26 31, E-Mail: info@weingut-knebel.de
Winninger Röttgen Riesling Spätlese
Preis: €€ Pigott-Punkte: PPP Meine Punkte: ___
Winninger Röttgen Riesling Auslese
Preis: €€€ Pigott-Punkte: PPPP Meine Punkte: ___
Rund und frisch und zugleich mit sehr viel jugendlichem Charme – Ausnahme-Süßweine aus einem Teil der Mosel, wo so etwas recht selten gelingt.

ALOIS **KRACHER** – Illmitz/Neusiedlersee/A
Thomas Späth Tel.: +49 (0)89/34 47 61,
E-Mail: office@thomasspaeth.de
Auslese »Cuvée«
Preis: € **(halbe Flasche)** Pigott-Punkte: PPP Meine Punkte: ___
Beerenauslese »Cuvée«
Preis: €€ **(halbe Flasche)** Pigott-Punkte: PPP Meine Punkte: ___
Vergiss den ganzen Rotwein-mit-Schoko-Unsinn. Hier sind optimale »Schoko-Weine«, die nach getrockneten Zitrusfrüchten und Birnen statt herben Tanninen oder Sirup schmecken.
»Grande Cuvée« – »Nouvelle Vague«
Preis: €€€€ **(halbe Flasche)** Pigott-Punkte: PPPPP Meine Punkte: ___

Hier geht es noch üppiger zu als bei den »Zwischen den Seen«-Abfüllungen, mit ausgeprägter Vanillenote neben dem edlen Früchtekompott im Glas.

Welschriesling Trockenbeerenauslese
»Zwischen den Seen«
Preis: €€€€ **(halbe Flasche)** Pigott-Punkte: PPPPP!
Meine Punkte: ___

Scheurebe Trockenbeerenauslese »Zwischen den Seen«
Preis: €€€€ **(halbe Flasche)** Pigott-Punkte: PPPPP!
Meine Punkte: ___

In puncto Geschmacksdichte, Cremigkeit *und* Harmonie sind diese wahren Dessertweine kaum zu toppen. Als »Süßspeise-Ersatz« bereichern sie jedes Essen um einen tatsächlich krönenden Abschluss. Kein Ab-Hof-Verkauf!

LANGWERTH VON SIMMERN – Eltville/Rheingau/D
Weingut Tel.: +49 (0)61 23/9 21 10,
E-Mail: weingut-langwerth-von-simmern@t-online.de

Erbacher Marcobrunn Riesling Spätlese
Preis: €€€ Pigott-Punkte: PPPP Meine Punkte: ___

Rauenthaler Baiken Riesling Spätlese
Preis: €€€ Pigott-Punkte: PPPP Meine Punkte: ___

Durch Zartheit und Feinheit beeindrucken diese Weine – anstatt durch schiere Power, Wucht oder vordergründige Süße; ein Haus mit großer Tradition, das eine Qualitätsrenaissance erlebt.

LANIUS-KNAB – Oberwesel/Mittelrhein/D
Weingut Tel.: +49 (0)67 44/81 04,
E-Mail: Lanius.Knab@t-online.de

Engehöller Bernstein Riesling Spätlese
Preis: € Pigott-Punkte: PPP Meine Punkte: ___

Engehöller Bernstein Riesling Auslese
Preis: €€€ Pigott-Punkte: PPPP Meine Punkte: ___

Zeit und Geduld verlangen diese Edelsteine, aber dann entdeckt man eine Welt von kristalliner Reinheit und Geradlinigkeit. Die etwas runderen Weine aus der Lage Goldmund sind auch gut.

JOSEF **LEITZ** – Rüdesheim/Rheingau/D
Weingut Tel.: +49 (0)67 22/4 87 11,
E-Mail: johannes.leitz@leitz-wein.de

Rüdesheimer Berg Roseneck Riesling Spätlese
Preis: €€€ Pigott-Punkte: PPPPP Meine Punkte: ___

Rüdesheimer Berg Schlossberg Riesling Spätlese
Preis: €€€ Pigott-Punkte: PPPP Meine Punkte: ___

Johannes Leitz ist zwar eher für seine trockenen Weine bekannt, aber seine süßen Rieslinge sind kaum weniger strahlend und originell.

CARL **LOEWEN** – Leiwen/Mosel/D
Weingut Tel.: +49 (0)65 07/30 94,
E-Mail: mail@weingut-loewen.de
Leiwener Laurentiuslay Riesling Spätlese
Preis: €€ Pigott-Punkte: PPPP Meine Punkte: ___
Leiwener Laurentiuslay Riesling Auslese
Preis: €€€ Pigott-Punkte: PPPPP Meine Punkte: ___
Die »Laurentiuslay« steht für heitere, charmante und graziöse Mosel-Schönlinge; die Cary Grants des Rieslings!
Thörnicher Ritsch Riesling Spätlese
Preis: €€ Pigott-Punkte: PPPP Meine Punkte: ___
Thörnicher Ritsch Riesling Auslese
Preis: €€€ Pigott-Punkte: PPPPP Meine Punkte: ___
Mit ihrer mineralischen Stärke und Brillanz erinnern Karl-Josef Loewens »Ritsch«-Weine an Ingrid Bergman in Hitchcocks »Notorious« (wo sie den dunklen Kontrapunkt zu Cary Grant bildet).

DR. **LOOSEN** – Bernkastel/Mosel/D
Weingut Tel.: +49 (0)65 31/34 26, E-Mail: vertrieb@drloosen.de
Wehlener Sonnenuhr Riesling Kabinett
Preis: € Pigott-Punkte: PPP Meine Punkte: ___
Wehlener Sonnenuhr Riesling Spätlese
Preis: €€ Pigott-Punkte: PPP Meine Punkte: ___
Wehlener Sonnenuhr Riesling Auslese
Preis: €€€ Pigott-Punkte: PPPP Meine Punkte: ___
Mit diesen Weinen im Glas fühlt man sich wie in einem Blumenparadies, und die Konsistenz auf der Zunge ist wie feinste Spitze. Nur eine kategorische Ablehnung des süßen Weins kann einem den Weg zu diesem Genuss verbauen.
Erdener Treppchen Riesling Spätlese
Preis: €€ Pigott-Punkte: PPPP Meine Punkte: ___
Windhund-Rasse verbindet sich mit Aniswürze und erzeugt eine neue Art der Weißwein-Hochspannung.
Ürziger Würzgarten Riesling Spätlese
Preis: €€€ Pigott-Punkte: PPPP Meine Punkte: ___
Ürziger Würzgarten Riesling Auslese
Preis: €€€€€ Pigott-Punkte: PPPPP Meine Punkte: ___
»Nomen est omen« ist Programm bei den markanten Würzgarten-Weinen, deren Würze einen entweder gefangennimmt oder abstößt.

MACULAN – Veneto/I
Harald Bremer Tel.: +49 (0)5 31/23 73 60,
E-Mail: info@bremerwein.de
»Torcolato«
Preis: €€€ Pigott-Punkte: PPPP Meine Punkte: ___
Zugleich sanft und frisch, reichhaltig und zart ist dies der wahrscheinlich zuverlässigste italienische Dessertwein, der ausnahmsweise wirklich zum Dessert passt.

MARKUS **MOLITOR** – Zeltingen/Mosel/D
Weingut Tel.: +49 (0)65 32/39 39,
E-Mail: weingut.markus.molitor@t-online.de
Niedermenniger Herrenberg Riesling Kabinett
Preis: € Pigott-Punkte: PPP Meine Punkte: ___
Markus Molitor ist bekannt für opulente süße Rieslinge. Wenn man auf üppig und mächtig steht, wird man viel mehr dafür übrig haben als ich. Diese filigrane Miniatur versteckt sich etwas hinter den sehr imposanten Molitor-Auslese-Monstern, aber ich habe mehr Freude daran, weil sie auch Platz für den Trinker lässt.

MÜLLEN (Martin & Susanne) – Traben-Trarbach/Mosel/D
Weingut Tel.: +49 (0)65 41/94 70, E-Mail: info@muellen.de,
Internet: www.weingutmuellen.de
Kröver Paradies Riesling Spätlese ** »Abbi«
Preis: € Pigott-Punkte: PPPP Meine Punkte: ___
Kröver Paradies Riesling Spätlese ** »Deane«
Preis: €€ Pigott-Punkte: PPPPP Meine Punkte: ___
Kröver Paradies Riesling Spätlese ***
Preis: €€€ Pigott-Punkte: PPPPP! Meine Punkte: ___
Eine erstaunliche Feinheit und Frische haben diese Weine trotz ihrer satten Frucht und großen Kraft, einfach paradiesisch gut!
Trarbacher Hühnerberg Riesling Spätlese
Preis: €€ Pigott-Punkte: PPPPP Meine Punkte: ___
Trarbacher Hühnerberg Riesling Auslese
Preis: €€€€ **(halbe Flasche)** Pigott-Punkte: PPPPP! Meine Punkte: ___
Trarbacher Hühnerberg Riesling Auslese **
Preis: €€€€€ **(halbe Flasche)** Pigott-Punkte: PPPPP!
Meine Punkte: ___
Hier staune ich über Weine, die einen erstaunlich urigen Charakter mit einer großartigen Originalität und immense Konzentration mit brillanter Rasse verbinden.

MATTHIAS **MÜLLER** – Spay/Mittelrhein/D
Weingut Tel.: +49 (0)26 28/87 41,
E-Mail: weingut.matthias.mueller@t-online.de
Bopparder Hamm Riesling Hochgewächs
Preis: €! Pigott-Punkte: PP Meine Punkte: ___
Bopparder Hamm Feuerlay Riesling Spätlese
Preis: € Pigott-Punkte: PPP Meine Punkte: ___
Einfach lecker – Pfirsich über alles! –, aber für diese Preisklassen auch richtig fein und originell.
Bopparder Hamm Feuerlay Riesling Auslese
Preis: €€€€ Pigott-Punkte: PPPP Meine Punkte: ___
Bopparder Hamm Feuerlay Riesling Eiswein
Preis: €€€€€ Pigott-Punkte: PPPPP Meine Punkte: ___
Wer den Aufpreis bei Müller bezahlt, bekommt edelsüße Weine, die diese Bezeichnung wahrhaft verdienen.

MÜLLER-CATOIR – Neustadt-Haardt/Pfalz/D
Weingut Tel.: +49 (0)63 21/28 15,
E-Mail: weingut@mueller-catoir.de
Riesling Spätlese
Preis: €€ Pigott-Punkte: PPPP Meine Punkte: ___
Kein anderes Weingut in der Pfalz schafft es, Rieslinge mit natürlicher Süße zu produzieren, die solch eine Leichtfüßigkeit und Eleganz aufweisen.
Rieslaner Auslese
Preis: €€€€€ Pigott-Punkte: PPPPP Meine Punkte: ___
Rieslaner Beerenauslese
Preis: €€€€€ **(halbe Flasche)** Pigott-Punkte: PPPPP!
Meine Punkte: ___
In puncto Brillanz sind die edelsüßen Rieslaner von »MC^2« kaum zu übertreffen; aus Trauben-Materie wird hier reine Aromen-Energie, und sie bringt die Erleuchtung!

EGON **MÜLLER-SCHARZHOF** – Wiltingen/Mosel/D
Wein & Glas Tel.: +49 (0)30/2 35 15 20,
E-Mail: info@weinundglas.com
»Scharzhof« Riesling
Preis: €€€ Pigott-Punkte: PPP Meine Punkte: ___
Ein Maulvoll Saarwein, unkompliziert und saftig; gerade süß genug, um nicht in der trockenen Ecke zu landen.
Scharzhofberger Riesling Kabinett
Preis: €€€€ Pigott-Punkte: PPPP Meine Punkte: ___
Scharzhofberger Riesling Spätlese
Preis: €€€€€ Pigott-Punkte: PPPPP Meine Punkte: ___
Die hohe Kunst des klassischen deutschen Rieslings wird hier weiterhin mit begnadetem Perfektionismus praktiziert; subtile, noble Weine. Grundsätzlich kein Ab-Hof-Verkauf!

GRAFEN **NEIPPERG** – Schwaigern/Württemberg/D
Weingut Tel.: +49 (0)71 38/94 14 00,
E-Mail: info@graf-neipperg.de
Neipperger Schlossberg Muskateller Spätlese
Preis: €€ Pigott-Punkte: PPPP Meine Punkte: ___
Neipperger Schlossberg Traminer Auslese
Preis: €€€ Pigott-Punkte: PPPPP Meine Punkte: ___
Stichfeste Beweise, dass »Süßweine« nicht viel Traubensüße brauchen, um eine geniale Harmonie auszustrahlen. Hochelegante Damen, die keine vordergründigen Reize brauchen und auch am Essenstisch (Traminer und Blutwurst! Muskateller und Thaicurry!) glänzen können.

VON **OTHEGRAVEN** – Kanzem/Mosel/D
Weingut Tel.: +49 (0)65 01/15 00 42,
E-Mail: von-othegraven@t-online.de
Kanzemer Altenberg Riesling Kabinett »Erste Lage«

Preis: € Pigott-Punkte: PPPP Meine Punkte: ___
Kanzemer Altenberg Riesling Spätlese »Erste Lage«
Preis: €€ Pigott-Punkte: PPPPP Meine Punkte: ___
Ein alter Klassiker steht wieder auf und gibt eine prächtige Figur ab in seiner flotten neuen Kleidung; nichts an dieser strahlenden Erscheinung ist auch nur andeutungsweise altmodisch!

PFEFFINGEN – Bad Dürkheim/Pfalz/D
Weingut Tel.: +49 (0)63 22/86 07, E-Mail: Pfeffingen@t-online.de
Herrenberg Riesling Spätlese
Preis: € Pigott-Punkte: PPP Meine Punkte: ___
Scheurebe Spätlese
Preis: € Pigott-Punkte: PPPP Meine Punkte: ___
So enorm saftig kann der deutsche Weißwein sein – ohne eine Spur kitschig oder vordergründig süß zu wirken!
Herrenberg Scheurebe Auslese
Preis: €€€€ Pigott-Punkte: PPPPP Meine Punkte: ___
Noch dichter, cremiger, kräftiger und unwiderstehlicher …

JOH. JOS. **PRÜM** – Wehlen/Mosel/D
Wein & Glas Tel.: +49 (0)30/3 25 15 20, E-Mail: info@weinundglas.com
Riesling Kabinett
Preis: €€€ Pigott-Punkte: PPP Meine Punkte: ___
Graacher Himmelreich Riesling Spätlese
Preis: €€€€ Pigott-Punkte: PPPP Meine Punkte: ___
Zwei Vertreter der unübertrefflichen Leichtigkeit des deutschen Weins. Die pointierte Frische lässt die Traubensüße fast verschwinden. Gereifte Jahrgänge machen oft mehr Spaß als der jüngste Jahrgang.
Wehlener Sonnenuhr Riesling Spätlese
Preis: €€€€ Pigott-Punkte: PPPPP Meine Punkte: ___
Wehlener Sonnenuhr Riesling Auslese
Preis: €€€€€ Pigott-Punkte: PPPPP! Meine Punkte: ___
Wesentlich reichhaltiger, aber kaum schwerer dank einer wunderbar heiteren Blumigkeit und eines äußerst filigranen Rückgrats. Während der ersten Jahre ihres langen Lebens können diese Weine neben ungeheurer Frische auch eine hefige Note aufweisen, was gewöhnungsbedürftig ist.

OEKONOMIERAT **REBHOLZ** – Siebeldingen/Pfalz/D
Weingut Tel.: +49 (0)63 45/34 39,
E-Mail: wein@oekonomierat-rebholz.de
Gewürztraminer Spätlese
Preis: €€ Pigott-Punkte: PPPP Meine Punkte: ___
Albersweiler Latt Gewürztraminer Auslese
Preis: €€€€ **(halbe Flasche)** Pigott-Punkte: PPPPP Meine Punkte: ___
Eine Kombination von Üppigkeit und Delikatesse, die auf Planet Wein nahezu einmalig ist. Wenn man vergessen hat, wie traumhaft Rosen duften können, sollte man gleich danach greifen.

Godramsteiner Münzberg Muskateller Beerenauslese
Preis: €€€€€ **(halbe Flasche)** Pigott-Punkte: PPPPP!
Meine Punkte: ___
So rein und so fein, dass man gar nicht meint, es könne Alkohol darin sein; eine transzendentale Trauben-Essenz!

HORST **SAUER** – Escherndorf/Franken/D
Weingut Tel.: +49 (0)93 81/43 64, E-Mail: mail@weingut-horst-sauer.de
Escherndorfer Lump Silvaner Auslese
Preis: €€ **(Halbliter)** Pigott-Punkte: PPPP Meine Punkte: ___
Escherndorfer Lump Silvaner Beerenauslese
Preis: €€€€ **(Halbliter)** Pigott-Punkte: PPPPP Meine Punkte: ___
Die Rebsorte Silvaner will normalerweise keine eleganten Süßweine hervorbringen, aber Horst Sauer schafft es immer, ihr nicht nur herrliche exotische Fruchtnoten, sondern auch eine tolle Lebendigkeit zu entlocken.
Escherndorfer Lump Riesling Auslese
Preis: €€€ **(Halbliter)** Pigott-Punkte: PPPPP Meine Punkte: ___
Escherndorfer Lump Riesling Beerenauslese
Preis: €€€€ **(Halbliter)** Pigott-Punkte: PPPPP! Meine Punkte: ___
Dank ihrem enormen Glanz gehören diese Weine zum Feinsten, das Franken in Sachen Süßwein zu bieten hat; dicht und geschmeidig, aber auch tänzerisch und elegant.

WILLI **SCHAEFER** – Graach/Mosel/D
Weingut Tel.: +49 (0)65 31/80 41
Riesling
Preis: € Pigott-Punkte: PPP Meine Punkte: ___
Graacher Himmelreich Riesling Kabinett
Preis: € Pigott-Punkte: PPP Meine Punkte: ___
Das einzige Problem bei diesen wunderbar saftigen und erfrischenden Charmeuren liegt darin, sie zu ergattern; Schaefer ist ein Mini-Weingut.
Graacher Domprobst Riesling Kabinett
Preis: € Pigott-Punkte: PPPP Meine Punkte: ___
Graacher Domprobst Riesling Spätlese
Preis: €€ Pigott-Punkte: PPPPP Meine Punkte: ___
Graacher Domprobst Riesling Auslese
Preis: €€€€–€€€€€ Pigott-Punkte: PPPPP! Meine Punkte: ___
Diese Mosel-Diamanten funkeln in tausend verschiedenen Farben, und genauso viele Facetten besitzen diese Meisterwerke der Finesse auch. Der neue Jahrgang ist immer sehr schnell (Spätfrühling) ab Hof (aber nicht im Handel) ausverkauft!

SCHÄFER-FRÖHLICH – Bockenau/Nahe/D
Weingut Tel.: +49 (0)67 58/65 21,
E-Mail: info@weingut-schaefer-froehlich.de
Bockenauer Felseneck Riesling Spätlese »Goldkapsel«
Preis: €€€ Pigott-Punkte: PPPPP Meine Punkte: ___

Bockenauer Felseneck Riesling Auslese
Preis: €€€€ **(halbe Flasche)** Pigott-Punkte: PPPPP Meine Punkte: ___
Der Reiter peitscht sein Pferd und springt mit scheinbarer Mühelosigkeit über die höchsten Hürden. Wer nicht mithalten kann, soll nicht aufsteigen!

HEIDI **SCHRÖCK** – Rust/Neusiedlersee-Hügelland/A
Weingut Tel.: +43 (0)26 85/2 29,
E-Mail: heidi@heidi-schroeck.com
Ruster Ausbruch
Preis: €€€€ **(halbe Flasche)** Pigott-Punkte: PPPPP
Meine Punkte: ___
Die dunkle Seite des Süßweins, wo man von Würze, Schwarzbrot- und Schokoladenoten überrascht wird; Weine mit enormer Alterungsfähigkeit, die auch als Jungweine überzeugen.

C. VON **SCHUBERT** (Maximin Grünhaus) – Mertesdorf/Mosel/D
Weingut Tel.: +49 (0)6 51/51 11,
E-Mail: info@vonschubert.com
Maximin Grünhäuser Herrenberg Riesling Kabinett
Preis: € Pigott-Punkte: PPP Meine Punkte: ___
Maximin Grünhäuser Herrenberg Riesling Spätlese
Preis: €€ Pigott-Punkte: PPPP Meine Punkte: ___
Mit viel Energie, Charme und sanfter Frische sind dies besonders edle »Zechweine«, die sowohl jung als auch gereift sehr viel Freude machen.
Maximin Grünhäuser Abtsberg Riesling Kabinett
Preis: €€ Pigott-Punkte: PPPP Meine Punkte: ___
Maximin Grünhäuser Abtsberg Riesling Spätlese
Preis: €€ Pigott-Punkte: PPPP Meine Punkte: ___
Maximin Grünhäuser Abtsberg Riesling Auslese
Preis: €€€€ Pigott-Punkte: PPPPP Meine Punkte: ___
Zugleich sehr finessenreich und mit eisernem Kern ausgestattet, besitzen die Weine des Abts Anmut und Tiefe (sowie eine enorme Lagerfähigkeit!).

SELBACH-OSTER – Zeltingen/Mosel/D
Weingut Tel.: +49 (0)65 32/20 81, E-Mail: info@selbach-oster.de
Zeltinger Sonnenuhr Riesling Spätlese
Preis: €€ Pigott-Punkte: PPPP Meine Punkte: ___
Zeltinger Sonnenuhr Riesling Auslese
Preis: €€ Pigott-Punkte: PPPP Meine Punkte: ___
Zeltinger Sonnenuhr Riesling Auslese *
Preis: €€€ Pigott-Punkte: PPPPP Meine Punkte: ___
Die sehr zurückhaltende Süße kann im ersten Moment ein Schock sein, aber die starken inneren Werte tragen diese Weine mühelos; Mosel-Rieslinge, die enorme Trinkfreude als junge Weine bereiten und auch alt werden können

VON **SIMMERN** – siehe **LANGWERTH** VON SIMMERN

SANKT **URBANSHOF** – Leiwen/Mosel/D
Weingut Tel.: +49 (0)65 07/9 37 70,
E-Mail: st.urbanshof@t-online.de
Diverse Lagennamen Riesling Spätlese
Preis: €€ Pigott-Punkte: PPP–PPPP Meine Punkte: ___
Diese Art der Erfrischung stellt eine neue Mode in Deutschland dar und das nicht ohne Grund – wie diese glasklaren, perfekt balancierten Weine beweisen.

WEINGUT **VELICH** – Apetlon/Neusiedlersee/A
Weingut Tel.: +43 (0)21 75/31 87, E-Mail: weingut@velich.at
D: K & U (Die Weinhalle) Tel.: +49 (0)9 11/52 51 53,
E-Mail: info@weinhalle.de
Welschriesling Trockenbeerenauslese
Preis: €€€€€ **(halbe Flasche)** Pigott-Punkte: PPPPP!
Meine Punkte: ___
Seit dem 1995er Jahrgang strahlt dieser neue Süßweinstern am österreichischen Himmel. Leichtigkeit und Beschwingtheit lehnen diese Kraftpakete grundsätzlich ab, zugunsten von enormer Geschmacksdichte und Nachhaltigkeit; wahrer Göttertrank!

DANIEL **VOLLENWEIDER** – Traben-Trarbach/Mosel/D
Wildbad Wein Tel.: +49 (0)65 41/81 44 40,
E-Mail: info@wildbadwein.de
»Schimbock« Riesling
Preis: €€€€ Pigott-Punkte: PPPPP! Meine Punkte: ___
Eine Neuigkeit aus alten Reihen, die gerade so als süß durchgeht und eine großartige Vielschichtigkeit in Duft und Geschmack besitzt.
Wolfer Goldgrube Riesling Spätlese
Preis: €€ Pigott-Punkte: PPPP Meine Punkte: ___
Wolfer Goldgrube Riesling Spätlese »Reiler«/»Portz«
Preis: €€€ Pigott-Punkte: PPPPP Meine Punkte: ___
Wolfer Goldgrube Riesling Spätlese »Goldkapsel«
Preis: €€€€ Pigott-Punkte: PPPPP! Meine Punkte: ___
Die Weine dieses jungen Schweizers tragen die Handschrift eines Quereinsteigers, der sich alles neu erdacht hat. Noch charaktervoller als die normale Spätlese sind die »Reiler«- und »Portz«-Abfüllungen und richtig üppig-verführerisch die »Goldkapsel«. Grundsätzlich kein Ab-Hof-Verkauf!

WAGNER-STEMPEL – Siefersheim/Rheinhessen/D
Weingut Tel.: +49 (0)67 03/96 03 30, E-Mail: info@wagner-stempel.de
Siefersheimer Höllberg Riesling Spätlese
Preis: € Pigott-Punkte: PPP Meine Punkte: ___
Siefersheimer Heerkretz Riesling Spätlese
Preis: €€ Pigott-Punkte: PPPP Meine Punkte: ___

Botschaften aus einer extrem fernen Zeit, die aber gar keine lebenden Fossilien sind, sondern sehr lebendige Frucht und florale Aromen besitzen.

DR. **WEHRHEIM** – Birkweiler/Pfalz/D
Weingut Tel.: +49 (0)63 45/35 42,
E-Mail: dr.wehrheim@t-online.de
Riesling »Spontaneous«
Preis: €€ Pigott-Punkte: PPPP Meine Punkte: ___
Ein wildes Tier aus dem tiefen Wald, das die großzügige Frucht des Pfälzer Weins mit einer ungeheuren Lebendigkeit verbindet.

ROBERT **WEIL** – Kiedrich/Rheingau/D
Weingut Tel.: +49 (0)61 23/23 08,
E-Mail: info@weingut-robert-weil.com
Kiedricher Turmberg Riesling Spätlese
Preis: €€€€ Pigott-Punkte: PPPPP Meine Punkte: ___
Kiedricher Turmberg Riesling Auslese
Preis: €€€€€ Pigott-Punkte: PPPPP! Meine Punkte: ___
Mit den brillanten Spätlesen und Auslesen aus dem Turmberg des Jahrgangs 2007 stellte Wilhelm Weil zwei geniale Innovationen vor. Mehr davon braucht der Rheingau!

WEINGART – Spay/Mittelrhein/D
Weingut Tel.: +49 (0)26 28/87 35, E-Mail: mail@weingut.weingart.de
Bopparder Hamm Feuerlay/Ohlenberg Riesling Spätlese
Preis: € Pigott-Punkte: PPP Meine Punkte: ___
Bopparder Hamm Feuerlay/Ohlenberg Riesling Auslese
Preis: €€ Pigott-Punkte: PPPP Meine Punkte: ___
Frucht, Frucht und noch mehr Frucht versprechen sie im Duft und halten dieses Versprechen im Geschmack. Wer damit keinen Spaß hat, der hat ein grundsätzliches Vorurteil gegen jegliche Süße im Wein!

WINTER – Dittelsheim-Hessloch/Rheinhessen/D
Weingut Tel.: +49 (0)62 44/74 46, E-Mail: info@weingut-winter.de
Dittelsheimer Leckerberg Riesling Auslese
Preis: € Pigott-Punkte: PPPP Meine Punkte: ___
Dittelsheimer Leckerberg Riesling Trockenbeerenauslese
Preis: €€€€ **(Halbliter)** Pigott-Punkte: PPPPP Meine Punkte: ___
Ein hochelegantes Süßwein-Debüt aus einer bisher völlig unbekannten Ecke Rheinhessens; dichte Dörrobstaromen, viel Frische und perfekte Balance.

WITTMANN – Westhofen/Rheinhessen/D
Weingut Tel.: +49 (0)62 44/90 50 36,
E-Mail: info@wittmannweingut.com
Westhofener Kirchspiel Riesling Auslese »S«
Preis: €€€ **(halbe Flasche)** Pigott-Punkte: PPPPP Meine Punkte: ___

Westhofener Morstein Riesling Auslese »S«
Preis: €€€€ **(halbe Flasche)** Pigott-Punkte: PPPPP
Meine Punkte: ___
Spieglein, Spieglein an der Wand, wer ist die mineralischste Auslese im Land? Feine Honigsüße haben diese Weine auch – aber das ist nur der Rahmen um das farbenprächtige Bild.

ZILLIKEN – Saarburg/Mosel/D
Weingut Tel.: +49 (0)65 81/24 56, E-Mail: info@zilliken-vdp.de
Saarburger Rausch Riesling Kabinett
Preis: € Pigott-Punkte: PPPP Meine Punkte: ___
Saarburger Rausch Riesling Spätlese
Preis: €€ Pigott-Punkte: PPPP Meine Punkte: ___
Saarburger Rausch Riesling Auslese
Preis: €€€€ Pigott-Punkte: PPPPP Meine Punkte: ___
Saarburger Rausch Riesling Auslese »Goldkapsel«
Preis: €€€€€ **(halbe Flasche)** Pigott-Punkte: PPPPP!
Meine Punkte: ___
Ein ganzes Spektrum an Düften vereinen diese schlanken Schönheiten in sich, die jeden Tisch in einen Laufsteg verwandeln. Hier gibt es kein einziges Gramm Fett an der falschen Stelle; genial harmonisch!

Weiße Schaumweine

ANDRES & MUGLER – Maikammer/Pfalz/D
Kellerei Tel.: +49 (0)63 26/86 67,
E-Mail: michaelandres@t-online.de

Riesling Sekt Brut
Preis: €€ Pigott-Punkte: PP Meine Punkte: ___
Schlank, klar und rassig ist er, wenn auch nicht so aufregend wie die Spitzenprodukte der beiden Pfälzer.

Blanc de Noir Sekt Brut
Preis: €€ Pigott-Punkte: PPP Meine Punkte: ___
Selbstbewusst, voll und fein zugleich zeigt er sich direkt und ansprechend mit überzeugender Frische.

Chardonnay – Auxerrois Sekt Brut
Preis: €€ Pigott-Punkte: PPPP Meine Punkte: ___
Cremiger und zart-zitronig – eine ganz eigene Schaumwein-Persönlichkeit ohnegleichen – in welchem Land auch immer.

»Cuvée Elena« Sekt Brut
Preis: €€ Pigott-Punkte: PPPP Meine Punkte: ___

»Cuvée Louis« Sekt Brut
Preis: €€ Pigott-Punkte: PPPP Meine Punkte: ___
Vergiss Dom Pérignon! Diese Sekt-Kreationen haben die Statur und die Eleganz, die man sich bei Top-Champagner vorstellt, aber selten findet.

FRANCESCO **BELLEI** – Emilia Romagna/I
Enoiteca Il Calice Tel.: +49 (0)30/3 24 23 08,
E-Mail: mail@enoiteca-il-calice.de

Spumante Brut »Extra Cuvée«
Preis: €€€ Pigott-Punkte: PPP Meine Punkte: ___
Von einem unbekannten Produzenten in einem Gebiet mit keinem besonderen Ruf für Schaumweine kommt dieser feine, geschmeidige und filigrane Outsider.

BILLECART-SALMON – Champagne/F
N + M Tel.: +49 (0)21 61/18 13 16,
E-Mail: info@nm-weine.de

Champagne Brut »Réserve«
Preis: €€€€ Pigott-Punkte: PPPP Meine Punkte: ___
Wunderbar duftig – reife kleine Beeren! – sowie richtig erfrischend ist das einer der zuverlässigsten »normalen« Champagner.

Champagne Blanc de Blancs Brut
Preis: €€€€€ Pigott-Punkte: PPPPP Meine Punkte: ___
Ein Klasse-Champagner, zugleich cremig, wunderbar ausgewogen und lebendig (zum Chaource-Käse finde ich ihn noch viel genialer als zum Kaviar).

ERIC **BORDELET** – Normandie/F
WeinArt Tel.: +49 (0)67 22/7 10 80, E-Mail: info@weinart.de
Sydre Brut
Preis: € Pigott-Punkte: PPP Meine Punkte: ___
Sydre »Argelette«
Preis: €€ Pigott-Punkte: PPPP Meine Punkte: ___
Wer bisher nur konventionellen Cidre erlebt hat, wird aus dem Staunen kaum herauskommen: welch feine Apfelaromen, welch elegante Harmonie!
Poiré
Preis: €€ Pigott-Punkte: PPP Meine Punkte: ___
Poiré »Granite«
Preis: €€ Pigott-Punkte: PPPP Meine Punkte: ___
Bordelets Birnenschaumweine sind noch saftiger, noch leckerer als seine Apfelkreationen, die »Granite«-Abfüllung ist dazu tiefgründig und raffiniert; ein großer Wurf!

BOUVET-LADUBAY – Saumur/Loire/F
Mövenpick Weinland Tel.: +49 (0)2 31/9 65 15 60,
E-Mail: weinland.dortmund@moevenpick.com
Saumur Brut »Saphir« (mit Jahrgang)
Preis: € Pigott-Punkte: PP Meine Punkte: ___
Saumur Brut »Trésor Blanc« (mit Jahrgang)
Preis: €€ Pigott-Punkte: PPP Meine Punkte: ___
Wer einen leichtgewichtigen, aber ausgewogenen Schaumwein mit der Qualität eines Champagners sucht, das Ganze aber zu moderaten Preisen, wird hier fündig.

BRÜNDLMAYER – Langenlois/Kamptal/A
Weingut Tel.: +43 (0)27 34/21 72, E-Mail: weingut@bruendlmayer.at
D: Mövenpick Weinland Tel.: +49 (0)2 31/9 65 15 60,
E-Mail: weinland.dortmund@moevenpick.com
Sekt Brut
Preis: €€€ Pigott-Punkte: PPPP Meine Punkte: ___
Ein Liebesbrief von Willi Bründlmayer an seine französische Frau Edwige, der erfreulicherweise von anderen auch empfangen werden kann; Fülle und Frische, richtig trocken, aber sehr ausgewogen.

CAVALLERI – Lombardia/I
Enoiteca Il Calice Tel.: +49 (0)30/3 24 23 08,
E-Mail: mail@enoiteca-il-calice.de
Franciacorta Brut
Preis: €€€ Pigott-Punkte: PPP Meine Punkte: ___
Franciacorta Brut »Collezione Esclusiva« (mit Jahrgang)
Preis: €€€€€ Pigott-Punkte: PPPP Meine Punkte: ___
Die »normale« Abfüllung bietet ein selten gutes Preis-Leistungs-Verhältnis beim hochwertigen italienischen Spumante, ist schwungvoll und feinduftig. Der »Collezione Esclusiva« ist von größerem Format.

PAUL **DELANE** (Caves de Bailly) – Bourgogne/F
Rindchen's Weinkontor Tel.: +49 (0)40/5 56 20 20,
E-Mail: info@rindchen.de
Crémant de Bourgogne Blanc de Noir Spätburgunder
Preis: € Pigott-Punkte: PPP Meine Punkte: ___
Etwas fruchtbetonter als die meisten Champagner unter 30 €, aber auch deutlich feiner und eleganter. Ein ungewöhnlich voller und raffinierter Crémant de Bourgogne.

JOACHIM **DÖHNE** – Schauenburg-Breitenbach/Hessen/D
Apfelgut Tel.: +49 (0)56 01/44 86,
Apfelschaumwein Brut (mit Jahrgang)
Preis: € Pigott-Punkte: PPP Meine Punkte: ___
Apfelschaumwein Trocken (mit Jahrgang)
Preis: € Pigott-Punkte: PPP Meine Punkte: ___
Überraschende revolutionäre Schaumweine aus der Gegend um Kassel, die feine Apfelaromen mit erstaunlichem Körper und Schliff besitzen. Die trockene Abfüllung ist saftiger, der Brut weiniger und herber. Im Vergleich mit diesen eleganten Apfelschäumern schmecken die ganzen Sekte im Supermarkt banal, kitschig und gekünstelt.

EGLY-OURIET – Champagne/F
Bernd Kreis Tel.: +49 (0)7 11/76 28 39, E-Mail: b.kreis@wein-kreis.de
Brut Grand Cru »Tradition«
Preis: €€€€ Pigott-Punkte: PPPP Meine Punkte: ___
Ein neuer Stern unter den kleinen Champagne-Häusern. Der »Tradition« ist kompromisslos trocken, straff und sehr charaktervoll – wo sind die Austern?

RUDOLF **FÜRST** – Bürgstadt/Franken/D
Weingut Tel.: +49 (0)93 71/86 42,
E-Mail: weingut-rudolf-fuerst@t-online.de
Spätburgunder Brut (mit Jahrgang)
Preis: €€€€ Pigott-Punkte: PPPP Meine Punkte: ___
Das ist nicht wenig Geld, aber eigentlich ist es genau die gleiche Preisklasse wie die meisten großen Champagne-Marken. Hier finde ich aber genau die Feinheit und Eleganz, die ich da so oft vergeblich suche.

MANUFAKTUR JÖRG **GEIGER** –
Schlat bei Göppingen/Württemberg/D
Obstweingut Tel.: +49 (0)71 61/9 99 02 24,
E-Mail: info@manufaktur-joerg-geiger.de
Birnenschaumwein Champagner Bratbirne trocken
Preis: €€ Pigott-Punkte: PPPP Meine Punkte: ___
In diesem hochoriginellen Schaumwein verbinden sich reife Birnenaromen mit sanften Gerbstoffen zu einer feinen Harmonie, die manch große Champagner-Marken blass aussehen lässt! Das macht Jörg Geiger zum **Obstweinerzeuger des Jahres!**

KIRSTEN – Klüsserath/Mosel/D
Weingut Tel.: +49 (0)65 07/9 91 15,
E-Mail: mail@weingut-kirsten.de
Riesling Brut
Preis: €€ Pigott-Punkte: PPPP Meine Punkte: ___
»Heldensekt« Riesling Brut
Preis: €€ Pigott-Punkte: PPPPP Meine Punkte: ___
Geniale Schaumweine mit viel Frucht, Ausdruck und Charme für diese moderate Preiskategorie. Der »Brut« kostet exakt 10 €.

GESCHWISTER **KÖWERICH** – Köwerich/Mosel
Weingut Tel.: +49 (0)65 07/37 38,
E-Mail: regnery@weingut-geschwister-koewerich.de
Riesling Brut »Beethoven« (mit Jahrgang)
Preis: € Pigott-Punkte: PPPP Meine Punkte: ___
Ein toller Duft nach Pfirsich-Tarte frisch aus dem Ofen eines Pariser Patissiers, dann voll und saftig, aber gar nicht süß, sondern eine perfekte Balance!

LINDENHOF – Windesheim/Nahe/D
Weingut Tel.: +49 (0)67 07/3 30,
E-Mail: weingut.lindenhof@t-online.de
Weißburgunder Sekt Brut (mit Jahrgang)
Preis: €€€ Pigott-Punkte: PPPP Meine Punkte: ___
Ein großes Schaumwein-Geschmackserlebnis auf selbstbewusst deutsche Art mit feiner Cremigkeit, Kraft und schwungvoller Frische. Ab Gut für gerade 15 € zu bekommen!

MAILLY – Champagne/F
Rindchens Weinkontor Tel.: +49 (0)40/5 56 20 20,
E-Mail: info@rindchen.de
Blanc de Noirs Brut
Preis: €€€€€ Pigott-Punkte: PPPPP Meine Punkte: ___
Luxuriöse Üppigkeit und Geschmeidigkeit – getrocknete Früchte in Hülle und Fülle! In der Frische wesentlich nachhaltiger als bei den ganzen Bla-Bla-Bla-Champagnern mit orangen, schwarzen und blauen Etiketten.
Extra Brut
Preis: €€€€ Pigott-Punkte: PPPPP Meine Punkte: ___
Extrem elegant und edelherb mit feiner Toastnote ist das ein seltener Champagner, der eine geniale Kombination mit Kaviar darstellt. Nicht schlecht für eine Winzergenossenschaft!

CONTI **NERI** (Tenimenti Associati) – Veneto/I
Rindchen's Weinkontor Tel.: +49 (0)40/5 56 20 20,
E-Mail: info@rindchen.de
Prosecco trocken
Preis: €! Pigott-Punkte: PP Meine Punkte: ___

Das, was ich nicht für möglich hielt: Billiger Prosecco, der ganz sauber, weich, aber lebendig schmeckt, existiert; kompromisslos unkompliziert!

MONTE **ROSSA** – Lombardia/I
Lorenz & Cavallo Tel.: +49 (0)2 21/39 47 01,
E-Mail: lorenz.cavallo@netcologne.net
Franciacorta Brut »I Cuvée«
Preis: €€€ Pigott-Punkte: PPP Meine Punkte: ___
Franciacorta Brut »Satèn«
Preis: €€€ Pigott-Punkte: PPPP Meine Punkte: ___
Franciacorta Brut »Cabochon« (mit Jahrgang)
Preis: €€€€ Pigott-Punkte: PPPP Meine Punkte: ___
Wer beim Schäumenden nicht nur Erfrischung, sondern wunderschön abgerundeten, weinigen Charakter und gezügelte Lebendigkeit sucht – hier ist die Reinform; bizarr, dass heutzutage diese französische Vorstellung von Luxus in dieser moderaten Preisklasse am besten in Italien verwirklicht wird!

SEGURA VIUDAS – Cava (Penedès)/E
Die Weinquelle Tel.: +49 (0)65 07/70 14 20,
E-Mail: info@die-weinquelle.de
Cava Seco
Preis: € Pigott-Punkte: PP Meine Punkte: ___
Vergiss Rotkäppchen und Henkell! Wer beim Sekt gern »trocken« trinkt, bekommt hier ein wesentlich klareres, geradlinigeres Produkt mit schönen fruchtigen Aromen aus der Traube anstatt Kitsch aus der Retorte!
Cava Brut »Reserva«
Preis: € Pigott-Punkte: PP Meine Punkte: ___
Cava Brut Nature »ARIA«
Preis: €€ Pigott-Punkte: PPPP Meine Punkte: ___
Cava Brut (mit Jahrgang)
Preis: €€ Pigott-Punkte: PPP Meine Punkte: ___
Was man für um die 12 € als »ARIA« bekommt, ist ein erstaunlich eleganter, filigraner Schaumwein mit zarter Hefenote, der sensationell erfrischend ist. Sehr solide und ausgewogen ist der »Reserva« mit weinig-cremiger Art, der »Vintage« noch kräftiger, schmelziger (zum Essen noch besser als solo getrunken).

OBSTHOF AM **STEINBERG** (Andreas Schneider) –
Nieder-Erlenbach/D
Obstgut Tel.: +49 (0)61 01/4 15 22
Schneiders Apfelperlwein (diverse Apfelsorten)
Preis: € Pigott-Punkte: PP–PPPP Meine Punkte: ___
Schneiders Birnenperlwein
Preis: € Pigott-Punkte: PPP Meine Punkte: ___
Herrlich authentische Obstaromen mit viel Feinheit, saftig, aber alles andere als oberflächlich, mit festen Fundamenten, die sie erstaunlich lagerfähig machen.

»Apfelcidre leicht – Apfel Rosé«
Preis: € Pigott-Punkte: PPPP Meine Punkte: ___
»Apfelcidre leicht – Ananasrenette«
Preis: € Pigott-Punkte: PPPP Meine Punkte: ___
Mit nur 1 % Alkoholgehalt, enorm saftiges Süße-Säure-Spiel und eine überschwängliche Duftigkeit ist der »Apfelcidre leicht« eine revolutionäre Neuerfindung von Andreas Schneider, die an Mosel-Riesling-Spätlesen erinnert.

MASIA **VALLFORMOSA** – Penedès/E
Rindchens Weinkontor Tel.: +49 (0)40/5 56 20 20,
E-Mail: info@rindchen.de
Cava Brut
Preis: € Pigott-Punkte: PP Meine Punkte: ___
Wunderbare »Bubbles« für den Alltag, die frisch, fruchtbetont, schlank und sanft schmecken.

SCHLOSS **VAUX** – Eltville/Rheingau/D
Mövenpick Weinland Tel.: +49 (0)2 31/9 65 15 60,
E-Mail: weinland.dortmund@moevenpick.com
Sekt Brut »Vaux Cuvée«
Preis: €€ Pigott-Punkte: PPP Meine Punkte: ___
Zugleich cremig und frisch mit viel Schwung und überzeugender Harmonie. Sämtliche Sekte dieses Hauses sind ausdrücklich zu empfehlen.

COL **VETORAZ** – Veneto/I
Enoteca Blanck & Weber Tel.: +49 (0)30/88 67 99 60,
E-Mail: mail@enoteca-blanck.de
Prosecco Spumante Extra Dry
Preis: € Pigott-Punkte: PP Meine Punkte: ___
Prosecco Spumante Brut
Preis: € Pigott-Punkte: PPP Meine Punkte: ___
Prosecco mit einer gewissen Eleganz und (im Gegensatz zu den billigen Frizzante-Proseccos) mit einer belebenden Kohlensäure.

SCHLOSS **WACHENHEIM**/D
Kaufhof
Weißburgunder Extra trocken
Preis: € Pigott-Punkte: PPP Meine Punkte: ___
Wer glaubt, die großen Sektkellereien Deutschlands könnten keine hochwertigen Schaumweine erzeugen, sollte dieses nach reifen Birnen duftende, schmelzige und animierende Produkt erleben.

Meine trockenen Lieblingsrotweine über 50 €

DOMAINE COMTE **ARMAND** – Bourgogne/F
WeinArt Tel.: +49 (0)67 22/7 10 80, E-Mail: info@weinart.de
Pommard Clos des Epeneaux ***Pinot Noir***
Empfohlene Jahrgänge: alle. Meine Punkte: ___
Ein roter Burgunder, bei dem die herbe Ausdrucksstärke und beachtliche Fülle keine Zweifel bezüglich seiner Größe offen lassen.

GIACOMO **CONTERNO** – Piemonte/I
Wein & Glas Tel.: +49 (0)30/2 35 15 20,
E-Mail: info@weinundglas.com
Barolo »Faletto di Serralunga« ***Nebbiolo***
Barolo Riserva »Monfortino« ***Nebbiolo***
Empfohlene Jahrgänge: alle. Meine Punkte: ___
Manchmal recht hell in der Farbe, aber mit einem üppigen Körper und äußerst subtiler und origineller Aromatik.

CHÂTEAU **DUCRU-BEAUCAILLOU** – Bordeaux/F
Unger Tel.: +49 (0)80 52/95 13 80,
E-Mail: unger@ungerweine.de
Château Ducru-Beaucaillou ***Cabernet Sauvignon/Merlot u. a.***
Empfohlene Jahrgänge: '82, '85, '86, '89, '90, '95, '96, '00
Meine Punkte: ___
Ein großer roter Bordeaux, der nicht nur ungewöhnlich zuverlässig ist, sondern auch wunderbar eigenständig bzw. die Geschmacksmoden ganz stur ignoriert; ein Mittelgewicht, das durch aromatische Feinheit und herbe Eleganz besticht.

ERRAZURIZ – Aconcagua Valley/Chile
Mövenpick Weinland Tel.: +49 (0)2 31/9 65 15 60,
E-Mail: weinland.dortmund@moevenpick.com
»Kai« ***Carmenère***
»Vinedo Chadwick« ***Cabernet Sauvignon***
Geniale Weine, die in dieser Kategorie noch für »kleine«, bzw. zweistellige Preise zu bekommen sind. Der »Kai« ist überirdisch würzig und expressiv, der »Vinedo Chadwick« besticht durch hohe Eleganz, und beide Weine sind dabei immens konzentriert. Armes Bordeaux!

RUDOLF **FÜRST** – Bürgstadt/Franken/D
Weingut Tel.: +49 (0)93 71/86 42,
E-Mail: weingut-rudolf-fuerst@t-online.de
Bürgstadter Centgrafenberg – Frühburgunder »R«
Empfohlene Jahrgänge: alle. Meine Punkte: ___
Mit seiner rauchig-würzigen Art und satten Fülle ein Unikum unter den deutschen Rotweinen.

ANGELO **GAJA** – Piemonte/I
Sansibar Tel.: +49 (0)46 51/96 46 56, E-Mail: info@sansibar.de
Barbaresco Nebbiolo
Empfohlene Jahrgänge: alle. Meine Punkte: ___
Alleine die Düfte erinnern an einen großartigen orientalischen Teppich. Unter der wohlschmeckenden Geschmeidigkeit liegt ein genauso fester Kern, der den Weinen enorme Lagerfähigkeit verleiht.
»Sperss« Nebbiolo
Empfohlene Jahrgänge: alle. Meine Punkte: ___
Noch etwas mächtiger, fester und herber als die Barbarescos; aus Barolo; gutes Preis-Leistungs-Verhältnis.

GANTENBEIN – Fläsch/Graubünden/Schweiz
Sansibar Tel.: +49 (0)46 51/96 46 56, E-Mail: info@sansibar.de
Pinot Noir
Empfohlene Jahrgänge: alle. Meine Punkte: ___
Unglaublich voll und reif, aber mit einer strahlenden Frische. Wenn er aus Burgund stammen würde, dann wäre er mindestens doppelt so teuer und damit jenseits der 100 Euro!

BRUNO **GIACOSA** – Piemonte/I
Harald Bremer Tel.: +49 (0)5 31/23 73 60,
E-Mail: info@bremerwein.de
Barbaresco Asili/Santo Stefano Nebbiolo
Meine Punkte: ___
Barolo Falleto Nebbiolo
Empfohlene Jahrgänge: alle seit '95. Meine Punkte: ___
Nicht gerade leicht zugänglich, vor allem in ihrer Jugend, doch diese gewagt strengen und eigenartigen Rotweine blühen mit den Jahren immer mehr auf.

HARLAN ESTATE – Napa Valley/California/USA
Unger Tel.: +49 (0)80 52/95 13 80, E-Mail: unger@ungerweine.de
»The Maiden« Cabernet Sauvignon
Harlan Estate Cabernet Sauvignon
Empfohlene Jahrgänge: alle seit '96 mit Ausnahme 2003.
Meine Punkte: ___
Die absoluten Cabernet-Sauvignon-Giganten aus Kalifornien, aber glücklicherweise nicht nur Giganten, was Power und Substanz betrifft, sondern auch in Sachen Tiefgründigkeit und Harmonie.

HENSCHKE – South Australia/AUS
FUB Fegers & Berts Tel.: +49 (0)2 11/13 33 41,
E-Mail: britta.thomas@fub-weine.de
»Abbots Prayer« Merlot/Cabernet Sauvignon
Mt. Edelstone Shiraz
Hill of Grace Shiraz
Empfohlene Jahrgänge: alle. Meine Punkte: ___

Grandiose australische Originale mit viel Kraft und Würze, die einen wunderbaren Schmelz besitzen, aber eher herb als süßlich enden; sehr große Lagerfähigkeit!

AUGUST KESSELER – Assmannshausen/Rheingau/D
Weingut Tel.: +49 (0)67 22/25 13, E-Mail: info@august-kesseler.de
Assmannshäuser Höllenberg Spätburgunder
Rüdesheimer Berg Schlossberg Spätburgunder
Empfohlene Jahrgänge: alle. Meine Punkte: ___
Wahre Pinot-Noir-Giganten aus Deutschland, die keinen internationalen Vergleich zu fürchten brauchen. Der »Höllenberg« neigt mehr in Richtung Zartheit und Eleganz, der »Berg Schlossberg« ist satt und üppig, aber perfekt balanciert; Wahnsinn!

LAIL VINEYARDS – Napa Valley/California/USA
Sansibar Tel.: +49 (0)46 51/96 46 56, E-Mail: info@sansibar.de
»J. Daniel Cuvée« Cabernet Sauvignon/Merlot
Empfohlene Jahrgänge: alle. Meine Punkte: ___
Gezügelte Power und fabelhafter Schliff zeichnen eines der unbekannten Wunder der Rotwein-Welt aus.

DOMAINE **LEROY** – Bourgogne/F
Sansibar Tel.: +49 (0)46 51/96 46 56, E-Mail: info@sansibar.de
Savigny-les-Beaune 1er Cru Les Narbontons
Vosne-Romanée aux Beaux Monts 1er Cru Pinot Noir
Nuits-St. Georges aux Boudots 1er Cru Pinot Noir
Empfohlene Jahrgänge: alle. Meine Punkte: ___
Kaum einer der Spitzenproduzenten in Burgund kommt annähernd an diese Beständigkeit in der Qualität oder an diese Kombination von ungeheurer Lebendigkeit und enormer Ausdrucksstärke heran.

CHÂTEAU **LÉOVILLE** LAS CASES – Bordeaux/F
Unger Tel.: +49 (0)80 52/95 13 80,
E-Mail: unger@ungerweine.de
Grand Vin de Léoville Cabernet Sauvignon/Merlot u. a.
Empfohlene Jahrgänge: '82, '85, '86, '89, '90, '95, '96, '98, 2000
Meine Punkte: ___
Der zuverlässigste unter den »Top-Châteaux« im Médoc erzeugt sehr konzentrierte, eisenfeste Weine mit der Rassigkeit von Top-Rennpferden; Weine, die im Keller sowie im Glas viel Geduld erfordern.

CHÂTEAU **MONTELENA** – Napa Valley/California/USA
Alpina Tel.: +49 (0)82 41/5 00 51 46, E-Mail: wein@alpina.de
»Estate« Cabernet Sauvignon
Empfohlene Jahrgänge: alle. Meine Punkte: ___
Ur-Kalifornier, die bei aller Power, Fülle und Tiefe eine wunderbare herbe Balance besitzen. Als junge Weine können sie oft ein wenig »wild« wirken, aber sie altern großartig. Überirdisch der 2001.

NIEPOORT – Douro/P
Die Weinquelle Tel.: +49 (0)65 07/70 14 20,
E-Mail: info@die-weinquelle.de
»Batuta«
Empfohlene Jahrgänge: alle. Meine Punkte: ___
Wer einen runden, gefälligen Wein sucht, ist hier beim Falschen gelandet. Ungemein fest und dicht mit einer tollen Würze und enormem Nachdruck. Ohne Fleisch oder Hartkäse auf dem Teller hat er es als junger Wein schwer – aber in dieser Kombination geht die Post ab!

CHÂTEAU **PONTET-CANET** – Pauillac/Bordeaux/F
Millesima Tel.: +33 (0)5 57/80 88 19,
E-Mail: millesima@millesima.com
Château Pontet-Canet Cabernet Sauvignon/Merlot
Empfohlene Jahrgänge: alle ab 2004. Meine Punkte: ___
Für weitaus weniger Geld als die Weine der 1er Cru Châteaux in Pauillac bekommt man einen mindestens so konzentrierten und subtilen Wein, der eine fast unbegrenzte Lagerfähigkeit besitzt.

RIDGE – Santa Cruz Mountains/California/USA
Alpina Tel.: +49 (0)82 41/5 00 51 46, E-Mail: wein@alpina.de
Cabernet Sauvignon Monte Bello
Empfohlene Jahrgänge: alle. Meine Punkte: ___
Ein »untypisch« schlanker, herber kalifornischer Cabernet Sauvignon, der seit 1990 eine (weltweit!) unübertroffene Beständigkeit in der Qualität zeigt. Perfekt wirkt der 2002.

LUCIANO **SANDRONE** – Piemonte/I
Sansibar Tel.: +49 (0)46 51/96 46 56, E-Mail: info@sansibar.de
Barolo »la Vigna«/Canubi Boschis Nebbiolo
Empfohlene Jahrgänge: alle ab '89. Meine Punkte: ___
Nicht nur die samtigsten Barolos, sondern mit die unverhohlen sinnlichsten Rotweine überhaupt; subtil und delikat!

SHAFER – Napa Valley/California/USA
Gute Weine Tel.: +49 (0)4 21/70 56 66,
E-Mail: gute-weine@gute-weine.de
Cabernet Sauvignon »Hillside Select«
Empfohlene Jahrgänge: alle ab '90. Meine Punkte: ___
Traumhaft seidige Opulenz, auf der man in den Cabernet-Himmel aufsteigt; trotz seiner enormen Ausmaße hat der »Hillside Select« eine fabelhafte Harmonie.

TERTRE **ROTEBŒUF** – Bordeaux/F
K & U (Die Weinhalle) Tel.: +49 (0)9 11/52 51 53,
E-Mail: info@weinhalle.de
Tertre Roteboeuf Merlot/Cabernet Franc
Empfohlene Jahrgänge: alle. Meine Punkte: ___

Ein einmaliger Wein nicht nur im Kontext von Bordeaux; fundamentale Kraft, Würze und Eleganz, die dank seines großzügigen Körpers auch in jungen Jahren zugänglich sind.

VIADER – Napa Valley/California/USA
K & U (Die Weinhalle) Tel.: +49 (0)9 11/52 51 53,
E-Mail: info@weinhalle.de
Viader Cabernet Sauvignon/Cabernet Franc
Empfohlene Jahrgänge: alle ab '98. Meine Punkte: ___
So verführerisch, wie ein kalifornischer Rotwein nur sein kann; üppig und satt, aber dabei ungemein seidig.

DOMAINE COMTES DE **VOGÜÉ** – Bourgogne/F
Wein & Glas Tel.: +49 (0)30/2 35 15 20,
E-Mail: info@weinundglas.com
Chambolle-Musigny 1er Cru Pinot Noir
Empfohlene Jahrgänge: alle. Meine Punkte: ___
Rote Burgunder von geradezu ätherischer Feinheit und höchster Eleganz, die manchem als zu leicht oder flüchtig vorkommen könnten (vor allem, wenn man auf Power steht).

Meine süßen Lieblingsrotweine über 50 €

GRAHAM – Douro/P
WeinArt Tel.: +49 (0)67 22/7 10 80, E-Mail: info@weinart.de
Vintage Port
Meine Punkte: ___
Außer dem etwas monolithisch geratenen 1994er ist Grahams der Klassiker unter den Vintage Ports englischer Häuser; satt und üppig, aber auch mit einem sehr festen Kern, was ihm eine wunderbare Balance verleiht.

NIEPOORT – Douro/P
Die Weinquelle Tel.: +49 (0)65 07/70 14 20,
E-Mail: info@die-weinquelle.de
Colheita Port
Empfohlene Jahrgänge: alle vor '88. Meine Punkte: ___
Unter diesen lange im Holzfass gereiften Ports von Niepoort befinden sich einige wahre Juwelen, deren seidige Beschaffenheit und nussig-würzige Art Lichtjahre von den fruchtbetonten, mächtigen Vintage Ports entfernt liegen. Hier gilt ausnahmsweise die einfache Regel: Je teurer, desto besser!
Vintage Port
Empfohlene Jahrgänge: '70, '91, '92, '97, '00, '03 Meine Punkte: ___
Seit dem 1997er Jahrgang sind Dirk van der Niepoorts Vintage Ports das Nonplusultra an Ausdrucksstärke und Originalität. Sie verlangen viel Zeit und ein großes Glas, um sich richtig zu entfalten, aber dann braucht man keinerlei andere Drogen, um richtig high zu werden.

NOVAL – Douro/P
Mövenpick Weinland Tel.: +49 (0)2 31/9 65 15 60,
E-Mail: weinland.dortmund@moevenpick.com
Vintage Port
Empfohlene Jahrgänge: '63, '70, '97, '00, '03 Meine Punkte: ___
Neben enormem Reichtum besitzt dieser große Meister des Ports auch einen eisernen Willen, was enorme Tiefe und Lagerfähigkeit gewährleistet; 2003 an der Jahrgangsspitze!

QUINTA DO **VESUVIO** – Douro/P
Mövenpick Weinland Tel.: +49 (0)2 31/9 65 15 60,
E-Mail: weinland.dortmund@moevenpick.com
Vintage Port
Empfohlene Jahrgänge: alle. Meine Punkte: ___
Sehr üppig und cremig, ein Vintage Port, den man bereits während seiner Jugend mit großem Genuss trinken kann. Weil 1991 der erste Jahrgang unter der heutigen Regie ist, bleibt die langfristige Lagerfähigkeit vorerst unbewiesen.

WARRE – Douro/P
Mövenpick Weinland Tel.: +49 (0)2 31/9 65 15 60,
E-Mail: weinland.dortmund@moevenpick.com
Vintage Port
Empfohlene Jahrgänge: '63, '66, '70, '97, '00, '03 Meine Punkte: ___
Eine der festen Größen unter den Vintage Ports mit hoher Qualitätskonstanz. Kann auch als junger Wein aufgrund seiner Duftigkeit und beeindruckenden Ausgewogenheit sehr viel Spaß machen.

Meine trockenen Lieblingsweißweine über 50 €

BONNEAU DU MARTRAY – Bourgogne/F
N + M Tel.: +49 (0)21 61/18 13 16,
E-Mail: info@nm-weine.de
Corton Charlemagne Grand Cru Chardonnay
Empfohlene Jahrgänge: alle. Meine Punkte: ___
Sehr feine, elegante Weine ohne eine Spur von Schwere, geben nie laute Töne von sich. Sie sollten mindestens 8 Jahre alt sein, um richtig Spaß zu machen, oder man trinkt den gerade ausgelieferten Jahrgang (2–3 Jahre alt).

DIDIER **DAGUENEAU** – Loire/F
WeinArt Tel.: +49 (0)67 22/7 10 80,
E-Mail: info@weinart.de
Pouilly Fumé »Silex« Sauvignon Blanc
Empfohlene Jahrgänge: alle seit '96. Meine Punkte: ___
Wie eine Essenz aus allerfeinsten Kräutern; unglaublich tief und zart. Mir macht Dagueneaus wilder »Buisson Renard« für 45 € aber genauso viel Spaß.

KELLER – Flörsheim-Dalsheim/Rheinhessen/D
Weingut Tel.: +49 (0)62 43/4 56,
E-Mail: info@keller-wein.de
»G-Max« Riesling trocken
Empfohlene Jahrgänge: alle seit '01. Meine Punkte: ___
Ob er der beste trockene Riesling von Keller ist, sei dahingestellt, aber er ist auf alle Fälle der üppigste mit einer hefigen Cremigkeit, vergleichbar mit einem Grand Cru aus Burgund.

DOMAINES DES COMTES **LAFON** – Bourgogne/F
WeinArt Tel.: +49 (0)67 22/7 10 80, E-Mail: info@weinart.de
Meursault Chardonnay
Meursault 1er Cru Diverse Lagennamen Chardonnay
Empfohlene Jahrgänge: alle seit '97. Meine Punkte: ___
Ganz wenig Eichenton und ganz viel nussige Würze sind die typischen Merkmale dieser monumentalen Weine. Leider sind die Jahrgänge vor '97 oft zu schnell gealtert und nicht immer empfehlenswert.

DOMAINE **LEFLAIVE** – Bourgogne/F
FUB Fegers und Berts Tel.: +49 (0)2 21/13 33 41,
E-Mail: britta.thomas@fub-weine.de
Puligny-Montrachet 1er Cru diverse Lagennamen Chardonnay
Empfohlene Jahrgänge: alle seit '95. Meine Punkte: ___
Solche Blumensträuße gibt es in der Wirklichkeit einfach nicht. Nur die Leflaive-Weine können solch eine aromatische Pracht und höchste Eleganz aufweisen. Trotzdem sind es keine Kraftprotze, die nur durch

Muskelspiel beeindrucken. (Vorsicht! Die Weine von Olivier Leflaive besitzen selten auch nur annähernd die Ausdruckskraft der Domaine-Leflaive-Weine.)

F. X. **PICHLER** – Oberloiben/Wachau/A
Weingut Tel.: +43 (0)27 32/8 53 75, E-Mail: winery@fx-pichler.at
Riesling »Unendlich«
Grüner Veltliner »M«
Empfohlene Jahrgänge: alle. Meine Punkte: ___
Nicht nur durch den förmlich nicht enden wollenden Nachgeschmack, sondern auch durch sehr hohen Alkoholgehalt fallen Pichlers Giganten aus dem Rahmen. Möglichst nicht unter 3 Jahren alt trinken!

Meine süßen Lieblingsweine über 50 €

CLEMENS **BUSCH** – Pünderich/Mosel/D

Weingut Tel.: +49 (0)65 42/2 21 80,
E-Mail: weingut@clemens-busch.de

Pündericher Marienburg Riesling Beerenauslese

Pündericher Marienburg Riesling Trockenbeerenauslese

Empfohlene Jahrgänge: alle seit '00. Meine Punkte: ___

Wer die äußerste Materiendichte des Universums schmecken möchte, ist hier richtig, wobei es sich keinesfalls um Bodybuilder-Weine handelt, sondern um Weine mit ungeheuren Tiefen, die nicht leicht zu erfassen sind; extrem rar.

CHÂTEAU **CLIMENS** – Bordeaux/F

Millesima Tel.: +33 (0)5 57/80 88 19,
E-Mail: millesima@millesima.com

Château Climens Semillon/Sauvignon Blanc

Empfohlene Jahrgänge: alle. Meine Punkte: ___

Mehr Eleganz und Feinheit als der berühmte »Yquem«, aber ähnliche Üppigkeit und Dichte – der wahre Platzhirsch im Sauternes-Gebiet!

DÖNNHOFF – Oberhausen/Nahe/D

Weingut Tel.: +49 (0)67 55/2 63, E-Mail: weingut@doennhoff.com

Oberhäuser Brücke Riesling Eiswein

Empfohlene Jahrgänge: alle. Meine Punkte: ___

Die feinsten exotischen Früchte stammen nicht aus den Tropen, sondern von diesem sanften Hang an der Luitpoldbrücke aus dem »anderen« Oberhausen.

EMRICH-SCHÖNLEBER – Monzingen/Nahe/D

Weingut Tel.: +49 (0)67 51/27 33,
E-Mail: weingut@emrich-schoenleber.com

Monzinger Halenberg Riesling Auslese ›Goldkapsel‹

Monzinger Halenberg Riesling Eiswein

Empfohlene Jahrgänge: alle seit '98. Meine Punkte: ___

Wie bekommt ein solch mächtiger Körper ohne Korsett solch eine schmale Silhouette? Die Wissenschaft versteht diese Nahe-Naturwunder nicht besser als der Weintrinker und ist angesichts dieser Brillanz ebenfalls fassungslos.

GUNDERLOCH – Nackenheim/Rheinhessen/D

Weingut Tel.: +49 (0)61 35/23 41,
E-Mail: info@gunderloch.de

Nackenheimer Rothenberg Riesling Beerenauslese

Nackenheimer Rothenberg Riesling Trockenbeerenauslese

Empfohlene Jahrgänge: alle seit '89 (außer '93 TBA, '02 BA).
Meine Punkte: ___

Viele deutsche edelsüße Weine sind leider heutzutage etwas marktgerecht gemacht, während diese absolut urtümlichen Rieslinge sich nicht im Geringsten anpassen. Wenn diese Giganten unter fünf Jahre alt sind, geht es bei ihnen genauso wild zu wie im frühen Universum, danach entfaltet sich langsam ihre aromatische und mineralische Galaxis.

HEYMANN-LÖWENSTEIN – Winningen/Mosel/D
Weingut Tel.: +49 (0)26 06/19 19,
E-Mail: weingut@heymann-loewenstein.com
Diverse Lagennamen Riesling Trockenbeerenauslese
Empfohlene Jahrgänge: alle seit '94. Meine Punkte: ___
Der Jahrgang 2002 weist eine Feinheit und Delikatesse auf, die sonst nur die Götter zu trinken bekommen. Der Jahrgang 2003 hingegen ist dicht wie ein schwarzes Loch, wo sämtliche physikalischen Gesetze außer Kraft gesetzt werden.

KELLER – Flörsheim-Dalsheim/Rheinhessen/D
Weingut Tel.: +49 (0)62 43/4 56, E-Mail: info@keller-wein.de
Dalsheimer Hubacker Riesling Trockenbeerenauslese
Empfohlene Jahrgänge: alle. Meine Punkte: ___
Die Keller'schen Trockenbeerenauslesen sind hart am Rande des Wahnsinns, aber auch blitzsauber und absolut geradlinig.

DR. **LOOSEN** – Bernkastel/Mosel/D
Weingut Tel.: +49 (0)65 31/34 26, E-Mail: vertrieb@drloosen.de
Erdener Prälat Riesling Auslese »Goldkapsel«
Empfohlene Jahrgänge: alle seit '88. Meine Punkte: ___
Mit Mango- und Bittermandelaromen fallen die Loosen'schen Prälat-Auslesen komplett aus dem Mosel-Rahmen, aber neben dieser mutigen Eigenwilligkeit besitzen sie eine geradezu atemberaubende Tiefe.

EGON **MÜLLER-SCHARZHOF** – Wiltingen/Mosel/D
Wein & Glas Tel.: +49 (0)30/2 35 15 20,
E-Mail: info@weinundglas.com
Scharzhofberger Riesling Auslese
Scharzhofberger Riesling Auslese »Goldkapsel«
Empfohlene Jahrgänge: alle. Meine Punkte: ___
Edler als die Spitzenweine von Egon Müller kann deutscher Riesling nicht sein. So dicht und ausdrucksstark sie aber ausfallen, bestechen sie vor allem durch ihre Feinheit. Die Müller'schen Beerenauslesen, Trockenbeerenauslesen und Eisweine setzen dem noch eins drauf – aber dabei klettern die Preise mit Riesensprüngen in die Höhe! Kein Ab-Hof-Verkauf.

JOH. JOS. **PRÜM** – Wehlen/Mosel/D
Wein & Glas Tel.: +49 (0)30/2 35 15 20,
E-Mail: info@weinundglas.com

Wehlener Sonnenuhr Riesling Auslese »Goldkapsel«
Empfohlene Jahrgänge: alle. Meine Punkte: ___
Je älter sie sind, desto phänomenaler präsentieren sich diese absoluten Langläufer des Mosel-Rieslings. Dann tritt die natürliche Traubensüße immer weiter in den Hintergrund und die Pfirsich- und Blütenaromen werden außerordentlich zart. Ganz jung getrunken mag vielleicht ein heftiges Aroma etwas irritieren.

HORST **SAUER** – Escherndorf/Franken/D
Weingut Tel.: +49 (0)93 81/43 64,
E-Mail: mail@weingut-horst-sauer.de
Escherndorfer Lump Silvaner Trockenbeerenauslese
Escherndorfer Lump Riesling Trockenbeerenauslese
Empfohlene Jahrgänge: alle seit '99. Meine Punkte: ___
Dicht wie Neutronen-Sterne pulsieren diese wahnsinnigen Essenzen der Traube mit feinsten Dörrobstaromen; in puncto Trockenbeerenauslese gibt es kaum ein besseres Preis-Leistungs-Verhältnis in der ganzen Republik.

SCHÄFER-FRÖHLICH – Bockenau/Nahe/D
Weingut Tel.: +49 (0)67 58/65 21,
E-Mail: info@weingut-schaefer-froehlich.de
Bockenauer Felseneck Riesling Eiswein
Empfohlene Jahrgänge: alle ab '01. Meine Punkte: ___
Die Beeren des Hochsommers haben bei aller Reife noch eine tolle nördliche Frische. Wenn man Pikanz über alles schätzt, ist man hier ganz richtig!

ISTVÁN **SZEPSY** – Tokaj/Ungarn/HU
WeinArt Tel.: +49 (0)67 22/7 10 80, E-Mail: info@weinart.de
Tokaji Aszu 6 Puttonyos Furmint/Haresleviu
Empfohlene Jahrgänge: alle seit '96. Meine Punkte: ___
Es sind der aromatische Wahnsinn und die geschmackliche Brillanz, die diese Weine von anderen Tokajern unterscheiden, wie auch von den anderen beeindruckenden Süßweinen des ehemaligen österreichisch-ungarischen Reichs.

ROBERT **WEIL** – Kiedrich/Rheingau/D
Weingut Tel.: +49 (0)61 23/23 08,
E-Mail: info@weingut-robert-weil.com
Kiedricher Gräfenberg Riesling Beerenauslese
Kiedricher Gräfenberg Riesling Trockenbeerenauslese
Empfohlene Jahrgänge: alle ab '89 (außer 2000).
Meine Punkte: ___
Jahr für Jahr produziert das Weingut Weil edelsüße Rieslinge, deren satte Dörrobstaromen und Cremigkeit sie bereits als junge Weine sehr attraktiv machen.

WITTMANN – Westhofen/Rheinhessen/D
Weingut Tel.: +49 (0)62 44/90 50 36,
E-Mail: info@wittmannweingut.com
Westhofener Aulerde Riesling Trockenbeerenauslese
Westhofener Morstein Riesling Trockenbeerenauslese
Empfohlene Jahrgänge: alle ab '99. Meine Punkte: ___
Die elegantesten Trockenbeerenauslesen Rheinhessens brauchen ein paar Jahre auf der Flasche, um ihre facettenreiche Traubigkeit in voller Pracht zu zeigen.

CHÂTEAU D'**YQUEM** – Bordeaux/F
WeinArt Tel.: +49 (0)67 22/7 10 80, E-Mail: info@weinart.de
Château d'Yquem Semillon/Sauvignon Blanc
Empfohlene Jahrgänge: '37, '67, '75, '76, '90, '01 Meine Punkte: ___
2001 ist der erste Jahrgang, der vom neuen Direktor Pierre Lurton abgefüllt wurde, und es ist der beste Y'Quem seit langem. Die Weine der achtziger Jahre überzeugen nicht ganz und die aus den neunziger sind oft schwer und sehr eichenbetont.

ZILLIKEN – Saarburg/Mosel/D
Weingut Tel.: +49 (0)65 81/24 56, E-Mail: info@zilliken-vdp.de
Saarburger Rausch Riesling Eiswein
Saarburger Rausch Riesling Trockenbeerenauslese
Empfohlene Jahrgänge: alle. Meine Punkte: ___
Ein aromatisches Feuerwerk von großer Brillanz bildet den Auftakt zu einer der feinsten Ausdrucksformen des Rieslings. Aus der Lage Rausch erzeugt Zilliken auch Eisweine von allerbester Qualität.

Meine Lieblingsschaumweine über 50 €

BILLECART-SALMON – Champagne/F
N + M Tel.: +49 (0)21 61/18 13 16, E-Mail: info@nm-weine.de
Blanc de Blancs Brut (mit Jahrgang)
»Cuvée N.F. Billecart« Brut (mit Jahrgang)
»Cuvée Elizabeth Salmon« Brut rosé (mit Jahrgang)
»Grande Cuvée« (mit Jahrgang)
Empfohlene Jahrgänge: alle ab '85. Meine Punkte: ___
In puncto Eleganz und Feinheit sind die Spitzenchampagner von Billecart-Salmon einfach nicht zu toppen, der »Blanc de Blancs« hat dazu eine wunderbare zarte Cremigkeit (ohne spürbare Süße!), der »Cuvée N.F.« distinguierte Festigkeit und der Rosé eine zauberhafte Duftigkeit. Preislich sind sie für solche Qualität »moderat«; nur der sehr kraftvolle »Grande Cuvée« kostet weit über 50 € im Regal.

BOLLINGER – Champagne/F
WeinArt Tel.: +49 (0)67 22/7 10 80, E-Mail: info@weinart.de
»Grande Année« Brut (mit Jahrgang)
»R.D.« Brut (mit Jahrgang)
Empfohlene Jahrgänge: alle. Meine Punkte: ___
Sehr fest, dunkel und kraftvoll sind die Jahrgangs-Champagner von Bollinger, daher schmecken sie oft beeindruckender zum Essen als solo getrunken. Der »R.D.« ist staubig trocken!

EGLY-OURIET – Champagne/F
Bernd Kreis Tel.: +49 (0)7 11/76 28 39, E-Mail: b.kreis@wein-kreis.de
Blanc de Noirs »Vieilles Vignes«
»Cuvée Spéciale«
Sehr reichhaltig, fast opulent, aber perfekt balanciert ist der »Blanc de Noirs«, dagegen ist der »Spéciale« eigenwillig speckig, aber auch sehr filigran und faszinierend.

KRUG – Champagne/F
Millesima Tel. +33 (0)5 57/80 88 19, E-Mail: millesima@millesima.com
»Grande Cuvée« Brut
Wenn Krug, dann greife ich zur (schon dreistellig teueren) »normalen« Abfüllung ohne Jahrgang, die eine üppige Wonne ist, vor allem, wenn jemand anderes bezahlt!

LAURENT-PERRIER – Champagne/F
Grands Vins Tel.: +49 (0)84 53/3 39 92 91,
Internet: www.grandsvins.de
»Cuvée Grand Siècle Brut« (mit Jahrgang)
»Cuvée Grand Siècle – Alexandra« rosé Brut (mit Jahrgang)
Empfohlene Jahrgänge: alle ab '90. Meine Punkte: ___
Der großzügige, aber elegante »Grand Siècle« (manchmal ohne Jahr-

gang, aber dafür nicht schwächer in der Qualität) trinkt sich einfach sehr unkompliziert. Viel delikater ist der verführerische »Alexandra« rosé.

PHILIPPONNAT – Champagne/F

Hawesko Tel.: +49 (0)41 22/50 44 33, E-Mail: bestellung@hawesko.de

Clos des Goisses (mit Jahrgang)

Empfohlene Jahrgänge: alle ab '90. Meine Punkte: ___

Sehr eigenständiger, fester, kräftiger Champagner, der deutlich aus dem Luxusmarken-Rahmen fällt; wird als über 10 Jahre (positiv) gereifter Wein auf den Markt gebracht! Ein richtiger Essens-Champagner, der nach Fleisch verlangt!

POL ROGER – Champagne/F

Hawesko Tel.: +49 (0)41 22/50 44 33, E-Mail: bestellung@hawesko.de

»Cuvée Sir Winston Churchill« Brut (mit Jahrgang)

Empfohlene Jahrgänge: alle ab '90. Meine Punkte: ___

Groß ist der reichhaltige und noble »Sir Winston« in vielerlei Hinsicht, doch fehlt es ihm dabei keinesfalls an Lebendigkeit.

TAITTINGER – Champagne/F

Hawesko Tel.: +49 (0)41 22/50 44 33, E-Mail: bestellung@hawesko.de

»Comtes de Champagne Blanc de Blancs« Brut (mit Jahrgang)

Empfohlene Jahrgänge: alle ab '90. Meine Punkte: ___

Egal ob jung oder gereift getrunken, brilliert dieser schlanke Spitzen-Champagner mit fabelhafter Harmonie und vielen zarten Duftnoten.

Meine Lieblingsweinhändler in Deutschland

LES **AMIS DU VIN**

Oskar-Jäger-Straße 170, D-50825 Köln
Tel.: +49 (0)2 21/5 00 60 90
E-Mail: info@les-amis-du-vin.de
Internet: www.les-amis-du-vin.de
Vor allem sind die D- und F-Sortimente extrem umfangreich; freundliche Preise.

AUSGESUCHTE WEINE

Am Hohen Haus 2, D-47799 Krefeld
Tel.: +49 (0)21 51/2 56 56
E-Mail: info@ausgesuchte-weine.de
Internet: www.ausgesuchte-weine.de
Wer unter Angst vor Weinhändlern leidet, sollte Norbert Pohl kennenlernen. Nicht nur verfügt er im Keller über eine beeindruckende Auswahl von Weinen aus I, F und D, sondern auch über eine beispielhafte Vorstellung vom freundlichen und professionellen Umgang mit Kunden.

ENOTECA **BLANCK & WEBER**

Ludwigkirchstraße 11, D-10719 Berlin
Tel.: +49 (0)30/88 67 99 60
E-Mail: mail@enoteca-blanck.de
Internet: www.enoteca-blanck.de
Breite, originelle I- und E-Sortimente mit vielen Schnäppchen, plus gute D, A. Jürgen Weber und Werner Blanck sind die Entdeckungs-Meister des deutschen Weinhandels!

HARALD **BREMER**

Efeuweg 3, D-38104 Braunschweig
Tel.: +49 (0)5 31/23 73 60
E-Mail: info@bremerwein.de
Internet: www.bremerwein.de
Neben einem erstklassigen I-Sortiment mit vielen Weinen abseits der Norm bieten Vater und Sohn Bremer einige gute südamerikanische Rotweine an.

BREMER RATSKELLER

3 Filialen in Bremen/D
Tel.: +49 (0)4 21/33 77 88
E-Mail: office@ratskeller.de
Internet: www.ratskeller.de
Enormes D-Sortiment mit Weinen aus bekannten sowie unbekannten Häusern.

ENOITECA IL **CALICE**
Walter-Benjamin-Platz 4, D-10629 Berlin
Tel.: +49 (0)30/3 24 23 08
E-Mail: mail@enoiteca-il-calice.de
Internet: www.enoiteca-il-calice.de
Eigentlich das beste italienische Weinlokal (die Antipasti!) der Hauptstadt, aber auch ein exzellentes I-Sortiment (neuerdings Slowenien) zum Mitnehmen. Antonio Bragato ist der Wein-Kopf und Michele Scarcella die Wein-Seele des Hauses.

PETER **CLÜSSERATH**
Corneliusstraße 187, D-47918 Tönisvorst
Tel.: +49 (0)21 51/9 79 70
E-Mail: info@cluesserath.de
Internet: www.cluesserath.de
Wer ein besonderes Faible für gute Weine aus I hat und bereit ist, mindestens €€€ für die Flasche auszugeben, findet hier eine Fülle erstklassiger Weine, vor allem die eigenen Selektionen von bekannten Erzeugern (auch der Klüsserather Riesling von Weingut Kirsten).

FISCHER & TREZZA
Ulmer Straße 150, D-70188 Stuttgart
Tel.: +49 (0)7 11/4 60 67 00
E-Mail: info@fischer-trezza.de
Internet: www.fischer-trezza.de
Großes I-Sortiment mit vielen guten Erzeugern.

FUB FEGERS & BERTS
Immermannstraße 11, D-40210 Düsseldorf
Tel.: +49 (0)2 11/13 33 41
E-Mail: britta.thomas@fub-weine.de
Internet: www.fub-weine.de
Ein gigantisches weltumspannendes Sortiment mit vielen Weinen, die sonst schwer aufzutreiben sind. Die besondere Stärke liegt im Preisbereich ab €€€. Auch in Köln (Heumarkt 55–57).

GARIBALDI
6 Filialen in München/D
Tel.: +49 (0)89/35 63 61 16
E-Mail: bestellung@garibaldi.de
Internet: www.garibaldi.de
Die Quelle für italienische Weine schlechthin (gute und tolle Qualität ab 5 €). Hier kann man quasi blind einkaufen.

GUTE WEINE (LOBENBERG)
Tiefer Graben 10, D-28195 Bremen
Tel.: +49 (0)4 21/70 56 66

E-Mail: gute-weine@gute-weine.de
Internet: www.gute-weine.de
Sehr breites F-, I- und E-Sortiment plus einige gut ausgewählte Überseeweine.

GEORG **HACK**

Schützenstraße 1, D-88709 Meersburg
Tel.: +49 (0)75 32/4 94 50
E-Mail: kontakt@georg-hack.com
Internet: www.georg-hack.com
Einer der besten Weinhändler der gesamten Republik mit ausgezeichnetem weltumspannendem Sortiment.

HILGERING

Westenhellweg 114, D-44137 Dortmund
Tel.: +49 (0)2 31/14 90 27
E-Mail: info@weinhaus-hilgering.de
Internet: www.weinhaus-hilgering.de
Viele gute Weine aus D, F, I und E zu fairen Preisen.

JACQUES' WEIN-DEPOT

250 Filialen in ganz Deutschland
Tel.: +49 (0)2 11 3 90 02-0
Fax: +49 (0)2 11 3 90 02-69
E-Mail: kontakt@jacques.de
Internet: www.jacques.de
Hier gibt es wenige Ausrutscher und viele solide Weine aus F, I und E, aber Rosinen wie die rote von Rasteau (Rhône/F) und Quinta Hinojal (Castilla y Leon/E) muss man herauspicken.

KAUFHOF

128 Filialen in Deutschland
Tel.: +49 (0)18 05/17 25 17
Internet: www.galeria-kaufhof.de
Eindeutig das beste deutsche Kaufhaus für Wein. Ein sehr gutes, weitreichendes Sortiment mit fairen Preisen. Es fehlt nur die Beratung.

FRANZ **KELLER**

D-79235 Vogtsburg-Oberbergen
Tel.: +49 (0)76 62/9 33 00
E-Mail: keller@franz-keller.de
Internet: www.franz-keller.de
Sehr großes F-Sortiment mit Schwerpunkt Bordeaux, gutes I-Sortiment und eigene (erstklassige) badische Gutsweine.

KLOOS & KLOOS

Rinderbach 19, D-55218 Ingelheim
Tel.: +49 (0)61 32/43 18 28

E-Mail: info@afrika-wein.de
Internet: www.afrika-wein.de
Bedeutender Spezialist für ZA-Weine mit vielen guten Entdeckungen.

BERND **KREIS**

2 Filialen in Stuttgart/D
Tel.: +49 (0)7 11/76 28 39
E-Mail: b.kreis@wein-kreis.de
Internet: www.wein-kreis.de
Hochinteressantes F-Sortiment mit vielen tollen Überraschungen, auch gutes D-Sortiment und erstklassige Beratung.

K & M Gutsweine

Hamburger Allee 37, D-60486 Frankfurt-Bockenheim
Tel.: +49 (0)69/71 71 34 30
E-Mail: info@gutsweine.com
Internet: www.gutsweine.com
Bernd Klingenbrunn und Armin Maurer sind ehrgeizige Weinhändler, die ihrem eigenen Geschmack und ihrer Vorstellung von gutem Wein trauen und ein sehr eigenständiges D-, A- und F-Sortiment aufgebaut haben. Meine wichtigste Weinhändler-Entdeckung des letzten Jahres in Deutschland!

K & U (DIE WEINHALLE)

Nordostpark 78, D-90411 Nürnberg
Tel.: +49 (0)9 11/52 51 53
E-Mail: info@weinhalle.de
Internet: www.weinhalle.de
Einer der Spitzenweinhändler der Bundesrepublik mit »globalem« Sortiment, das eine sehr persönliche Handschrift trägt; exzellent in Service und Internet-Auftritt.

LINKE

Dorfstraße 19, D-85662 Hohenbrunn
Tel.: +49 (0)81 02/89 58 68
E-Mail: info@linke-weine.de
Internet: www.linke-weine.de
Spezialist für CH, auch interessantes F-Sortiment.

MÖVENPICK WEINLAND

15 Filialen in Deutschland
Tel.: +49 (0)2 31/9 65 15 60 (Versand)
E-Mail: weinland.dortmund@moevenpick.com
Internet: www.moevenpick.com
Weinhallen mit sehr großem, weltumspannendem Sortiment und freundlichen Preisen. Besonders guter Service in Dortmund-Oespel (Stammhaus) und in Hamburg-Bahrenfeld.

N + M WEINE
Martinstraße 88, D-41063 Mönchengladbach
Tel.: +49 (0)21 61/18 13 16
E-Mail: info@nm-weine.de
Internet: www.nm-weine.de
Exzellentes F-Sortiment, vor allem ab €€€, auch viele seltene AUS- und US-Weine.

PAULSON RARE WINE
Postfach, D-94062 Waldkirchen
Tel.: +49 (0)85 81/91 01 45
E-Mail: paulson@rare-wine.com
Internet: www.rare-wine.com
Der führende Händler für gereifte F-Weine mit ausgezeichnetem Internet-Auftritt.

PINARD DE PICARD
Campus Nobel, Alfred-Nobel-Allee 28, 66793 Saarwellingen
Tel.: +49 (0)68 31/12 27 29
E-Mail: info@pinard.de
Internet: www.pinard.de
Eine sehr originelle Auswahl aus D und ein beeindruckendes Sortiment aus Süd-F.

RINDCHENS WEINKONTOR
6 Filialen in Norddeutschland, Berlin und München
Tel.: +49 (0)40/5 56 20 20
E-Mail: info@rindchen.de
Internet: www.rindchen.de
Gerd Rindchen ist ein sehr origineller und umtriebiger Weinhändler, der viele Schnäppchen abseits der bekannten Namen auftreibt. Die ganze Art und Weise ist auch wunderbar entspannt!

SANSIBAR
25980 Rantum auf Sylt
Tel.: +49 (0)46 51/96 46 56
E-Mail: info@sansibar.de
Das Kult-Restaurant am Strand, dessen andere Anschrift N 54° 48′ 52″/E 08° 17′ 05″ lautet, ist auch ein Weinhandel mit exzellenten Exklusiv-Abfüllungen deutscher Weißweine im €-Bereich bis zur Weltspitze.

WEINLADEN **SCHMIDT**
5 Filialen in Berlin
Tel.: +49 (0)30/7 89 07 30
E-Mail: info@weinladen.com
Internet: www.weinladen.com
Sehr interessante D-, A- und F-Sortimente, vor allem stark im €–€€€ Bereich.

SELEZIONE VINI

Bahnhofstraße 13, D-85737 Ismaning
Tel.: +49 (0)89/65 11 59 73
E-Mail: info@selezionevini.de
Internet: www.selezionevini.de
Ein einfaches Konzept, nämlich fast nur Weine in der €-Preisklasse aus Europa und darunter sehr viele Schnäppchen.

THOMAS **SPÄTH**

Elisabethstraße 17, 80796 München
Tel.: +49 (0)89/34 47 61
E-Mail: office@thomasspaeth.de
Internet: www.thomasspaeth.de
Das wahrscheinlich beste A-Sortiment der Republik.

LA **TIENDA**

Urftstraße 99–101, D-41239 Mönchengladbach-Rheydt
Tel.: +49 (0)21 66/9 31 50
E-Mail: la-tienda@la-tienda.de, Internet: www.la-tienda.de
Seit über 10 Jahren führt Siddika Michiels eine der besten Weinhandlungen im Westen der Republik. Die E- und D-Sortimente sind erstklassig!

UNGER

Narzissenweg 21, D-83229 Aschau
Tel.: +49 (0)80 52/95 13 80
E-Mail: unger@ungerweine.de
Internet: www.ungerweine.de
Manche sagen, die Unger-Brüder hätten nur teure Weine im Programm, aber sie haben auch viele grandiose Weine aus aller Welt.

VINALIA

Pestalozzistraße 85, D-10625 Berlin
Tel.: +49 (0)30/34 70 90 90
E-Mail: info@vinalia-berlin.de
Internet: www.vinalia-berlin.de
Besticht durch eine Fülle an guten Weinen in der €!-Preisklasse, aber auch viele gute D-, F-, I-, E-Weine von € bis €€€. Seit Peter John dabei ist noch spannender!

VINICULTURE

Grolmanstraße 44–45, D-10623 Berlin
Tel.: +49 (0)30/8 03 81 74
E-Mail: bestellung@viniculture.de
Internet: www.viniculture.de
Der Pfälzer Holger Schwarz hat 2006 Viniculture übernommen und einen spektakulären Umbau durchgeführt. Jetzt wird das (nach wie vor) D-, A-, I- und F-Sortiment schrittweise aufgewertet.

VINISÜD
Konrad-Zuse-Straße 20, D-91052 Erlangen
Tel.: +49 (0)91 31/2 71 80
E-Mail: info@vinisud.de
Internet: www.vinisud.de
Eine sehr innovative kleine Weinhandlung mit vielen guten Entdeckungen aus D, A, I und dem neuen Süden von F.

VINO GRANDE
Von-Schmoller-Straße 8, D-45128 Essen
Tel.: +49 (0)2 01/79 66 98
E-Mail: kierdorf@vino-grande.de
Internet: www.vino-grande.de
Sehr umfangreiche D- und A-Sortimente.

VINUM
Danckelmannstraße 29, D-14059 Berlin
Tel.: +49 (0)30/3 22 66 19
E-Mail: vinumberlin@gmx.de
Internet: www.vinumberlin.de
Enormes F-Sortiment mit vielen Entdeckungen aus dem Süden.

WEINART
Winkeler Straße 93, D-65366 Geisenheim
Tel.: +49 (0)67 22/7 10 80
E-Mail: info@weinart.de
Spezialist für F und D ab €€€. Viele exzellente Weine, die sonst schwierig aufzutreiben sind.

WEINHALLE FRANKFURT
Merianplatz 4, D-60316 Frankfurt/Main
Tel.: +49 (0)69/4 94 02 00
E-Mail: kontakt@weinhalle-frankfurt.de
Internet: www.weinhalle-frankfurt.de
Die Weinhalle hat sehr gute D-, F- und I-Sortimente und eine sehr sympathische Art, die Begeisterung für den Wein zu vermitteln.

WEINHANDEL JULIUS MEIMBERG
Bahnhofstraße 62, D-44623 Herne
Tel.: +49 (0)23 23/5 09 00
E-Mail: weinhandel@julius-meimberg.de
Internet: www.julius-meimberg.de
Hartmut Julius Meimberg hat ein sehr interessantes und vielfältiges D-, A-, I- und E-Sortiment. Vor allem im €- und €€-Bereich findet man häufig ein sehr gutes Preis-Leistungs-Verhältnis.

WEINHANDLUNG BÄR
Bahnhofstraße 18, D-88069 Tettnang
Tel.: +49 (0)75 42/5 39 30
E-Mail: info@weinbaer.de
Internet: www.weinbaer.de
Hermann Bär führt ein geradezu sensationelles D-Sortiment und die genialen Weine von Schlossgut Bachtobel vom anderen (Schweizer) Ufer des Bodensees.

WEINGALERIE
Pestalozzistraße 55, D-10627 Berlin
Tel.: +49 (0)30/3 23 74 48
E-Mail: weingalerie@portugal.de
Internet: www.weinausportugal.de
Ruth Lindenblatt und Karsten Kubin bieten ein äußerst breit gefächertes P-Sortiment (inkl. Port und Madeira).

WEIN & GLAS
Prinzregentenstraße 2, D-10717 Berlin
Tel.: +49 (0)30/2 35 15 20
E-Mail: info@weinundglas.com
Internet: www.weinundglas.com
Einer der wichtigsten Riesling-Spezialisten der Republik! Große F-, I-, D-Sortimente und exzellente ZA-, AUS-, USA-Weine, dazu erstklassige Beratung (vor allem von Alice Beckmann und Frank Krüger).

WEINSTEIN
Lychener Straße 33, D-10437 Berlin
Tel.: +49 (0)30/44 05 06 55 (Büro)
E-Mail: weinstein@weinstein.eu
Bei Berlins originellster Weinbar (täglich ab 17 Uhr) gibt es fast alle Weine auch zum Mitnehmen. Vor allem reife Gewächse aus D, A und E.

DIE **WEIN-VILLA**
Mülheimer Straße 103, D-47058 Duisburg
Tel.: +49 (0)2 03/3 46 39 00
E-Mail: weinvilla@web.de
Internet: www.Die-WeinVilla.de
Hier gibt es keine richtige Preisliste, aber die Mailings und die Website bieten viele gute Entdeckungen. Ein unkonventioneller Weinhändler ohne jegliches elitäre Gehabe.

WEIN & VINOS
Knesebeckstraße 86–87, D-10623 Berlin
Tel.: +49 (0)30/31 50 60 81
E-Mail: info@vinos.de, Internet: www.vinos.de
Gigantisches E-Sortiment (auch Mallorca!) mit vielen Raritäten und freundliche Preise.

Orts- und Produzentenregister

Australien

Chile

Deutschland

Ahr

Baden

Franken

Hessen

Mittelrhein

Mosel

Nahe

Pfalz

Rheingau

Rheinhessen

Saale-Unstrut

Sachsen

Württemberg

Frankreich

Alsace

Bordeaux

Notizen

Notizen